Le nouveau taxi! 3

MÉTHODE DE FRANÇAIS

Robert Menand

Anne-Marie Johnson

Avec la collaboration d'Annie Berthet, Nathalie Hirschsprung et Françoise Kite

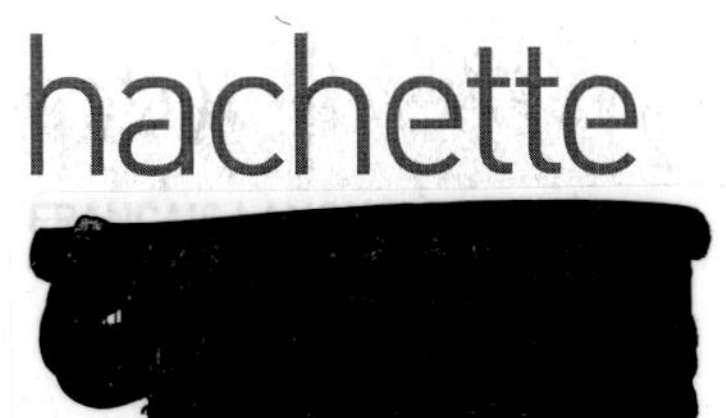

Couverture : Encore lui !
Conception graphique et mise en page : Anne-Danielle Naname / Laure Gros
Secrétariat d'édition : Sarah Billecocq
Cartographie : Pascal Thomas, Hachette Éducation

Remerciements à Annabelle Batas et Anna Mubanga Beya.

ISBN 978-2-01-155558-8

AVANT-PROPOS

Le troisième niveau de la méthode *Le Nouveau Taxi !* s'adresse à des étudiants grands adolescents ou adultes ayant suivi environ 200 heures d'apprentissage du français qui souhaitent se perfectionner.
Il couvre le niveau B1 du *Cadre européen commun de référence* pour les langues.

Comme pour les deux premiers niveaux de cette nouvelle édition, nous avons tenu à :
- conserver tout ce qui a fait le succès de *Taxi !*
- intégrer les remarques et les suggestions des utilisateurs
- renouveler le contenu de la méthode dans un souci d'actualisation et d'adéquation plus fine avec les recommandations et les niveaux définis dans le CECR

Nous avons ainsi maintenu la structure simple et solide caractéristique de la méthode (une leçon = une double page), une démarche pédagogique clairement balisée aussi bien pour l'apprenant que pour l'enseignant, la mise en place de stratégies interactives dans une optique actionnelle, un travail d'observation des formes et des structures de la langue toujours relié à une situation de communication. Chaque unité s'articule également autour d'un thème dominant qui permet à l'apprenant de découvrir la culture française ou le monde francophone mais aussi de parler de son vécu et de sa culture.

Le travail de refonte de la méthode en général et de ce niveau en particulier nous a conduit à :
- renforcer la clarté et la simplicité d'utilisation de la méthode
- actualiser la quasi-totalité des documents authentiques proposés à ce niveau
- mettre davantage l'accent sur l'approche actionnelle
- consolider le travail de systématisation de la langue
- mettre en place une transition plus douce avec le précédent niveau

Le ***Nouveau Taxi ! 3*** reprend le découpage en douze unités de sa version antérieure, ainsi que la structure et le déroulement des leçons. Chaque unité est désormais introduite par un contrat d'apprentissage qui amène l'apprenant à prendre clairement conscience des objectifs à atteindre à l'issue de l'unité. Ce contrat d'apprentissage permet également à l'apprenant de donner du sens aux activités qui lui sont proposées dans les leçons. La page *Savoir-faire* qui clôt chacune des unités sert à évaluer, dans une **perspective actionnelle**, si les objectifs annoncés dans le contrat d'apprentissage sont atteints.

Toutes les trois unités, une **évaluation des quatre compétences** permet de vérifier les acquis et de se préparer efficacement au DELF B1.

Par ailleurs, le manuel est complété par un **CD-Rom encarté** (**cf. mode d'emploi p. 8**) contenant les enregistrements des documents déclencheurs, une fiche portfolio imprimable par unité et de nombreux exercices autocorrectifs. Avec un **cahier d'exercices remanié** et un **guide pédagogique enrichi** (un test formatif par unité), le ***Nouveau Taxi ! 3*** propose un ensemble pédagogique complet qui répondra, nous l'espérons, à toutes vos attentes !

Bonne découverte à tous de ce *Nouveau Taxi ! 3*.

Les auteurs

TABLEAU DES CONTENUS

UNITÉS	CONTENUS SOCIOCULTURELS	LEÇONS	OBJECTIFS COMMUNICATIFS Vous allez apprendre à…
Unité 1 **Et moi, et moi, et moi…** Activités 1 à 6	• Les célibataires : les nouveaux moyens de rencontrer l'âme sœur • La colocation • Les échanges de services entre particuliers • La télé-réalité	Leçon 1 **Solo mais pas trop** Leçon 2 **Vous, moi, toit** Leçon 3 **SOS Service** Leçon 4 **La télé-réalité**	• Vous présenter, parler de vous • Parler de vos centres d'intérêt, de votre mode de vie • Présenter les raisons d'un choix • Exprimer un souhait, un désir • Formuler une demande polie • Demander des informations
Unité 2 **D'ici ou d'ailleurs** Activités 7 à 12	• L'Europass et les séjours Erasmus • L'acquisition de la nationalité française • Les discriminations • La visite de l'Europe en train	Leçon 5 **Passeport pour l'Europe** Leçon 6 **Devenir français** Leçon 7 **Égalité pour tous ?** Leçon 8 **France Europe Express**	• Raconter une expérience passée • Décrire les circonstances d'un événement • Apporter des précisions d'ordre temporel • Faire une réclamation
Unité 3 **En avant la musique !** Activités 13 à 18	• La Fête de la musique • Olivia Ruiz et Thomas Dutronc • Le baccalauréat • Les Francofolies de la Rochelle	Leçon 9 **Que la fête commence !** Leçon 10 **On connaît la chanson** Leçon 11 **À l'affiche du bac** Leçon 12 **Les Francofolies**	• Exprimer une évolution • Comparer des comportements • Exprimer une préférence • Argumenter de manière simple • Donner des informations pratiques
	ÉVALUATION 1	**DELF B1**	
Unité 4 **Espace vert** Activités 19 à 24	• L'environnement urbain • Le Festival international des jardins • Paris plages • Le Projet du Grand Paris	Leçon 13 **New York, New York** Leçon 14 **Côté jardin** Leçon 15 **Sur les pavés, la plage** Leçon 16 **Paris autrement**	• Décrire un environnement • Demander des informations sur l'organisation d'une manifestation • Faire le récit d'événements passés • Présenter un projet
Unité 5 **Changer de vie** Activités 25 à 30	• Les nouveaux quinquagénaires • Les millionnaires du Loto • Le développement des chambres d'hôtes • Un projet d'aventure	Leçon 17 **Les enfants du rock** Leçon 18 **Et si c'était vous ?** Leçon 19 **Chambres à louer** Leçon 20 **Terres d'aventures**	• Caractériser des personnes et des comportements • Développer une hypothèse • Formuler un regret, un reproche • Parler de vos aspirations
Unité 6 **Entre la poire et le fromage** Activités 31 à 36	• Les codes et règles dans la restauration • Le beaujolais nouveau • Les habitudes alimentaires des Français • La Semaine du goût	Leçon 21 **Dans les normes** Leçon 22 **Jour de fête** Leçon 23 **À table !** Leçon 24 **La Semaine du goût**	• Faire des recommandations, conseiller • Donner des consignes • Construire un discours en articulant clairement vos idées
	ÉVALUATION 2	**DELF B1**	

OBJECTIFS LINGUISTIQUES			SAVOIR-FAIRE
Grammaire	**Phonétique**	**Lexique**	**Pour...**
• La négation • L'expression de la cause • Le conditionnel présent	• Langue standard et langue familière : cas de la négation • Intonation : des valeurs du conditionnel (éventualité, souhait ou demande polie)	• Le portrait social • Les modes de vie • Les services	• Faire connaissance avec quelqu'un • Répondre à une interview sur votre mode de vie • Demander un service à quelqu'un • Répondre à une offre de service • Rédiger une demande de renseignements
• Les temps du récit : le présent, le passé composé et l'imparfait • L'expression de la durée • Le plus-que-parfait	 • Discrimination et production : les trois voyelles nasales [ɛ̃], [ɑ̃] et [ɔ̃] 	• L'état civil • Les études • L'immigration • Le voyage	• Décrire un séjour à l'étranger • Répondre à une demande d'informations sur votre état civil • Parler de l'immigration dans votre pays • Apporter un témoignage • Rédiger une lettre de réclamation
• L'expression de la comparaison • Les pronoms compléments • Les pronoms *en* et *y* • Les modalisateurs	 • Enchaînement, liaisons obligatoires et liaisons interdites	• Les goûts musicaux • La biographie • Les examens • Les modalités pratiques	• Parler de vos goûts en matière de musique • Présenter un coup de cœur à votre entourage • Défendre un point de vue • Présenter les modalités pratiques d'un projet
• Les pronoms relatifs simples • La place de l'adjectif • L'accord du participe passé	 • Groupes rythmiques et accent tonique : montées et descentes de la voix • Relation phonie – graphie : [s] et [z]	• La ville • L'environnement • Les informations pratiques	• Parler de votre environnement habituel • Organiser une sortie avec des amis • Raconter votre journée • Donner des informations sur les modalités d'un concours • Participer à l'élaboration d'un projet collectif
• Les adjectifs indéfinis • L'expression de l'hypothèse • Le conditionnel passé	• Relation graphie – phonie : prononciation de la lettre (g) • Expression de l'hypothèse et relation phonie – graphie : le son [ʒ]	• Les générations • Les projets de vie • Les jeux, les concours, les compétitions	• Échanger des informations sur votre famille • Exprimer votre point de vue sur les choix de vie de vos proches • Parler de vos rêves et de vos motivations dans la vie • Envoyer une lettre de candidature
• Les constructions impersonnelles • *Devoir* + infinitif • L'impératif • Les procédés de substitution • Construire un discours	• Intonation : ordre ou recommandation ? • Place de l'accent tonique dans le groupe rythmique	• Les règles à suivre • La gastronomie • Les repas	• Aider quelqu'un à atteindre son objectif • Présenter un événement culturel célèbre • Expliquer les règles d'usage à respecter lors d'un dîner, dans votre pays • Partager une recette de cuisine

OBJECTIFS LINGUISTIQUES			SAVOIR-FAIRE
Grammaire	**Phonétique**	**Lexique**	**Pour…**
• L'expression de l'opinion • Les valeurs du subjonctif • Les propositions temporelles	• Intonation : déception, indifférence ou colère ? • Les nombres	• La vie professionnelle • Les congés • L'opinion	• Donner votre point de vue sur un sujet de société • Apporter un témoignage sur votre situation professionnelle • Indiquer la marche à suivre pour réussir un entretien d'embauche • Rédiger une lettre pour obtenir des informations
• Les pronoms relatifs composés • La mise en relief d'une information • La nominalisation	• Relation graphie – phonie : prononciation de la lettre (x)	• Les achats en ligne • Les arguments de vente • Les comportements liés à l'argent	• Répondre à une enquête • Convaincre une personne de changer d'habitude • Participer à un débat • Rédiger une lettre commerciale
• L'expression de l'avenir • Le futur antérieur • Les expressions temporelles	• Discrimination et production : [ɛ̃] et [ɛn], [ɑ̃] et [an], [ɔ̃] et [ɔn] • Discrimination et production : [ʀ] et [ʀʀ]	• Les nouvelles technologies • La protection de l'environnement • Les progrès scientifiques	• Exprimer vos espoirs et vos inquiétudes face à l'avenir • Présenter une association • Parler de vos gestes quotidiens pour la protection de l'environnement • Raconter un événement important d'un point de vue scientifique • Vendre un appareil
• Le discours rapporté au passé : concordance des temps • L'expression de la conséquence • L'expression du but	• Rythme et intonation : phrases au subjonctif • Discrimination et production de [j], [ɥ] et [w] ; relation phonie – graphie	• Le cinéma • L'art • Les manifestations culturelles	• Faire le compte-rendu d'une petite enquête • Donner votre point de vue sur un sujet de société • Présenter un guide et un magazine culturel • Réaliser une affiche publicitaire
• Les adverbes de manière, de degré et de temps • L'expression de proportions • La place des doubles pronoms	• La lettre (e) prononcée ou non • Discrimination et production de [m] et [mm], [l] et [ll], [t] et [tt], [s] et [ss]	• Les comportements • Les stéréotypes liés aux nationalités • Les transports • Les proportions	• Décrire le comportement des Français (au volant, en vacances…) • Faire le compte-rendu d'un sondage • Réagir lors d'une discussion sur un sujet à controverse
• Les pronoms et les adverbes indéfinis • L'expression de l'opposition et de la concession • Le subjonctif passé	• Liaison ou non avec une voyelle nasale • [tu], [tus] et [tut] : relation phonie – graphie	• Les envies, les rêves • Le débat • La critique de spectacles	• Évoquer des rêves que vous aimeriez réaliser • Participer à un débat sur un sujet de société • Donner votre avis sur un spectacle • Rédiger une critique de film

 écouter
 parler
 jouer
 lire
 écrire
 activités de phonétique

pistes de l'audio élève

Écran d'accueil

Audio élève*

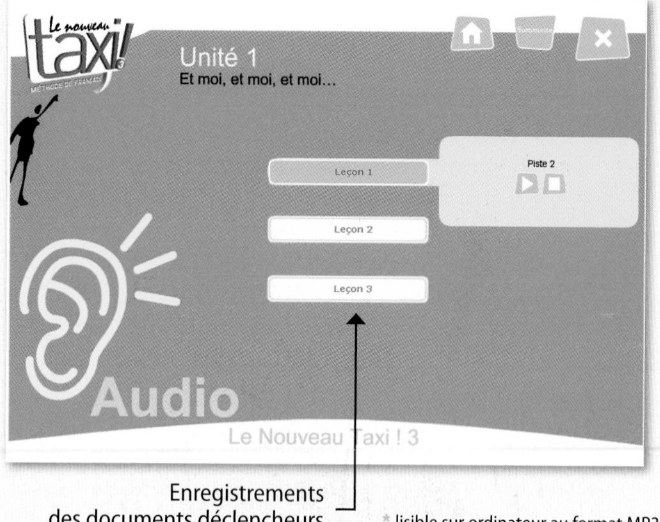

Enregistrements des documents déclencheurs

* lisible sur ordinateur au format MP3

Activités interactives*

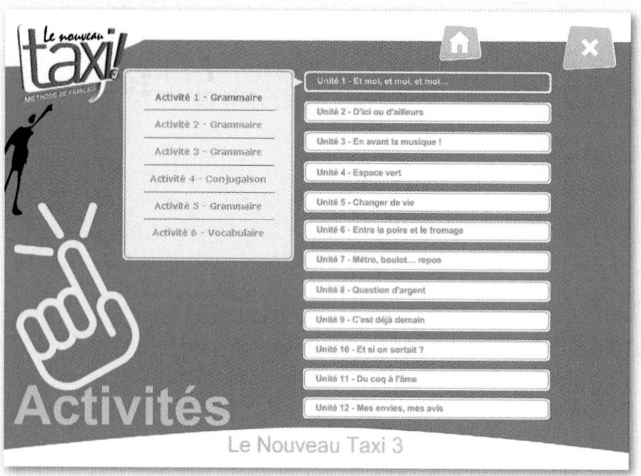

Un portfolio imprimable par unité

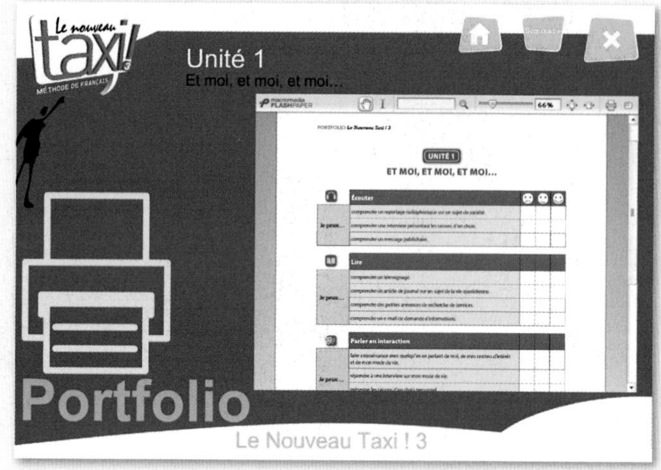

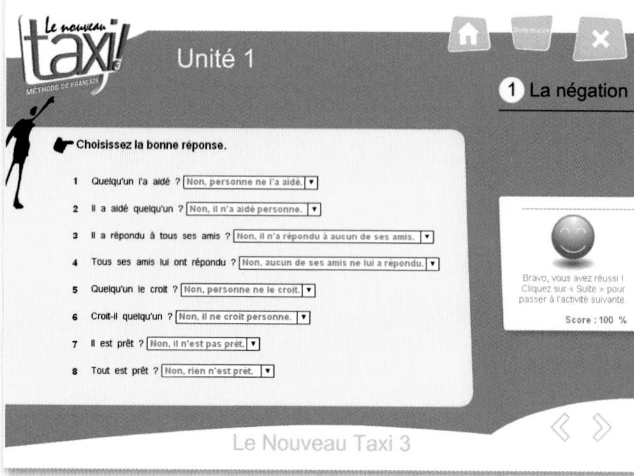

* à réaliser sur ordinateur ou sur TBI

Configurations minimales requises :

Sur Mac

Système d'exploitation Mac OS 10.4 ou ultérieur.
Processeur Intel.
512 Mo de RAM (1 Go recommandé).
500 Mo d'espace disque disponible.
Lecteur de CD-Rom.
Résolution 1024 x 768.

Sur PC

Système d'exploitation Windows 2000, XP ou Vista.
Processeur Pentium IV ou supérieur.
512 Mo de RAM (1 Go recommandé).
500 Mo d'espace disque disponible.
Lecteur de CD-Rom.
Résolution 1024 x 768.

UNITÉ 1

Et moi, et moi, et moi...

Vous allez apprendre à...

- vous présenter, parler de vous
- parler de vos centres d'intérêt, de votre mode de vie
- présenter les raisons d'un choix
- exprimer un souhait, un désir
- formuler une demande polie
- demander des informations

Pour

- faire connaissance avec quelqu'un
- répondre à une interview sur votre mode de vie
- demander un service à quelqu'un
- répondre à une offre de service
- rédiger une demande de renseignements

LEÇON 1

Solo mais pas trop

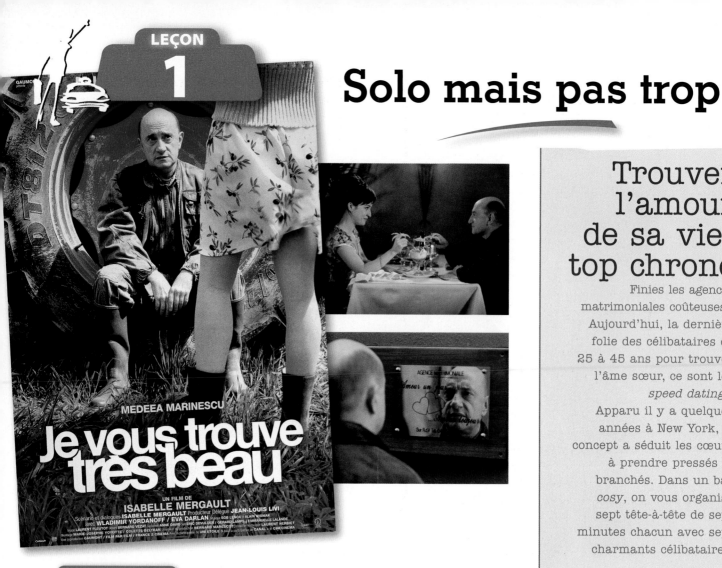

MEDEEA MARINESCU
Je vous trouve très beau
UN FILM DE
ISABELLE MERGAULT
Scénario et dialogues ISABELLE MERGAULT Producteur Délégué JEAN-LOUIS LIVI
avec WLADIMIR YORDANOFF / EVA DARLAN

Trouver l'amour de sa vie : top chrono

Finies les agences matrimoniales coûteuses ! Aujourd'hui, la dernière folie des célibataires de 25 à 45 ans pour trouver l'âme sœur, ce sont les *speed datings*. Apparu il y a quelques années à New York, le concept a séduit les cœurs à prendre pressés et branchés. Dans un bar *cosy*, on vous organise sept tête-à-tête de sept minutes chacun avec sept charmants célibataires.

DÉCOUVREZ

1 Cherche âme sœur.

1 Observez l'affiche et les deux photos du film.

a Faites le portrait de l'homme (âge, profession, situation de famille, centres d'intérêt, description physique). **b** Imaginez quel est le sujet du film.

2 Relevez le moyen utilisé par cet homme pour rencontrer une femme. Indiquez d'autres moyens possibles de rencontrer des personnes pour une relation amoureuse ou amicale.

3 Lisez l'introduction de l'article et dites si les affirmations suivantes sont vraies ou fausses.

a Le *speed dating* est un moyen de rencontre économique. **b** Il attire tous les types de personnes. **c** Le phénomène est né à Paris dans les années 90. **d** Chacun des participants se présente à sept personnes différentes, à chaque fois pendant sept minutes.

4 Lisez l'article et répondez aux questions.

a Comment Michèle et Vincent ont-ils découvert les soirées de *speed dating* ? **b** Pourquoi ont-ils décidé d'y participer ? **c** Qu'ont-ils pensé de ce système de rencontre ? **d** Ont-ils rencontré l'âme sœur ?

2 Bienvenue au club !

1 a Écoutez l'introduction de l'enregistrement ▸2 et indiquez : 1 le sujet du reportage. **2** le nombre de personnes interrogées. **3** les points communs entre ces personnes.

b Écoutez l'enregistrement en entier et associez chacune des personnes interrogées à ce qui la caractérise.

1 Annie 2 Patrick 3 Hélène 4 Sylvie

a vient au club de célibataires depuis des années. **b** est originaire de province et a du mal à rencontrer des gens. **c** ne réussit pas à lier des relations avec ses collègues de travail. **d** vit seul(e) depuis son divorce.

c Écoutez à nouveau et relevez : 1 le portrait type d'un(e) solo (sexe, moyenne d'âge, profession). **2** le nombre de personnes inscrites au club. **3** les activités proposées. **4** le but de leur inscription au club de loisirs.

2 a Lisez les témoignages suivants. Puis, identifiez deux phrases que vous avez entendues dans l'enregistrement et dites à quelles personnes elles correspondent.

Michèle,

34 ans, consultante en entreprise

Je me suis dit : « Ça a l'air marrant, je vais le faire ! »

J'ai découvert les *speed datings* grâce à un reportage à la télé. J'en ai parlé à mes trois meilleures amies, un soir. On s'est décidé par jeu et par curiosité. Nous avons la trentaine, plutôt agréables à regarder, pas trop bêtes, mais toujours seules ! Des hommes, on en croise chaque jour, mais jamais en tête à tête ! Là, au moins, c'est le cas. Je ne regrette pas du tout mon investissement : la soirée a été sympa, la majorité des participants était agréable. Je n'ai pas croisé Hugh Grant, mais je me suis fait trois nouveaux copains avec qui je suis sortie dîner depuis.

Vincent,

43 ans, agent immobilier

Après mon divorce, je veux retrouver le bonheur.

C'est un copain de ma boîte qui m'en a parlé. Je me suis alors inscrit sur le site Internet 7minutes.com. On m'a envoyé un mail pour me donner le lieu et la date de la soirée. J'ai rencontré des jeunes femmes très sympas. L'une d'entre elles surtout m'a intéressé. Elle est divorcée et maman d'un petit garçon. On s'est tout de suite compris. Je l'ai raccompagnée chez elle avec la promesse de nous revoir bientôt. Elle aime le jazz, l'omelette aux truffes et les couleurs de la campagne en automne, moi aussi... Je recommence à croire à un possible bonheur.

Version Femina

1 Au club, personne ne te juge, tu es accepté tout de suite ! **2** Je ne connaissais personne avant d'arriver à Paris. **3** Ne plus venir ici est inimaginable pour moi. **4** Je n'ai encore rencontré personne au club mais je ne peux pas me passer de cette ambiance ! **5** Je n'ai aucune chance de trouver quelqu'un dans mon travail actuel. **6** Sais-tu ce que c'est de ne jamais voir personne, de ne parler à personne pendant des jours et des jours ? Eh bien, c'était mon cas avant de découvrir ce club ! **7** Fréquenter un club de loisirs ? Non, je n'en ai pas honte mais je n'irais pas non plus le dire à mes collègues de travail.

b Lisez la transcription de l'enregistrement p. 158 et vérifiez vos réponses.

3 Repérez les termes utilisés pour exprimer la négation dans ces témoignages (activité 2a).

ENTRAÎNEZ-VOUS

3 Sondage.

Répondez de manière négative aux questions suivantes.

1 Avez-vous gardé des contacts avec votre ex-femme ? **2** Est-ce vous qui vivez avec vos enfants ? **3** Depuis votre séparation, vous avez rencontré quelqu'un d'autre ? **4** Vous allez parfois dans des soirées pour solos ? **5** Est-ce que vous allez dans les salons réservés aux célibataires ?

4 Impressions.

Voici quelques commentaires à la sortie d'un *speed dating*. Transformez-les en leur donnant un sens négatif.

1 Je me suis beaucoup amusée ! Et puis, quelqu'un m'a laissé ses coordonnées ! (Anne, 37 ans) **2** Tout m'intéresse dans ces soirées ! Et je suis sûr de rencontrer des filles sympas. (Greg, 25 ans) **3** J'ai pris quelques numéros de téléphone. Alors, on se reverra bientôt, c'est évident ! (Marilyn, 48 ans) **4** Moi, j'ai parlé à tout le monde ! (Marc, 33 ans) **5** J'aime beaucoup ce système de rencontres, et ma sœur aussi ! (Mélina, 22 ans)

GRAMMAIRE

La place de la négation dans la phrase

Un verbe à l'infinitif
Ne pas / Ne plus / Ne rien / Ne jamais + verbe
***Ne plus** rester seul, c'est ça ma motivation !*
! *Ne voir personne.*

Un verbe à un temps simple
Ne pas / Ne plus / Ne rien / Ne personne / Ne jamais + verbe entre les deux éléments de la négation
*De nos jours, on **n'**ose **plus** aller vers les autres.*

Un verbe à un temps composé
Ne pas / Ne plus / Ne rien / Ne jamais + auxiliaire entre les deux éléments de la négation
*Je **n'**ai **jamais** réussi à me faire à la vie en solo.*
*Je **n'**ai rencontré **personne** au club.*

Des négations peuvent être utilisées ensemble :
jamais, personne, rien, (non) plus, sans, aucun(e)
*Depuis son divorce, il **ne** s'est **pas** remarié ; son ex-femme **non plus**.*

COMMUNIQUEZ

5 Sept minutes chrono.

Vous avez décidé de participer à un *speed dating*. Vous avez sept minutes pour faire connaissance avec une personne. Jouez la scène avec votre voisin(e) puis changez d'interlocuteur.

PRONONCEZ

Écoutez et répétez. Langue standard ou langue familière ?

Exemple :

a *Ça ~~ne~~ vaut rien.* → *familier* / **b** *Ça ne vaut rien.* → *standard*

CD-Rom ▸ ACTIVITÉS 1 et 2

Vous, moi, toit

1

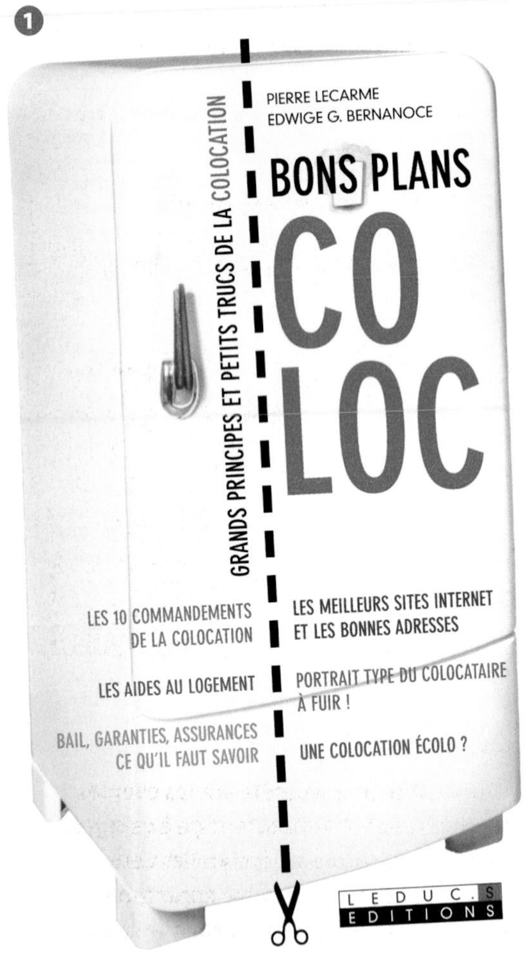

PIERRE LECARME
EDWIGE G. BERNANOCE
BONS PLANS
CO
LOC
GRANDS PRINCIPES ET PETITS TRUCS DE LA COLOCATION
LES 10 COMMANDEMENTS DE LA COLOCATION
LES AIDES AU LOGEMENT
BAIL, GARANTIES, ASSURANCES CE QU'IL FAUT SAVOIR
LES MEILLEURS SITES INTERNET ET LES BONNES ADRESSES
PORTRAIT TYPE DU COLOCATAIRE À FUIR !
UNE COLOCATION ÉCOLO ?
LEDUC.S EDITIONS

2

Colocation : ils ont choisi de partager leur « chez-soi »

Longtemps réservé aux seuls étudiants, le partage d'appartement est de plus en plus souvent pratiqué par des adultes actifs.

Le colocataire est une personne qui n'a aucune envie de se retrouver seule, le soir, dans son deux-pièces. Après trois ans de colocation en Belgique, Magali, 26 ans, a vécu plusieurs mois seule : « *Je suis passée de plein d'amis à plein de vide.* » Elle retrouve donc une colocation, avec Maud, 27 ans, et Delphine, 28 ans : « *C'est la vie qui reprend !* »

Tous le disent : parmi les motivations matérielles, il y a le prix exorbitant des loyers, mais surtout (ce qui est lié) le problème de l'espace. Pourquoi vivre dans un studio de 30 m² quand, pour le même prix, on pourrait partager un 100 m² à trois ?

Ces hommes et ces femmes qui gagnent plutôt bien leur vie tiennent le même discours sur la consommation et la propriété. « *Je n'aime pas posséder,* dit Magali. *J'aime penser que je peux prendre une année sabbatique et partir demain pour un long voyage. Je ne veux pas m'encombrer.* » « *Je ne suis pas matérialiste,* confie Morgan, *je peux être attachée à une lampe, à un canapé ou à une table qui viennent de chez moi. Mais mon plaisir, c'est de les partager, pas de les posséder.* »

Anne B. Walter, *Corse-Matin*, dimanche 21 décembre 2008

DÉCOUVREZ

1 Cherche coloc.

1 Observez le document 1 et indiquez de quoi il s'agit :

a une invitation à une soirée destinée à des personnes qui cherchent un(e) colocataire. **b** un guide avec des conseils utiles pour réussir une colocation. **c** une fiche d'information juridique consacrée à la colocation.

2 Observez à nouveau ce document et relevez, dans la liste suivante, les thèmes abordés.

a écologie	**c** droit	**e** emploi
b décoration	**d** finances	**f** règles de vie

3 Lisez l'article (document 2) et relevez :

a le profil des personnes intéressées par la colocation. **b** les raisons de ce choix de vie.

2 Un toit pour toi et moi... pourquoi ?

1 Écoutez l'enregistrement ▸3 et relevez :

a les raisons pour lesquelles les personnes interrogées préfèrent vivre en colocation. **b** les conditions nécessaires pour réussir une vie en communauté.

2 Lisez les commentaires d'internautes trouvés sur le site Colocation.fr (document 3).

a Complétez la liste des raisons pour lesquelles les personnes interrogées préfèrent vivre en colocation (activité 1a). **b** Repérez les énoncés qui présentent ces raisons et indiquez les différents termes utilisés pour les introduire. **c** Connaissez-vous d'autres moyens d'expression de la cause ?

3 Forum

› Pourquoi avez-vous choisi la coloc ?

Virginie Re : Pourquoi avez-vous choisi la coloc ? (20/01/10)

Parce que je suis une fan de *L'Auberge espagnole*. Non, en fait, comme je n'aime pas trop la solitude, la colocation me permet de parler de ma journée, de me confier.

Lili Re : Pourquoi avez-vous choisi la coloc ? (20/01/10)

J'en avais assez de vivre seule en appartement. Grâce à ce mode de fonctionnement, je trouve qu'on s'enrichit humainement.

Seb Re : Pourquoi avez-vous choisi la coloc ? (20/01/10)

En se mariant, mes amis ont complètement changé leurs habitudes : plus question d'aller prendre un verre ensemble à l'improviste tard le soir. Alors forcément, on cherche de nouvelles relations.

ENTRAÎNEZ-VOUS

3 Vivre ensemble...

Transformez les phrases pour exprimer la cause.

1 *(comme)* J'ai choisi de vivre en colocation : je ne connaissais personne à Paris. **2** *(à cause de)* Ça posait un problème : nous avions tous des horaires différents. **3** (le gérondif) Je partage mon appart avec deux amis, alors je suis devenu plus tolérant. **4** *(car)* On est resté seulement deux mois ensemble ; on ne s'entendait pas du tout. **5** *(puisque)* Les loyers ont beaucoup augmenté, ça me semblait être la meilleure solution.

Grammaire

L'expression de la cause

Parce que*, *car *J'ai choisi la coloc* ***car*** *j'en avais marre de la solitude.*
Comme s'emploie toujours en début de phrase ***Comme*** *il y a une crise du logement, ça a modifié les comportements.*
Grâce à exprime une cause avec un résultat positif, ***à cause de*** un résultat négatif *On s'est rencontré* ***grâce aux*** *Jeudis de la Colocation.*
Puisque indique que la cause est évidente ***Puisque*** *les loyers sont exorbitants à Paris, la colocation représente une solution intéressante.*
Le **gérondif** a le même sujet que le verbe principal ***En choisissant*** *ce mode de vie, j'ai réalisé que les autres m'apportaient beaucoup.*

4 ... ou séparément ?

Un journaliste réalise une enquête sur les couples qui vivent séparément et vous interroge à ce sujet. Donnez-lui quatre raisons pour lesquelles vous avez choisi de ne pas partager votre appartement avec votre petit(e) ami(e). Utilisez à chaque fois une expression différente de la cause.

COMMUNIQUEZ

5 Témoignage.

Choisissez un des deux rôles ci-dessous et préparez-vous à l'interview puis jouez la scène avec votre voisin(e).

A Vous êtes l'animateur d'une émission de radio et vous souhaitez interviewer une personne qui vit en colocation. Préparez vos questions en vue de l'interview.

B Vous êtes colocataire depuis deux ans et vous allez être interviewé(e) dans une émission de radio. Imaginez à quels types de questions vous allez devoir répondre et préparez vos réponses.

CD-Rom ▸ ACTIVITÉ 3

SOS Service

tokup!

http://www.tokup.fr/

tokup! services entre particuliers

S'inscrire gratuitement | Déjà membre

ACCUEIL | BESOIN D'UN SERVICE | PROPOSER SES SERVICES | MON COMPTE

Votre baby-sitter n'est pas disponible ce soir ?
Besoin de monter votre cuisine IKEA le week-end prochain ?
Envie de prendre des cours de guitare ou de chinois ?

Postez vos besoins et trouvez la personne qui vous convient !

J'ai besoin d'un service ou Je propose mes services

BESOIN D'UN SERVICE :
POSTEZ UNE ANNONCE
COMPAREZ LES OFFRES
PAYEZ LE JUSTE PRIX
SERVICE GRATUIT
SANS INTERMÉDIAIRE

C'EST NOUVEAU | C'EST BIENTÔT FINI

a La garde de mes chiens (annonce n°798)
Y aurait-il dans mon quartier (gare d'Asnières) une personne qui pourrait s'occuper de mes 4 chiens en août ?

b Cherchons cours de chinois (annonce n°655)
Aimerions des cours de chinois (mandarin) à domicile 2 fois par semaine.

c Création site web (annonce n°734)
Souhaiterais construire un site web perso et aurais besoin de quelqu'un capable de mettre mon projet en ligne.

d Cuisinier à domicile (annonce n°432)
Passionné de cuisine asiatique, je voudrais proposer mes services pour vos soirées entre amis.

e Aide à domicile (annonce n°980)
J'aurais besoin d'une personne 2 matinées par semaine pour quelques heures de ménage.

1 **Irène,** 34 ans, Nice, cherche un vrai mec pour... INSTALLER SA CUISINE

2 **Charlotte,** 25 ans, Neuilly, cherche un homme pour... REPEINDRE SON STUDIO

3 **Alain,** 33 ans (env.), Lyon, cherche une femme pour... NOURRIR SON CHAT

Pourquoi les sites de rencontres sont-ils toujours réservés aux histoires de cœur ?

Rubriques: Transport | Informatique | Services ménagers | Animaux | Enfants | Cuisine | Maison et travaux | Cours | Jardin | Déménagement

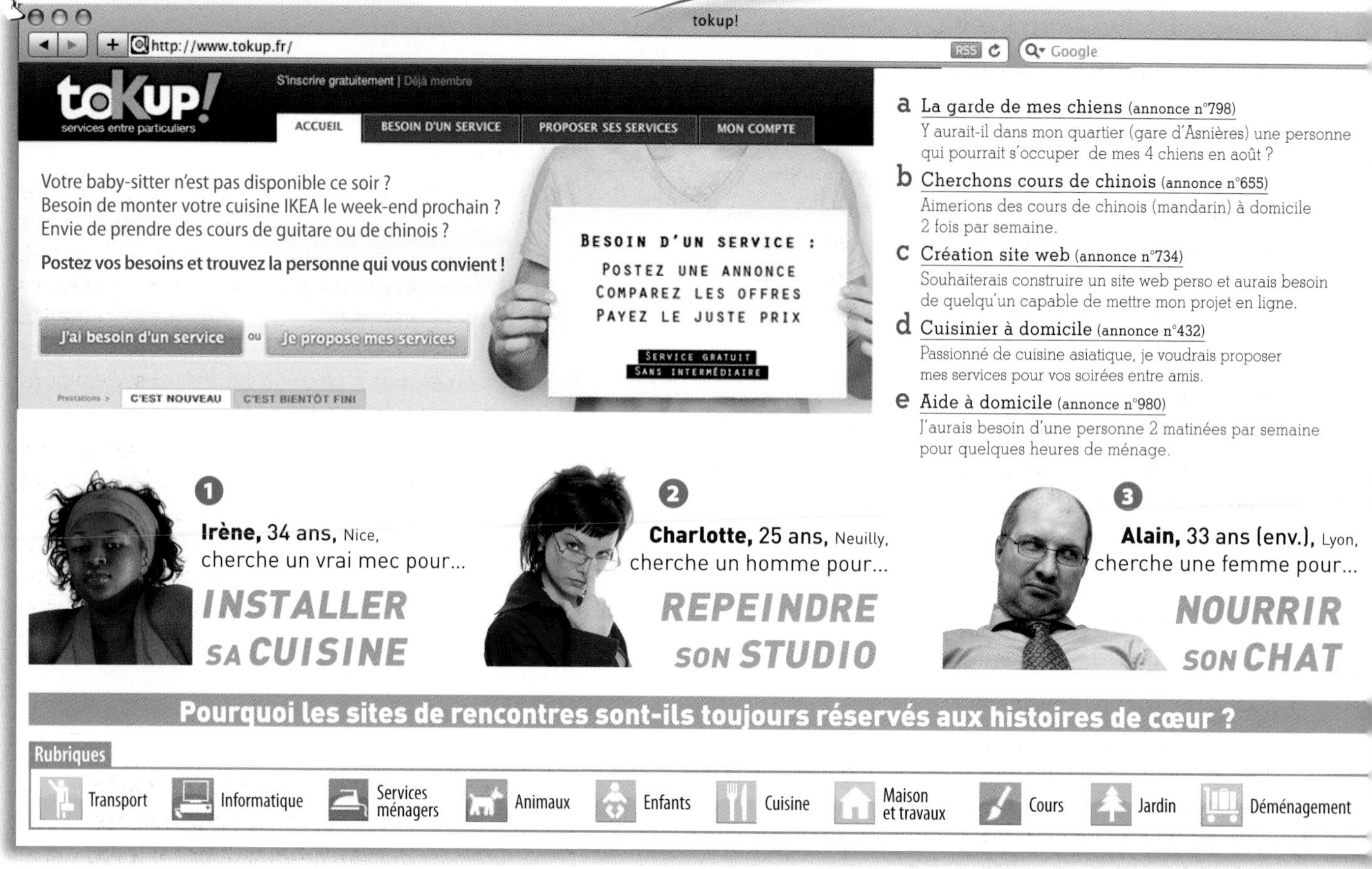

DÉCOUVREZ

1 Besoin d'aide.

1 a Observez les trois publicités et le slogan du site *Tokup !* Indiquez quel est, selon vous, l'objectif de ce site. Permettre à des personnes de :

1 rencontrer l'âme sœur. **2** proposer ou rechercher des services. **3** raconter leur plus belle histoire d'amour.

b Lisez le texte de présentation du site et vérifiez votre hypothèse. Puis, associez les rubriques du site aux exemples cités dans la présentation et les trois publicités du site.

c Voici quelques questions fréquemment posées sur le site *Tokup !* Lisez-les et répondez-y oralement.

1 L'inscription au site est-elle payante ? **2** Les services proposés sont-ils gratuits ? **3** Je suis bon en informatique. Est-ce que je peux proposer mes services ?

2 a Écoutez l'enregistrement ▸4 **et dites de quel type de document il s'agit.**

1 une interview
2 un reportage
3 une publicité

b Écoutez à nouveau l'enregistrement et dites si les affirmations suivantes sont vraies ou fausses.

1 La femme souhaite trouver quelqu'un pour l'aider. **2** Le message donne des conseils pour trouver des services à la personne. **3** Il existe deux moyens différents d'obtenir des informations. **4** Ces différents moyens sont gratuits.

c Écoutez à nouveau le début de l'enregistrement et relevez les tâches que cette femme réalise régulièrement. Indiquez celles qui sont inhabituelles et dites pourquoi.

2 Entre particuliers.

1 Lisez les annonces a à e sur le site *Tokup !* et associez chacune d'elle à l'une des rubriques du site.

2 Repérez les annonces qui expriment :

a un souhait, un désir.
b une éventualité.
c une demande polie.

3 Relevez le temps utilisé pour exprimer ces différentes intentions.

ENTRAÎNEZ-VOUS

3 Petits services entre voisins.

Complétez librement. Utilisez le conditionnel présent.

1 Je suis infirmière-stagiaire, je suis disponible lundi et jeudi après-midi... **2** J'ai besoin d'argent pour payer mes études... **3** Nous organisons une fête samedi soir mais nous manquons de chaises... **4** Je suis retraité, j'aime beaucoup les animaux et... **5** J'utilise chaque matin les transports en commun pour me rendre au centre-ville mais... **6** Je déménage la semaine prochaine et...

4 La perle rare.

Lisez le message ci-dessous puis imaginez la petite annonce qu'Élisa a mise sur le site *Tokup !* pour trouver la perle rare. Utilisez le conditionnel présent.

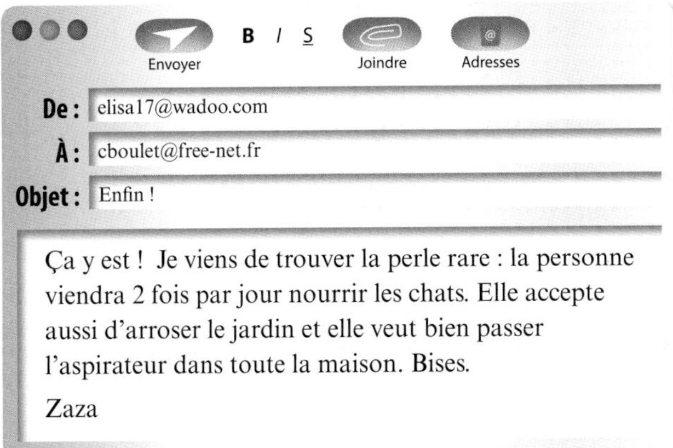

Ça y est ! Je viens de trouver la perle rare : la personne viendra 2 fois par jour nourrir les chats. Elle accepte aussi d'arroser le jardin et elle veut bien passer l'aspirateur dans toute la maison. Bises.

Zaza

GRAMMAIRE

Le conditionnel présent

Formation (rappel)

Le conditionnel se forme avec le radical du futur et la terminaison de l'imparfait

*Je **souhaiter**-ai → je **souhaiterais***

	singulier	pluriel
1re personne	*Je souhaiterais*	*Nous souhaiterions*
2e personne	*Tu souhaiterais*	*Vous souhaiteriez*
3e personne	*Il/Elle souhaiterait*	*Ils/Elles souhaiteraient*

Emploi

Le conditionnel présent peut servir :

- à exprimer un désir, un souhait

*Ma femme et moi, nous **aimerions** pratiquer notre chinois.*

- à formuler une demande polie

*J'**aurais** besoin d'une personne deux matinées par semaine.*

- à exprimer une éventualité

*Je cherche une personne qui **pourrait** prendre mes quatre chiens à domicile.*

COMMUNIQUEZ

5 Offre de service.

Choisissez un des deux rôles ci-dessous. Préparez vos questions ou vos réponses. Puis, jouez la scène avec votre voisin(e).

A Vous cherchez quelqu'un pour réaliser des travaux dans votre maison et vous avez pour cela passé une annonce sur un site Internet. Une personne vous téléphone pour proposer ses services. Expliquez-lui ce que vous souhaitez faire comme travaux, posez-lui des questions sur ses compétences et répondez à ses questions (salaire, date des travaux, etc.).

B Sur un site Internet, une annonce a retenu votre attention : il s'agit de travaux à réaliser dans une maison. Vous téléphonez à la personne qui a passé l'annonce pour proposer vos services. Demandez-lui des précisions sur les travaux et posez-lui des questions (salaire, date et lieu des travaux, etc.). Répondez également à ses questions sur vos compétences.

6 Une nounou pour mes toutous.

Vous êtes intéressé(e) par l'annonce n° 798 (site *Tokup !*). Écrivez un e-mail au propriétaire des chiens pour avoir plus d'informations sur les points suivants :

1 le profil des animaux (âge, race, caractère). **2** la date de ses vacances. **3** la nourriture (fournie / non-fournie). **4** l'adresse du vétérinaire habituel.

Vous expliquez également que vous avez besoin de rencontrer les chiens et leur maître avant de prendre une décision.

PRONONCEZ

Écoutez et répétez, puis dites s'il s'agit d'une éventualité, d'un souhait ou d'une demande polie.

1 Tu accepterais de promener le chien ?
2 Il faudrait vraiment repeindre la cuisine.
3 Et apprendre le chinois, ça te dirait ?
4 Je conduirais les enfants à l'école, j'irais les rechercher, pourquoi pas ?
5 Une chambre en échange de services, c'est ce que je voudrais.

CD-Rom ▸ ACTIVITÉS 4 à 6

LEÇON 4

Arrêt sur...

La télé-réalité

1

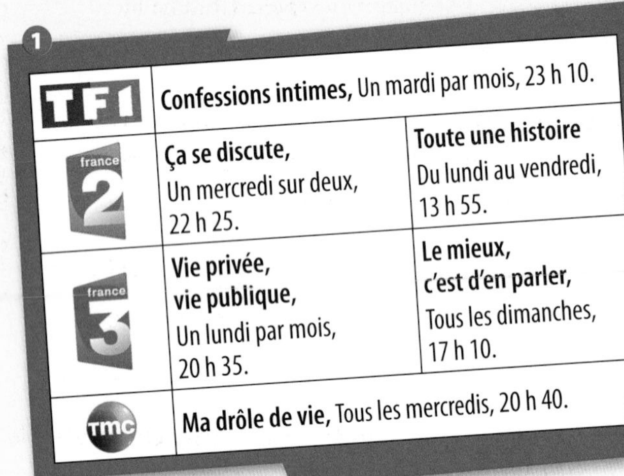

TF1	**Confessions intimes,** Un mardi par mois, 23 h 10.	
france 2	**Ça se discute,** Un mercredi sur deux, 22 h 25.	**Toute une histoire** Du lundi au vendredi, 13 h 55.
france 3	**Vie privée, vie publique,** Un lundi par mois, 20 h 35.	**Le mieux, c'est d'en parler,** Tous les dimanches, 17 h 10.
TMC	**Ma drôle de vie,** Tous les mercredis, 20 h 40.	

2

Présenté par Marcel Rufo et Charline Roux

Tous les dimanches à 17h10

Apportez vos témoignages pour nos prochaines émissions :

– Élever un enfant seul.

– Leur histoire d'amour est impossible.

– Frères-sœurs : ils se détestent.

N'hésitez pas à contacter Anne-Céline par e-mail ou par téléphone au 01 41 86 00 00.

3

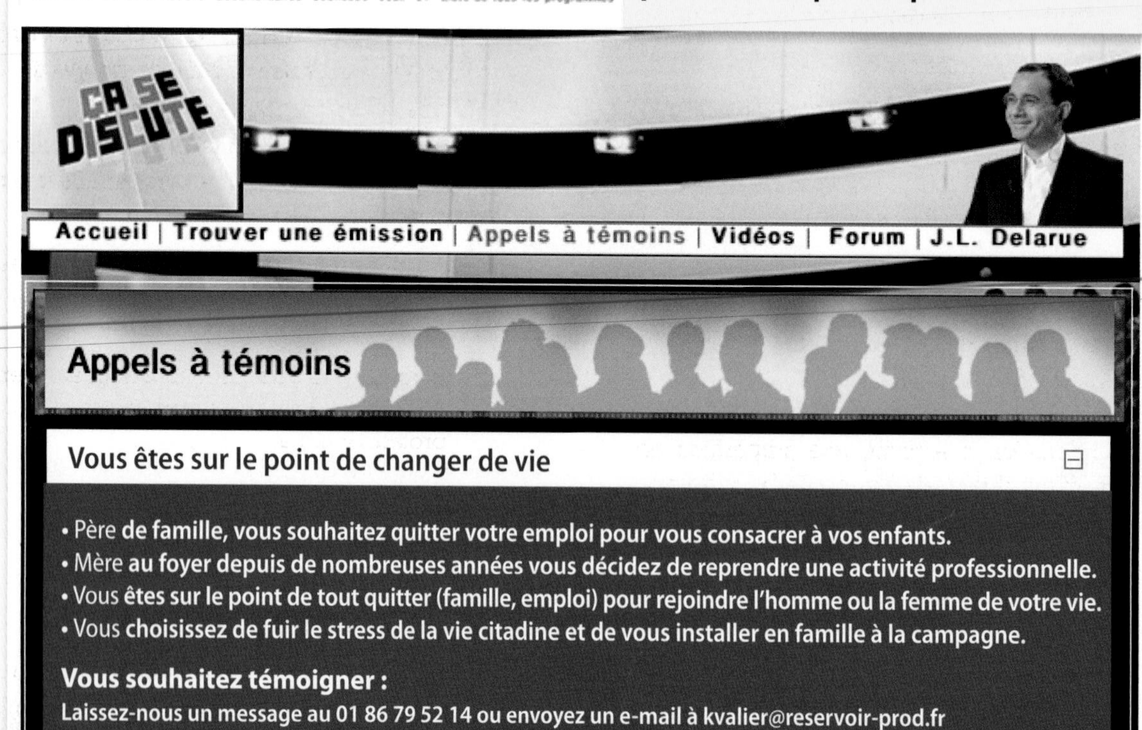

4

Si vous souhaitez obtenir des informations concernant l'une de nos émissions ou suggérer un sujet, n'oubliez pas de nous laisser une adresse e-mail pour que nous puissions vous joindre facilement

Nom, prénom : CARON Léonie **e-mail :** lcaron@fizz.fr **Objet de votre message :** demande d'informations

VOTRE MESSAGE :

Madame, Monsieur,
C'est avec beaucoup d'intérêt que j'ai suivi votre émission de cette semaine, « Frères-sœurs : ils se détestent », car ma meilleure amie vit cette situation avec son frère de 17 ans.
Pendant cette émission, l'un des invités a parlé d'un psychologue parisien qui l'a beaucoup aidé. Comme mon amie est actuellement à la recherche d'une personne compétente dans ce domaine, je vous serais reconnaissante de m'adresser les coordonnées de ce psychologue.
Je profite également de ce message pour vous faire une petite suggestion. Pourriez-vous consacrer l'une de vos prochaines émissions aux personnes qui passent des heures et des heures sur Internet ? Comme il y en a des millions (j'en fais partie) en France, beaucoup de téléspectateurs sont concernés par ce sujet.
Meilleures salutations. Merci d'avance.

Léonie Caron

REPÉREZ

1 Histoire d'*ego*.

1 Lisez le document 1.

a Dites quel est le point commun entre ces émissions.
b Relevez leur horaire de diffusion, leur périodicité et la chaîne sur laquelle chacune d'elles est diffusée.

2 Lisez les documents 2 et 3.

a Précisez le principe de toutes ces émissions.
b Relevez les moyens de poser sa candidature.

2 Demande d'informations.

Lisez le document 4.

1 Dites à quelle émission il a été envoyé.

2 Repérez dans quelle partie du document la téléspectatrice :

a exprime une demande et son motif. **b** indique ses coordonnées. **c** exprime une proposition en l'argumentant. **d** rappelle à quoi elle fait référence. **e** résume le motif de son e-mail. **f** prend congé.

RÉALISEZ

3 Après le bip.

Vous correspondez au profil des personnes recherchées pour la prochaine émission *Ça se discute* consacrée au thème suivant : *Vous choisissez de fuir le stress de la vie citadine et de vous installer en famille à la campagne.*

1 Repérez dans le document 3 les informations qui vous sont demandées pour pouvoir témoigner.
2 Laissez un message sur le répondeur de l'émission.

4 Je passe à la télé !

Vous participez à l'émission *Ça se discute* consacrée au thème : *Vous êtes sur le point de changer de vie.*

1 Choisissez une identité ci-dessous.
2 Préparez votre témoignage (si vous choisissez un rôle d'invité) ou vos questions (si vous choisissez le rôle de l'animateur).

A Antoine, 34 ans. Vous souhaitez quitter votre emploi de directeur commercial pour partir vivre à l'autre bout du monde.

B Isabelle, 44 ans, femme au foyer, 5 enfants. Vous avez décidé de reprendre une activité professionnelle.

C Jean-Luc Delarue. Vous êtes l'animateur de l'émission.

3 Jouez la scène.

5 Message électronique.

Vous avez regardé l'émission *Ma drôle de vie* consacrée à Fabienne et Thomas, parents de huit enfants. À la manière de Léonie Caron, postez un message sur le site de l'émission pour demander des informations et suggérer un sujet.

Savoir-faire

1 Au secours, comment ça marche ?

Vous êtes nul(le) en informatique et vous êtes intéressé(e) par l'annonce suivante. Vous envoyez un e-mail à Michel.

100 % informatique

(annonce n° 132)

Vous avez un ordinateur mais vous ne savez pas vous en servir ? Pas de problème ! Je me déplace à domicile pour vous donner des cours sur tous les programmes. Votre ordinateur est en panne ? J'arrive et je le répare très rapidement !

michel@super-web.com

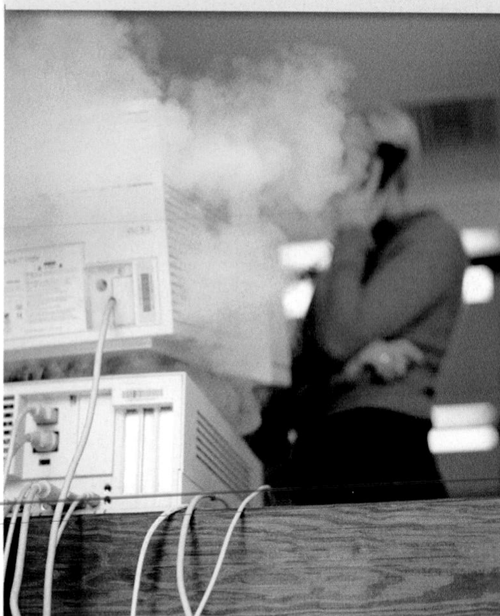

2 Quelle chance ! Je n'y crois pas !

Aujourd'hui, vous avez une chance incroyable : vous allez participer à une émission de radio avec votre acteur préféré. Jouez la scène avec votre voisin(e). Réfléchissez à ce que vous rêvez de savoir sur lui avant de poser vos questions. Parlez ensuite de vous (mais attention, choisissez des éléments qui peuvent intéresser un acteur de cinéma !).

3 S.O.S. animal de compagnie...

Vous relevez les messages sur votre répondeur. Il y en a un pour votre colocataire Anna. Écoutez puis rédigez le message que vous allez lui laisser sur le frigo. Attention, votre message doit être aussi précis que possible : Qui a appelé ? Quand ? Pourquoi ? Quel est le service demandé ? Pour combien de temps ? Où ? Que faut-il faire exactement ?

4 La colocation, oui, mais...

Vous cherchez une colocation et vous lisez l'annonce suivante.

Cherchons colocataire

(annonce n° 24)

Sommes deux colocataires (hommes) dans un grand appartement de 120 m², 3 chambres, salon, cuisine, salle de bains, Bordeaux centre. Recherchons 3e personne pour partager appartement avec nous, homme ou femme indifférent. Loyer mensuel par personne 500 €. Prévoir 50 € de charges / mois. Si intéressé(e), envoyez un message à : pierrejean@gmail.com

Vous êtes intéressé(e) par cette annonce, vous répondez à Pierre et Jean et leur demandez des renseignements complémentaires sur :

- l'organisation de la vie quotidienne (partage des tâches, des courses, possibilités d'inviter des amis, etc.) ;
- leur profession et leurs horaires de travail ;
- leur mode de vie (calme, vivant...) ;
- les possibilités de stationnement à côté de l'immeuble ;
- un autre point de votre choix.

D'ici ou d'ailleurs

Vous allez apprendre à...

- raconter une expérience passée
- décrire les circonstances d'un événement
- apporter des précisions d'ordre temporel
- faire une réclamation

Pour

- décrire un séjour à l'étranger
- répondre à une demande d'informations sur votre état civil
- parler de l'immigration dans votre pays
- apporter un témoignage
- rédiger une lettre de réclamation

Passeport pour l'Europe

Portfolio
europass
Donnez un passeport à vos compétences !
Ouvrez à tout âge les portes de la formation et de l'emploi en Europe
www.europe-education-formation.fr
Éducation et culture

Laure Badia, 21 ans, a quitté Bordeaux pendant un an pour étudier en Angleterre.

« Les Britanniques, dès qu'ils apprenaient que j'étais française, essayaient de me montrer qu'ils savaient dire *bonjour*, *Moulin-Rouge* et *camembert* ! »
Laure Badia vient de passer une année scolaire inoubliable à Swansea, au pays de Galles, dans le cadre d'un séjour Erasmus*.
Quand elle est partie, le 19 septembre dernier, elle n'a pas eu si peur d'aller à l'étranger puisque, pour elle, un pays membre de l'Union européenne n'est pas un pays si inconnu. Cette Bordelaise de 21 ans, qui étudie

DÉCOUVREZ

1 Europass, c'est quoi ?

1 Avec votre voisin(e), imaginez ce qu'est un Europass.

a Quels sont les deux mots qui composent ce nom ?
b À quelle tranche d'âge cet Europass est-il destiné ?
c Quel est son objectif ?

2 Observez l'affiche et vérifiez vos hypothèses.

3 a Lisez l'article et complétez, si possible, le formulaire ci-dessous.

Nom : .... Prénom : ....
Âge : .... Nationalité : ....
Adresse : ....
Études suivies : ....
Projet Erasmus ☐ oui ☐ non
Durée du séjour : .... Destination : ....

b Lisez à nouveau l'article et dites si les affirmations suivantes sont vraies ou fausses. Justifiez vos réponses.

1 Avant son départ, Laure était un peu stressée à l'idée de vivre en Angleterre. **2** Les Britanniques ne s'intéressaient pas beaucoup à elle au début. **3** Cette expérience a développé en elle un sentiment européen. **4** Les Gallois sont, selon elle, opposés à l'Europe. **5** Pendant son séjour, elle a rencontré des personnes originaires de différents pays d'Europe. **6** Elle garde de ce séjour à l'étranger un excellent souvenir.

2 Partir ou rester ?

1 Écoutez l'enregistrement ▸5 et indiquez quelle personne a participé au programme Erasmus.

2 Écoutez à nouveau l'enregistrement et relevez les raisons qui ont empêché les autres personnes de partir étudier à l'étranger.

3 Lisez la transcription du témoignage de la dernière personne, p. 159.

a Relevez les énoncés qui répondent aux questions suivantes :

1 Quand et où êtes-vous parti suivre un programme Erasmus ? **2** Cette année-là, y a-t-il eu beaucoup d'étudiants de votre promo à partir à l'étranger ? **3** Comment avez-vous trouvé cette expérience ? **4** Avez-vous reçu une bourse pour partir ?

les relations internationales en licence de langues étrangères appliquées, en a retiré une expérience formidable et dit maintenant appartenir à la « famille Erasmus », ancrée dans l'Europe.

Une Européenne

Laure explique que tout est fait pour que les étudiants étrangers se sentent intégrés : « L'accueil et les rencontres sont très bien organisés par l'université et les associations. Les étudiants gallois sont en général très curieux et enthousiastes à l'idée de connaître de nouvelles personnes. Je pense avoir été considérée avant tout comme une étudiante. »
Les Gallois restent cependant très patriotiques. Il ne faut jamais confondre « Welsh » (Gallois) et « English » quand on leur parle, conseille la jeune femme. Et même si l'Europe est considérée comme une chance, ils sont toujours hostiles à l'adoption de la monnaie unique.
Selon elle, le sentiment d'appartenance à l'Europe se développe au cours du séjour : « Ce n'est pas quelque chose qu'il est possible d'apprendre à l'école ou en regardant des reportages. Il faut le vivre. En résidant à l'étranger, on se rend compte que même si on a des langues et des habitudes différentes de nos colocataires ou de nos amis, on a finalement la même culture et beaucoup de points communs », assure-t-elle.

Une grande chance

L'étudiante bordelaise rentrera en France le 25 juin prochain, avec maintenant des amis résidant un peu partout en Europe et dans le monde et des connaissances sur leur pays et leurs habitudes.
« L'ouverture des pays envers l'Union européenne est une grande chance. C'est une expérience unique de pouvoir découvrir un autre pays d'aussi près et de rencontrer des étudiants de nationalités si différentes. »

Pauline Bernos
Sud-Ouest, mardi 2 juin 2009

* Avec ERASMUS, les étudiants peuvent effectuer une partie de leurs études dans un autre établissement européen, pendant trois mois au minimum et un an au maximum.

b Observez vos réponses et classez les informations données en deux catégories :

1 les faits / les événements.

2 la situation / les circonstances.

c Observez le temps utilisé pour chaque type d'information et formulez la règle d'utilisation de chaque temps.

ENTRAÎNEZ-VOUS

3 Trouvez la suite.

Choisissez le temps qui convient. Justifiez.

1 Quand Marion a terminé la fac en France, *elle s'inscrivait / elle s'est inscrite* à Oxford dans le cadre d'Erasmus.

2 Quand on m'a remis mon dossier d'inscription, *je l'ai rempli / je le remplissais*.

3 À mon arrivée à Berlin pour un séjour Erasmus de 6 mois, *je n'ai pas compris / je ne comprenais pas* l'allemand.

4 Imparfait ou passé composé ?

Mettez les verbes entre parenthèses au temps qui convient.

Hier, je (se précipiter) au secrétariat pour déposer mon dossier d'inscription au programme Erasmus : il ne (rester) que deux jours avant la clôture des inscriptions. Je (ne pas avoir) beaucoup d'espoir mais finalement ils (retenir) ma candidature et je (aller) faire ma dernière année d'école de commerce à Varsovie. Heureusement, tous les cours (être) en anglais !

GRAMMAIRE

Les temps du récit

Le **présent** indique une situation actuelle ou une action ponctuelle qui a lieu au moment où l'on parle : *Cette Bordelaise de 21 ans **étudie** les relations internationales.*
Le **passé composé** permet de raconter des événements qui ont eu lieu dans le passé, il indique des actions accomplies et assure la trame chronologique du récit : ***J'ai trouvé** assez facilement un travail à temps partiel dans une boîte italienne.*
L'**imparfait** apporte des précisions sur le contexte (circonstances, situation, habitude/répétition) : *L'expérience **était** géniale.* *Dès qu'ils **apprenaient** que **j'étais** française, ils **essayaient** de me montrer qu'ils **savaient** dire « bonjour », « Moulin-Rouge » et « camembert ».*

COMMUNIQUEZ

5 Alors, raconte !

Vous avez étudié pendant 6 mois dans un pays d'Europe, dans le cadre du programme Erasmus. Un(e) étudiant(e) de votre université souhaite également profiter de ce programme et vous interroge sur votre expérience. Jouez la scène avec votre voisin(e).

CD-Rom ▸ ACTIVITÉS 7 et 8

Devenir français

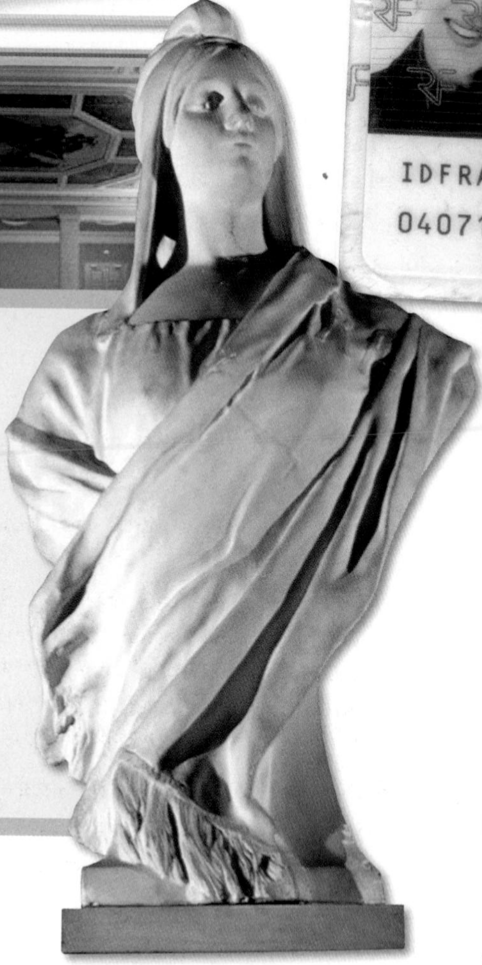

http://www.justice.gouv.fr/

Liberté • Égalité • Fraternité
République Française
Ministère de la Justice

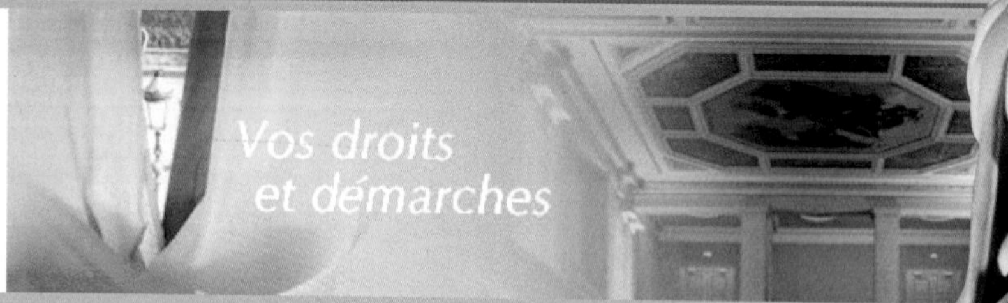

Vos droits et démarches

L'acquisition de la nationalité française

À compter du 1er septembre 1998, tout enfant né en France de parents étrangers acquiert la nationalité française à sa majorité (loi du 16 mars 1998 relative à la nationalité) :

- **s'il est né en France à compter du 1er septembre 1980,**
- **s'il réside en France au moment de sa majorité et s'il y a résidé pendant au moins 5 années, consécutives ou non, depuis l'âge de 11 ans.**

La loi prévoit également la possibilité d'anticiper cette acquisition de la nationalité française, avant la majorité.

La nationalité française peut également être réclamée par les parents étrangers de l'enfant mineur dès que celui-ci atteint l'âge de 13 ans, à condition que l'enfant donne son accord et qu'il réside en France, depuis au moins 5 ans, depuis l'âge de 8 ans. (article 21-11 du Code civil).

CARTE N…
IDFRA…
04071…

DÉCOUVREZ

1 Entre ici et là-bas.

1 a Écoutez l'introduction de la première partie de l'enregistrement ▸6 et commencez à compléter la fiche de renseignements.

FICHE DE RENSEIGNEMENTS

NOM : ....

Prénom : ....

Âge : .... Nationalité : ....

Lieu de naissance : ....

Nombre d'années de résidence en France : ....

Nombre de frères et sœurs : ....

Nationalité et lieu de naissance :

- du père : ....

- de la mère : ....

b Écoutez la 1re partie de l'enregistrement ▸6 et indiquez si ce qui est dit est vrai, faux ou si on ne sait pas.

1 Les parents de la jeune femme sont arrivés en France il y a soixante ans. **2** Au départ, ils ne voulaient rester que deux ou trois ans seulement. **3** Ils ont quitté le Portugal pour fuir le chômage. **4** Les entreprises françaises recherchaient alors des ouvriers à l'étranger. **5** Arrivés en France, ils ont trouvé du travail en quelques jours. **6** Son père a travaillé pendant vingt ans dans une entreprise portugaise, à Cerizay. **7** Ses parents sont français depuis 1968.

2 a Écoutez la 2e partie de l'enregistrement ▸7 et répondez aux questions.

1 Pourquoi la jeune femme n'a-t-elle pas pu obtenir la nationalité française à sa naissance ? **2** À quel âge est-elle devenue française ? **3** Où s'est-elle adressée pour cela ? **4** Pourquoi a-t-elle souhaité devenir française ?

b Finissez de compléter la fiche de renseignements de la personne interviewée.

2 Droits et démarches.

1 Lisez la page du site Internet et indiquez :

a de quel type de document il s'agit. **b** à qui il s'adresse. **c** la source de ce document.

2 Relisez la page du site et repérez les énoncés qui indiquent :

a le nombre d'années minimum durant lesquelles il est nécessaire d'avoir vécu en France pour obtenir la nationalité française. **b** l'âge à partir duquel il faut habiter sur le sol français, lorsqu'on est majeur et lorsqu'on est mineur, pour obtenir la nationalité française.

3 Observez vos réponses et relevez les expressions de la durée. Quel terme indique :

1 un événement qui dure encore. **2** une durée définie.

GRAMMAIRE

L'expression de la durée

Pendant et *durant* indiquent une durée définie :
Vous avez résidé en France ***pendant*** *cinq années ?*

Pour indique une durée prévue :
Ils retournent au Portugal ***pour*** *un an ou deux.*

En indique une durée nécessaire :
Elle a obtenu son passeport ***en*** *quelques mois.*

Entre indique une durée limitée :
J'ai vécu en France ***entre*** *1995 et 1997.*

Il y a indique que l'événement est terminé au moment où l'on parle :
Ils ont quitté leur pays ***il y a*** *cinq ans.*

Ça fait... que, il y a... que, depuis indiquent que l'événement continue au moment où l'on parle :
Il y a *maintenant onze ans* ***qu'****elle vit en France.*

ENTRAÎNEZ-VOUS

3 Histoires de naturalisation.

Complétez le dialogue avec *durant, pour, en, il y a, depuis, ça fait... que* et *il y a... que*.

– Kamel, ... longtemps ... vos parents habitent en France ?

– Oh oui ! Ils sont arrivés ici ... trente ans environ, au début des années 70.

– Et ... toutes ces années, est-ce qu'ils ont pu acquérir la nationalité française ?

– Ça a été difficile mais oui, ... maintenant un peu plus de deux ans ... ils sont français.

– Et vous alors ?

– Eh bien, moi, comme j'ai seize ans et que j'ai vécu en France toutes ces années, j'ai pu demander ma naturalisation. Ça a été assez rapide : tout s'est fait ... quelques semaines.

– Vous aimeriez retourner vivre là où vos parents sont nés ?

– Ah oui ! La preuve : j'y vais ... un an, peut-être plus.

COMMUNIQUEZ

4 Formalités.

Vous avez 18 ans et vous êtes né(e) en France de parents étrangers. Vous souhaitez obtenir la nationalité française. Vous rencontrez pour cela un(e) employé(e) qui travaille au service des naturalisations de la préfecture de votre département. Jouez la scène avec votre voisin(e).

5 Échanges.

Avec votre voisin(e), répondez aux questions.

1 Dans votre pays, d'où viennent la plupart des immigrés ? **2** À quelle époque sont-ils arrivés ? **3** Dans quel(s) secteur(s) travaillent-ils en priorité ? **4** Connaissez-vous les différents moyens d'acquérir la nationalité de votre pays ? Si oui, citez-les.

PRONONCEZ

Écoutez et répétez, puis complétez le tableau. Vous pouvez vous aider de la transcription p. 159.

[ɛ̃]	[ɑ̃]	[ɔ̃]
cinquante, deviendront...	*en, cinquante...*	*on, longtemps...*

CD-Rom ▸ ACTIVITÉS 9 et 10

Égalité pour tous ?

FERMÉ POUR VOUS

Discrimination ?
Je saisis la HALDE.

HALDE
Haute Autorité de Lutte contre les Discriminations et pour l'Égalité
08 1000 5000
www.halde.fr

Liberté • Égalité • Fraternité
République Française

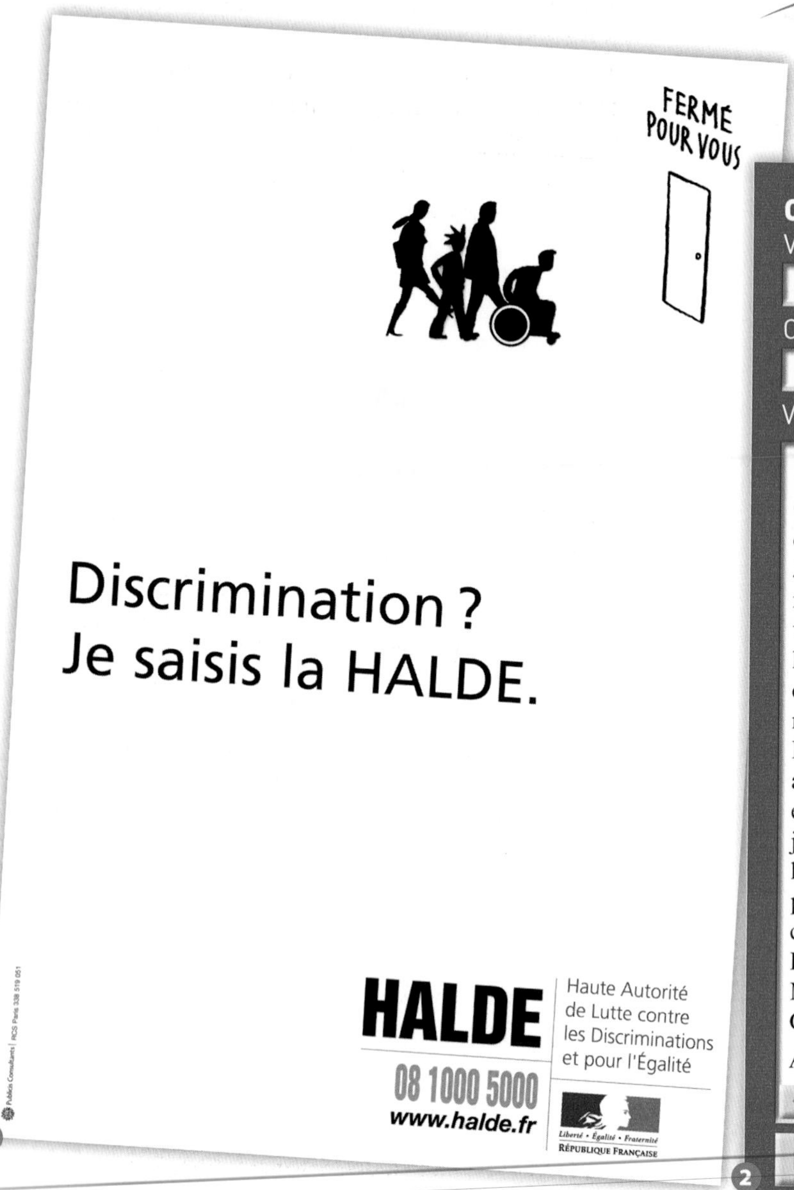

1

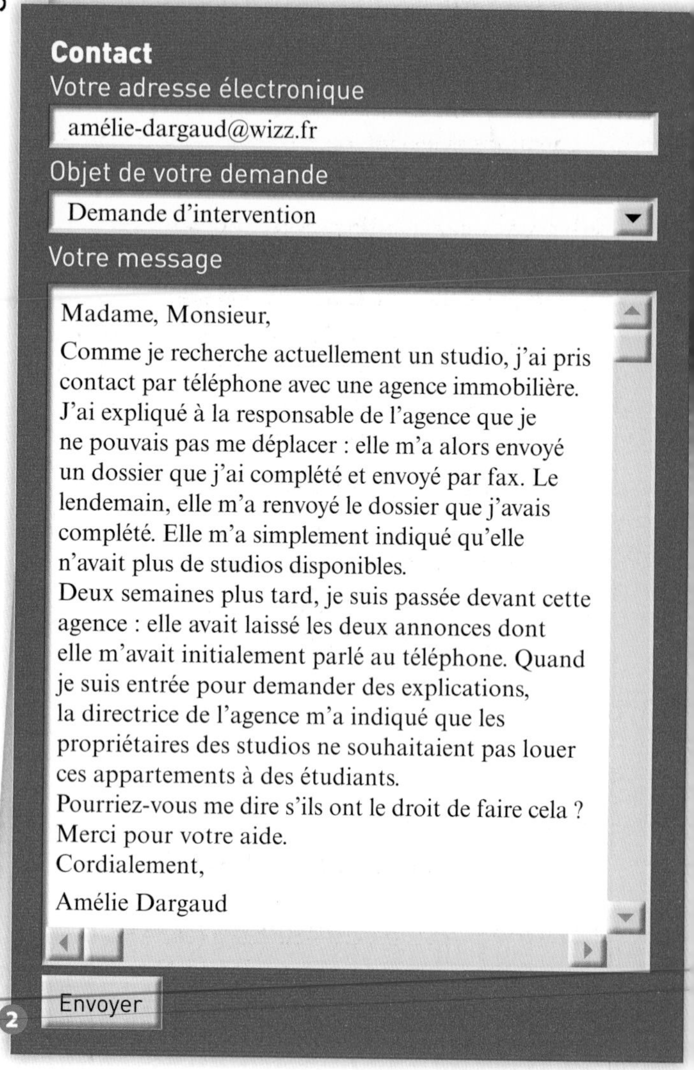

Contact

Votre adresse électronique

amélie-dargaud@wizz.fr

Objet de votre demande

Demande d'intervention

Votre message

Madame, Monsieur,

Comme je recherche actuellement un studio, j'ai pris contact par téléphone avec une agence immobilière. J'ai expliqué à la responsable de l'agence que je ne pouvais pas me déplacer : elle m'a alors envoyé un dossier que j'ai complété et envoyé par fax. Le lendemain, elle m'a renvoyé le dossier que j'avais complété. Elle m'a simplement indiqué qu'elle n'avait plus de studios disponibles.
Deux semaines plus tard, je suis passée devant cette agence : elle avait laissé les deux annonces dont elle m'avait initialement parlé au téléphone. Quand je suis entrée pour demander des explications, la directrice de l'agence m'a indiqué que les propriétaires des studios ne souhaitaient pas louer ces appartements à des étudiants.
Pourriez-vous me dire s'ils ont le droit de faire cela ?
Merci pour votre aide.
Cordialement,

Amélie Dargaud

Envoyer

2

DÉCOUVREZ

1 Réagir.

1 a Observez le dessin du document 1. Avec votre voisin(e), faites des hypothèses sur ce que ce dessin exprime.

b Observez le document 1 et indiquez :

1 de quel type de document il s'agit. **2** à qui il s'adresse. **3** par qui il a été réalisé. **4** l'objectif de ce document.

2 a Avec votre voisin(e), imaginez :

1 quelles sont les personnes victimes de discriminations. **2** les situations où ces discriminations ont lieu.

b Écoutez le document 1 ▸8 et répondez à nouveau aux deux questions précédentes. Indiquez également ce que peuvent faire les personnes victimes de discrimination.

3 Écoutez le document 2 ▸9 et, dans le cas mentionné, indiquez :

a dans quelle situation il y a discrimination :

1 emploi. **2** logement. **3** éducation. **4** biens et services.

b sur quoi cette discrimination est fondée :

1 l'apparence physique. **2** l'âge. **3** l'origine. **4** un handicap.

4 Écoutez à nouveau le document 2 et relevez :

a la raison pour laquelle Lionel cherche un logement. **b** le motif du refus de son dossier par l'agence immobilière. **c** le constat fait par la Halde sur ce type de discrimination. **d** l'action entreprise par cet organisme. **e** les conséquences de cette action. **f** le moyen de saisir la Halde pour les personnes victimes d'un problème similaire.

2 Formulaire en ligne.

1 Lisez le document 2. Indiquez quels sont les points communs et les différences entre le cas de Lionel et celui d'Amélie.

2 Lisez à nouveau le document 2. Relevez les énoncés qui répondent aux questions que pose un représentant de la Halde à Amélie.

a Que s'est-il passé quand vous avez dit à la responsable de l'agence que vous ne pouviez pas vous déplacer ? **b** Qu'a-t-elle fait de ce dossier ? **c** Comment avez-vous su que les studios étaient toujours disponibles ?

3 Observez vos deux dernières réponses.

a Dites quel temps est utilisé pour évoquer les faits passés dans l'ordre chronologique.

b Observez l'autre temps utilisé : indiquez comment il se construit et faites des hypothèses sur son utilisation.

ENTRAÎNEZ-VOUS

3 Je saisis la Halde.

Imaginez la fin de la phrase en utilisant le plus-que-parfait.

1 CAS N° 1 : Le portier du Club 103 a refusé l'entrée de l'établissement à un jeune Sénégalais de 19 ans.
La victime a saisi la Halde parce que…

2 CAS N°2 : Pour ce poste de manager, l'entreprise a privilégié un homme.
La victime a saisi la Halde parce que…

3 CAS N°3 : L'émission *Nouveaux talents* a rejeté la candidature de Julien N. à cause de son âge.
La victime a saisi la Halde parce que…

4 CAS N° 4 : Mlle H. a très souvent entendu des remarques désagréables sur son physique depuis son entrée dans l'entreprise.
La victime a saisi la Halde parce que…

4 Encore un exemple de discrimination.

Imparfait, passé composé ou plus-que-parfait ? Mettez les verbes entre parenthèses au temps qui convient.

Monique F. de Rouen (être engagée) en août dernier au poste de secrétaire dans l'entreprise Merlot. Elle (donner) entière satisfaction à son supérieur hiérarchique et tous ses collègues l'(apprécier). Mais, en novembre dernier, elle (recevoir) sa lettre de licenciement pour raison économique. En fait, elle (apprendre) la semaine dernière par une employée de la société que le directeur (accorder) le poste qu'elle (occuper) à une personne de sa famille et cela dans les jours qui (suivre) son départ.

GRAMMAIRE

Le plus-que-parfait

Formation

Le plus-que-parfait se forme avec l'auxiliaire *être* ou *avoir* à l'imparfait suivi du participe passé.

	singulier	pluriel
1re personne	*J'**avais laissé***	*Nous **avions laissé***
2e personne	*Tu **avais laissé***	*Vous **aviez laissé***
3e personne	*Il/Elle **avait laissé***	*Ils/Elles **avaient laissé***

Emploi

On utilise le plus-que-parfait pour exprimer qu'une action précède une autre action ou une situation passée.
*Elle m'a renvoyé le dossier que **j'avais complété**.*

COMMUNIQUEZ

5 J'écris à la Halde.

Vous avez été témoin d'une discrimination. Sur le modèle du document 2, rédigez un message sur le site de la Halde. Expliquez les circonstances dans lesquelles cela est arrivé et le type de discrimination dont il s'agit.

6 Place à vous.

Sur le modèle du deuxième document sonore, vous êtes l'invité(e) de l'émission de radio *Place à vous*. Le journaliste vous demande de raconter la situation de discrimination dont vous avez été témoin (activité 5) : il/elle explique la situation en quelques mots, vous demande de raconter les circonstances détaillées et rappelle comment il est possible de saisir la Halde. Jouez la scène avec votre voisin(e).

CD-Rom ▸ ACTIVITÉS 11 et 12

LEÇON 8

Arrêt sur...

France Europe Express

1

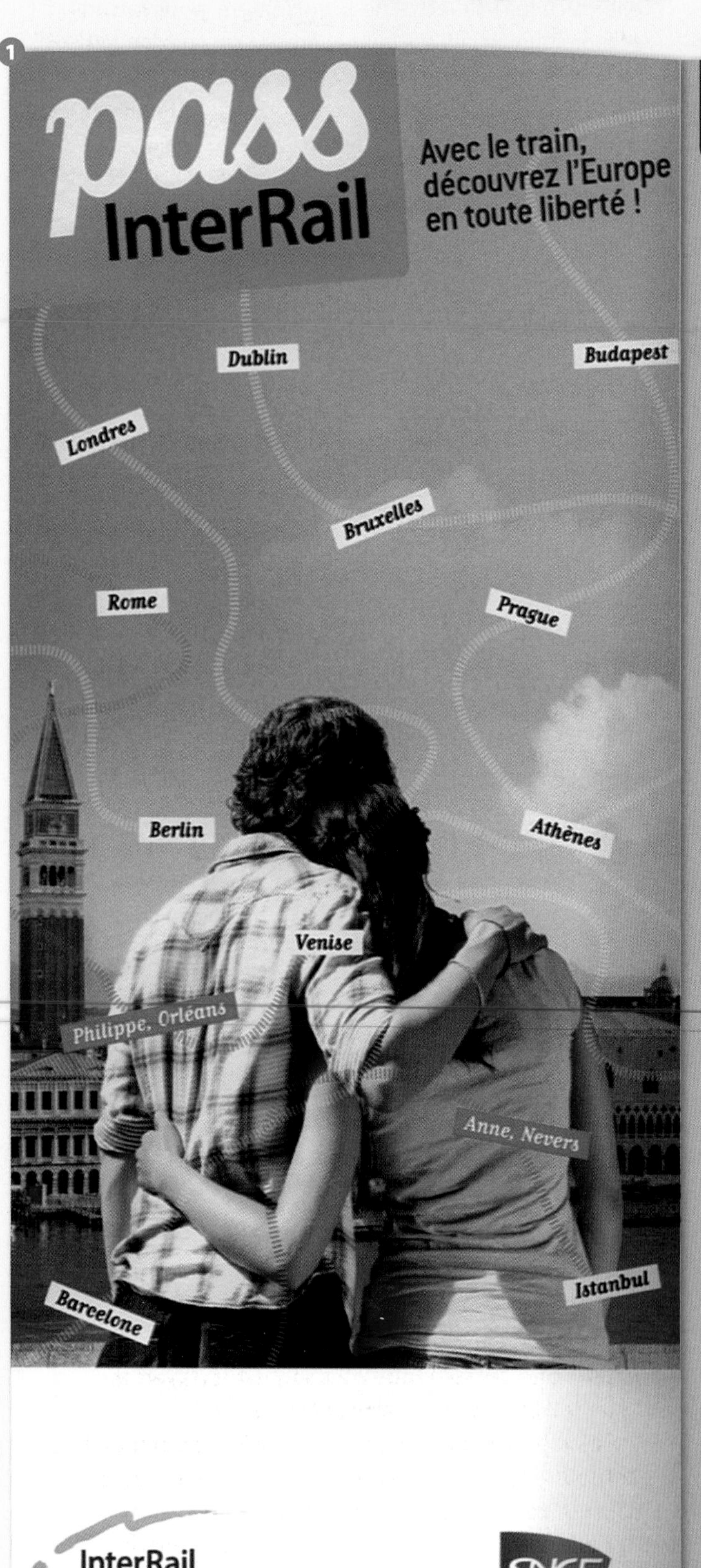

Envie de partir à la découverte de l'Europe ?

Les villes comme Londres, Milan, Madrid, Barcelone, Lisbonne, Berlin, Prague, Florence, Vienne ou Budapest vous font rêver ? Alors le Pass InterRail est fait pour vous !

Le Pass InterRail, c'est le moyen le plus simple pour visiter plusieurs pays d'Europe en train !

***C'est quoi** le Pass InterRail ?*

→ C'est un pass de libre circulation personnel et nominatif qui vous permet de voyager simplement et facilement sur la majorité des trains européens.

***C'est pour qui** le Pass InterRail ?*

→ **Pour tout le monde !** Le Pass Jeune, particulièrement attractif par son prix et valable en 2nde classe uniquement, s'adresse aux voyageurs de moins de 26 ans.
Le Pass Adulte qui s'adresse aux voyageurs de plus de 26 ans et le Pass Enfant (de 4 à moins de 12 ans) vous proposent des prix très avantageux aussi bien en 1re classe qu'en 2nde classe. Le Pass InterRail peut uniquement être utilisé par les résidents européens.
Il n'est pas valable dans votre pays de résidence.

REPÉREZ

1 L'Europe à tout prix.

1 Observez avec votre voisin(e) la première partie du document 1. Puis, sans regarder :

a retrouvez de mémoire les villes citées et les pays dans lesquels elles se trouvent. **b** imaginez quel est le principe du Pass InterRail.

2 Lisez la deuxième partie du document 1 et indiquez s'il est possible de :

a donner son Pass à un(e) ami(e). **b** l'utiliser dans son propre pays. **c** en acheter un si on n'est pas européen. **d** voyager en 1re classe. **e** partir en famille. **f** voyager aussi souvent qu'on le souhaite pendant la période de validité.

3 Relisez le dépliant InterRail et relevez le prix d'un Pass pour chacune des personnes suivantes et ses proches.

InterRail Global Pass

Validité	Jeunes 2nde classe	Adultes 2nde classe	Enfants 2nde classe	Adultes 1re classe	Enfants 1re classe
5 jours / pendant 10 jours	159 €	249 €	124,50 €	329 €	164,50 €
10 jours / pendant 22 jours	239 €	359 €	179,50 €	489 €	244,50 €
22 jours continus	309 €	469 €	234,50 €	629 €	314,50 €
1 mois sans interruption	399 €	599 €	299,50 €	809 €	404,50 €

→ Valide dans 30 pays

Avec l'InterRail Global Pass, vous pouvez visiter 30 pays : Autriche, Belgique, Bosnie-Herzégovine, Bulgarie, Croatie, République tchèque, Danemark, Finlande, France, ARY Macédoine, Allemagne, Grande-Bretagne, Grèce, Hongrie, Italie, Luxembourg, Monténégro, Pays-Bas, Norvège, Pologne, Portugal, République d'Irlande, Roumanie, Serbie, Slovaquie, Slovénie, Espagne, Suède, Suisse, Turquie.

→ Que signifie flexible ?

Il y a deux types d'InterRail Global Pass : ceux à validité flexible et ceux à validité continue.

Vous avez un InterRail Global Pass flexible de 5 ou 10 jours ? Dans ce cas, vous pouvez voyager 5 ou 10 jours différents de votre choix durant la période de validité du Pass.

Si vous avez un InterRail Global Pass continu de 22 jours ou 1 mois, vous pouvez voyager aussi souvent que vous le désirez dans la période de validité globale de l'InterRail Pass.

La différence entre deux types de validité est comparable à la différence entre un abonnement mensuel dans un club de remise en forme (vous pouvez y aller n'importe quel jour au cours d'une période d'un mois) et un abonnement à la carte pour 10 visites (vous pouvez participer à 10 cours pendant une certaine période de validité).

2

Calais, le 29 août 20...

Monsieur,

Souhaitant découvrir la Grande-Bretagne et l'Irlande durant mes toutes premières semaines de retraite, je suis allée il y a un mois exactement à la gare la plus proche de mon domicile pour y acheter un Pass valable 22 jours continus, en seconde classe.

La personne à qui je me suis adressée à ce moment-là était visiblement inexpérimentée et il a fallu que je lui explique – chose incroyable – les caractéristiques du Pass et le principe de validité.

De toute évidence, cela n'a servi à rien ; cette personne n'a pas compris ce que je désirais et m'a finalement vendu un Pass 10 jours / pendant 22 jours au prix d'un Pass 22 jours continus. Je m'en suis malheureusement aperçue trop tard, quand j'étais en Irlande à la fin de mon voyage.

Bien évidemment, je n'ai pas pu prouver, sur place, que j'avais acheté un Pass 22 jours continus ; j'ai donc été obligée de payer une amende. Vous comprendrez, je l'espère, ma colère devant une erreur qui m'a coûté très cher et m'a gâché une partie de mon séjour.

C'est pourquoi je vous demande aujourd'hui non seulement le remboursement intégral du Pass mais également celui de l'amende que j'ai payée.

Dans cette attente, recevez, Monsieur, mes salutations distinguées.

Anne Salieri

A **Katarina Roos**, Berlin (Allemagne), 25 ans. Elle veut voyager sans interruption pendant un mois.

B **Antonio et Pilar Mendez**, Bilbao (Espagne), 35 et 31 ans, deux enfants de 8 et 13 ans. Ils veulent découvrir le sud de la France pendant dix jours. Ils ont un budget limité.

C **Giancarlo Viti**, Milan (Italie), 42 ans. Il aime voyager confortablement. Il a trois semaines de vacances et veut voyager le plus possible.

2 Réclamation.

1 Lisez le document 2 et indiquez :

a le prix du Pass que la personne souhaitait acheter.
b le montant réel du Pass qu'elle a reçu.

2 Dites dans quel paragraphe l'auteur :

a exprime son mécontentement. **b** présente l'erreur commise. **c** exprime l'espoir d'un remboursement. **d** prend congé avec une formule de politesse. **e** rappelle les faits. **f** fait part des conséquences.

RÉALISEZ

3 À l'agence.

Choisissez l'un des personnages de l'activité 1.3 et, avec votre voisin(e), imaginez le dialogue à l'agence de voyages.

4 Un hôtel hors de prix !

Avant de partir en voyage, vous avez réservé, dans une agence de voyages, trois nuits d'hôtel dans l'une des villes que vous souhaitez traverser. Malheureusement, en arrivant sur place, la réservation n'a pas été effectuée, l'hôtel est complet et vous devez dormir dans un hôtel beaucoup plus cher. À votre retour, vous écrivez à votre agence de voyages pour réclamer un remboursement du supplément que vous avez payé.

Savoir-faire

1 C'était vraiment bien...

a Vous lisez le blog de Lucie.

Ça y est ! Je suis à Paris depuis hier matin après un trajet en bus et en train de 22h (dont une escale de 4h à Madrid où j'ai retrouvé une amie du Master). J'ai du mal à m'en remettre physiquement, parce que j'ai dû ramener plusieurs tonnes de bagages avec moi ! Tout s'est bien passé, je pense n'avoir rien oublié. Le bilan de ce séjour est très positif ! Et en plus, j'ai validé tous mes cours. Par contre, les adieux ont été très difficiles. Je n'ai pas pu retenir mes larmes... J'ai passé un super semestre avec des gens vraiment géniaux ! Maintenant, c'est le tour de Véronique et Damien et j'espère qu'ils vont apprécier autant que moi (si ce n'est plus !) leur Erasmus à Grenade. Et pour moi, à nouveau la fac en France !

À bientôt !

Posted by Lucie
le 23/09/09

b Puis vous rencontrez une amie commune qui vous demande de ses nouvelles. Répondez à ses questions si possible.

1 Tu sais si Lucie est rentrée d'Espagne ?
2 Quand est-ce qu'elle est rentrée ?
3 Comment est-ce qu'elle est rentrée ?
4 Ah bon ! Elle a mis combien de temps pour rentrer ?
5 Comment va-t-elle ? Pas trop fatiguée par le voyage ?
6 Et alors ? Elle a rencontré un garçon là-bas ?
7 Elle était contente de rentrer à Paris ?
8 Comment se sont passées ses études là-bas ?
9 Qu'est-ce qu'elle compte faire maintenant ?
10 Elle est contente de son expérience, en général ?

c Vous êtes Véronique ou Damien, vous appelez Lucie pour lui raconter votre voyage et vos premiers jours à Grenade. Elle vous raconte sa rentrée à la fac. Préparez le jeu de rôle et jouez le dialogue avec votre voisin(e).

2 Publicité mensongère !

Vous avez passé une commande de vêtements sur un site de vente par correspondance. Vous avez demandé à payer à la réception, sur présentation de la facture. On vous avait annoncé :
– une réduction de 50% sur tous les vêtements par rapport au prix en magasin ;
– une remise de 10 € pour votre premier achat ;
– une livraison en 5 jours.
Mais, mauvaise surprise, la réduction annoncée n'a pas été appliquée, la remise « premier achat » non plus et les vêtements vous sont parvenus en 10 jours. Vous avez donc refusé le paquet.

Écrivez un e-mail de réclamation à la société.

3 Europass, mode d'emploi.

a Vous entendez un journaliste présenter l'Europass Mobilité à la radio. Vous êtes intéressé(e). Voici la liste de vos différents projets personnels, écoutez l'enregistrement puis identifiez ceux que vous ne pourrez pas réaliser avec le Programme Europass Mobilité.

– un stage en entreprise
– un week-end découverte d'un autre pays européen
– un trimestre de travail dans un pays européen avec un petit job trouvé par vous-même
– un trimestre d'études
– un stage volontaire dans une O.N.G.

b Un de vos amis a trouvé sur un forum des informations sur l'Europass. Pour l'aider à s'y retrouver, lisez ces informations et dites si elles sont correctes ou non.

– L'expérience de mobilité est encadrée par trois ou quatre partenaires.
– Les partenaires se mettent d'accord sur l'objet, le contenu et la durée de l'expérience.
– Les partenaires ne peuvent pas être des entreprises.
– L'Europass Mobilité ne présente pas de contrainte d'âge et n'exige pas un niveau spécifique d'éducation.

UNITÉ 3

En avant la musique !

Vous allez apprendre à…

- **exprimer une évolution**
- **comparer des comportements**
- **exprimer une préférence**
- **argumenter de manière simple**
- **donner des informations pratiques**

Pour

- parler de vos goûts en matière de musique
- présenter un coup de cœur à votre entourage
- défendre un point de vue
- présenter les modalités pratiques d'un projet

Que la fête commence !

2

Amateurs à la guitare ou grands chefs à la baguette, groupes de rock, de hip-hop ou de flamenco se croiseront dimanche pour la 28e édition de la Fête de la musique, dans les squares, les églises et même les salles de concerts, à Paris, Bordeaux, New York ou au Vanuatu.

La Tribune.fr, 21/06/2009

3

Cette année encore la SNCF et la RATP proposent différents forfaits et réductions à l'occasion de la Fête de la musique, dimanche 21 juin. Pour 2,50 euros, un forfait donnera accès au métro, au bus et au RER autant de fois que vous le souhaitez à partir de 17h le dimanche 21 juin jusqu'à 7h le lundi 22 juin.

sortiraparis.com, 20/06/2009

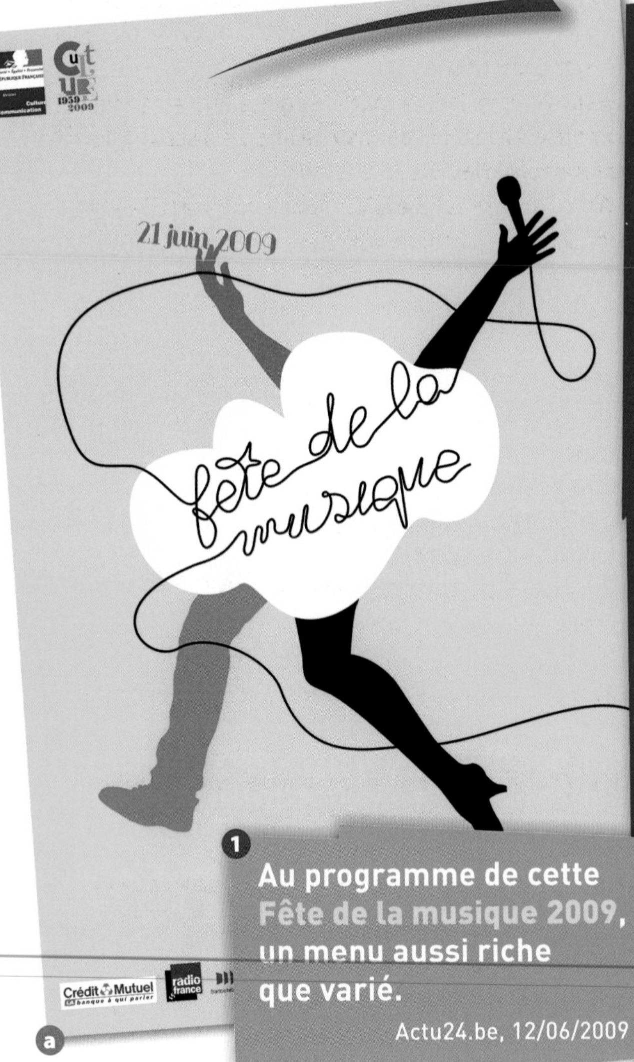

a

1

Au programme de cette Fête de la musique 2009, un menu aussi riche que varié.

Actu24.be, 12/06/2009

20 000 concerts pour la Fête de la musique

Depuis sa première édition, le 21 juin 1982, cette manifestation est devenue un rendez-vous incontournable du début de l'été.

La volonté initiale de la manifestation était de permettre aux cinq millions de musiciens du dimanche de pouvoir s'exprimer chaque 21 juin en descendant dans la rue avec leur instrument. Vingt-sept ans après, la Fête de la musique est restée conforme à cet esprit initial, même si l'événement a pris des proportions plus ambitieuses.

« Ce seront en tout 20 000 concerts qui seront donnés en France cette année. Parmi ceux-ci, les quatre cinquièmes sont le fait d'amateurs ou de semi-professionnels », explique Sylvie Canal, coordinatrice générale de la Fête de la musique depuis 2008. Pour cette édition, les organisateurs ont choisi de célébrer 50 ans de chanson française, en écho au cinquantenaire du ministère de la Culture.

Rendre la musique plus accessible au public était le premier objectif de la Fête. Depuis 1982, les rapprochements entre Culture et Éducation ont contribué à l'avancée de l'enseignement musical. « Les écoles de musique et les conservatoires sont surpeuplés, voilà une conséquence de l'impact de la Fête », affirme Sylvie Canal.

Le plus grand témoignage de la réussite de cette invention française est probablement son développement à l'étranger. Ce seront cette année 120 pays et 350 villes dans le monde qui fêteront la musique, de New York à l'Australie. Capitale internationale de la fête, la ville de Paris accueillera dimanche pas moins de 400 manifestations auxquelles il faut ajouter les démarches spontanées qui continuent de faire le sel de cet événement pas commun.

www.lefigaro.fr
Olivier Nuc, 19/06/2009

DÉCOUVREZ

1 Faire la fête.

1 Observez les affiches a et b et relevez :

a de quelle fête il s'agit. **b** la date cette fête. **c** les moyens mis en œuvre pour se déplacer à cette occasion.

2 Lisez les documents 1, 2 et 3. Dites si les affirmations suivantes sont vraies, fausses ou si on ne sait pas.

a La Fête de la musique a lieu à Paris seulement.

b Tout le monde peut y participer.

c De nombreux styles musicaux sont représentés.

d Des artistes amateurs jouent dans les transports en commun, les gares ou les couloirs de métro.

3 a Écoutez l'enregistrement ▸10 et relevez la particularité du groupe interviewé.

b Écoutez à nouveau l'enregistrement. Indiquez :

1 le style musical de ce groupe. **2** la raison pour laquelle les membres du groupe aiment ce style de musique. **3** leurs sources d'inspiration. **4** le nombre de personnes dans le groupe. **5** l'opinion de la grand-mère de l'un d'entre eux sur ce style musical. **6** l'objectif du groupe à la Fête de la musique.

2 Origine et évolution.

1 Lisez l'article du *Figaro* et répondez aux questions.

a Quelle est la date de création de la Fête de la musique ? **b** Quel était la volonté des personnes à l'origine de cette fête ? **c** Quels sont les éléments qui prouvent que cette idée de création a eu du succès ? **d** Quelle conséquence cette fête a-t-elle eue sur l'éducation musicale ? **e** Quel est le thème de la Fête de la musique en 2009 ? **f** Faut-il s'inscrire pour y participer ?

2 Lisez à nouveau l'article.

a Retrouvez les énoncés qui contredisent les trois internautes ci-dessous.

1 « Moi, je trouve que la Fête de la musique n'a pas su rester fidèle à l'esprit du début et a moins d'ambition qu'avant. C'est l'aspect commercial qui compte le plus maintenant ! » Micky, 29 ans, Marseille.

2 « Le premier objectif de cette fête, c'était de faire de l'argent de toute façon ! » Pénélope, 21 ans, Paris.

3 « OK, en France, ça marche pas trop mal. Mais cette fête a de moins en moins de succès à l'étranger. » Tom, 18 ans, Brest.

b Observez l'avis des internautes et les énoncés contradictoires. Relevez les termes utilisés pour exprimer des comparaisons ou une évolution.

ENTRAÎNEZ-VOUS

3 Crise d'adolescence.

Complétez le dialogue avec *plus que, de plus en plus, bien moins que, comme, le plus* et *autant que*.

– Vraiment, Nicolas, il faut qu'on parle. Ça ne peut pas continuer comme ça ! Tu sors … !

– Mais arrête ! Je ne sors pas … mes copains. Et puis je ne vais quand même pas rester à la maison le soir de la Fête de la musique !

– Peut-être, mais je te parle en général. J'ai rencontré la mère d'Aline au supermarché et on a discuté. Elle est raisonnable, elle ! Elle sort … toi !

– Aline ? Tu rigoles ! Elle fait … tout le monde ! Elle sort … moi. De toute façon, ce n'est pas moi qui sors … !

GRAMMAIRE

L'expression de la comparaison

• Pour **comparer une quantité ou une qualité**, il y a trois degrés de comparaison :

– *plus / aussi / moins* + adjectif (*que*)

*Le programme est **aussi** riche **que** varié.*

– verbe + *plus / autant / moins* (*que*)

*Les gens participent **plus** à cette fête aujourd'hui.*

– *plus de / autant de / moins de* + nom (*que*)

*Vous pouvez utiliser ce forfait **autant de** fois **que** vous le voulez.*

• Pour **exprimer une évolution**, on utilise : *de plus en plus / de moins en moins*

– Avec un verbe : *Les gens sortent **de plus en plus**.*

– Avec un adjectif : *Cette fête est **de plus en plus** populaire.*

– Avec *de* + nom : *Il y a **de moins en moins** d'amateurs.*

• Pour **indiquer un classement**, on utilise : *le plus / le moins*

– Avec un verbe : *C'est l'aspect commercial qui compte **le plus**.*

– Avec un adjectif : *C'est devenu la fête **la plus populaire** de l'année.*

– Avec *de* + nom : *C'est maintenant qu'il y a **le moins d'**ambiance.*

COMMUNIQUEZ

4 Ce que je préfère.

Avec votre voisin(e), répondez aux questions suivantes.

1 Quel(s) style(s) de musique préférez-vous ? Quel style supportez-vous le moins ? **2** Quel(s) artiste(s) écoutez-vous le plus en ce moment ? **3** Où et comment préférez-vous écouter de la musique ? **4** Appréciez-vous la musique dans les lieux publics (restaurants, cafés, supermarchés, salles de sports, etc.) ? **5** Achetez-vous la musique que vous écoutez sur CD ou sur Internet en MP3 ? Pourquoi ?

CD-Rom ▸ ACTIVITÉS 13 et 14

On connaît la chanson

DÉCOUVREZ

1 Qui sont-ils ?

1 Regardez les deux pochettes d'albums sur le site Evene et indiquez celle qui vous donne le plus envie de découvrir l'artiste. Dites pourquoi.

2 Observez le titre des deux textes. Indiquez de quel type de documents il s'agit.

a une interview **b** un article **c** une biographie **d** une publicité

3 a Avec votre voisin(e), choisissez un des deux artistes et lisez le texte le concernant.

b À l'aide des indications ci-dessous, présentez l'artiste que vous avez choisi à votre voisin(e).
Nom de l'artiste ? Âge ? Lieu de naissance ? Études suivies ? Centres d'intérêt en dehors de la musique ? Profession des parents ? Débuts de chanteur(euse) ou de musicien(ne) ? Activités réalisées avant le premier album ? Univers musical ? Instruments préférés ? Participation à l'écriture des textes et / ou de la musique ? Nombres d'albums réalisés ? Récompenses reçues ?

Olivia Ruiz

Chanteuse française
Née à Carcassonne
le 1er janvier 1980

Dès l'âge de 12 ans, Olivia Ruiz monte sur scène et développe des dons artistiques variés : elle prend des cours de danse, monte son propre groupe de rock, Les Five, et chante en duo avec son père, Didier Blanc, lui-même musicien et chanteur. Après avoir obtenu un BTS de communication, la jeune femme rejoint la saison 1 de la Star Academy[1], qui lui permet de se faire connaître. Ses deux albums, *J'aime pas l'amour*, sorti en 2003 et *La Femme chocolat*, en 2005, sont surprenants d'originalité. Lors des Victoires de la musique 2007, elle remporte la Victoire de l'Artiste interprète féminine de l'année et la Victoire du Spectacle musical de l'année. Olivia Ruiz a réussi à créer un univers personnel et atypique où se mêlent rock, tango, sonorités latines et tziganes et où la guitare côtoie le piano, l'accordéon, le violon et la clarinette. Si la jeune chanteuse écrit elle-même certains de ses textes, les autres sont signés d'artistes tels que Christian Olivier (Têtes raides), Christophe Mali (Tryo), Ben Ricour, Chet, Néry ou encore Juliette. Elle sort un troisième album, *Miss Météores*, en avril 2009, qu'elle coréalise et dont elle signe la plupart des titres.

1 Émission de télé-réalité musicale française.

2 Reportage.

1 Écoutez le reportage sur Thomas Dutronc ▸11 et repérez les informations qui figurent déjà sur le site.

2 Relevez les nouvelles informations que ce document apporte sur Thomas Dutronc.

3 a Lisez la transcription de l'enregistrement p. 160 et retrouvez les énoncés qui répondent aux questions suivantes :

1 Y a-t-il des questions que Thomas Dutronc n'apprécie pas particulièrement ?

2 Qu'a-t-il fait de sa passion pour le jazz manouche ?

3 Quels conseils ses amis artistes lui donnent-ils sur les chansons qu'il écrit ?

b Observez les énoncés relevés et repérez les pronoms compléments. Indiquez à chaque fois ce qu'ils remplacent.

ENTRAÎNEZ-VOUS

3 Interview exclusive.

Complétez avec les pronoms qui conviennent. Faites les changements nécessaires.

– Dites-moi, « Luna », c'est votre véritable nom ?

– Mais oui, ce nom je … ai hérité de mes parents et j'… tiens beaucoup. Pour rien au monde je ne … changerai !

– Seriez-vous d'accord pour dire que votre succès, vous … devez en partie à votre imprésario Johnny Res qui a disparu tragiquement l'été dernier ?

– Oui, bien sûr, je … dois tout et je pense tous les jours à … . Ne plus … voir, ça, je ne m'… habitue pas !

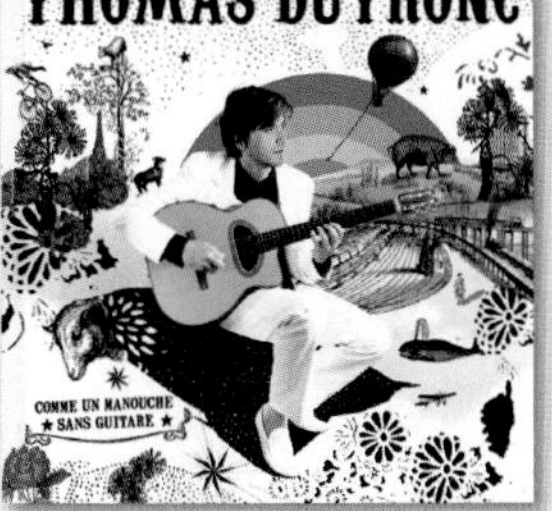

Thomas Dutronc

Guitariste et chanteur français
Né à Paris le 15 mars 1973

Fils unique de Jacques Dutronc[2] et de Françoise Hardy[3], Thomas Dutronc s'intéresse très jeune à l'art en général et à la photographie en particulier. C'est en découvrant la musique manouche[4] du guitariste belge Django Reinhardt alors qu'il a 18 ans que Thomas Dutronc se passionne pour la guitare. Il abandonne alors ses études d'arts commencées un an plus tôt et apprend à en jouer. Sa carrière musicale commence par une collaboration avec son père sur l'album *Brèves rencontres* en 1995, suivie de l'écriture d'une chanson pour Henri Salvador. En 2003, il participe à l'élaboration de deux bandes originales de film avec son ami M (Matthieu Chedid). Ce n'est qu'en 2007, à 34 ans, que Thomas Dutronc sort son premier album : *Comme un manouche sans guitare* sur lequel il écrit douze des treize textes. Fin 2008, il commence une tournée qui court jusqu'en avril 2009 et participe cette même année à plusieurs festivals estivaux dont le Furia Sound Festival. En 2009, *Comme un manouche sans guitare* remporte la Victoire de la chanson originale lors de la 24e cérémonie des Victoires de la Musique.

www.evene.fr

2 Acteur et chanteur français. 3 Chanteuse française. 4 Tzigane.

Grammaire

Les pronoms compléments

Les pronoms compléments d'objet **directs** (COD) remplacent des noms de personnes ou d'objets.

Les pronoms compléments d'objet **indirects** (COI) remplacent des noms de personnes précédés de la préposition *à*.

	singulier		pluriel	
	COD	COI	COD	COI
1re pers.	*me*		*nous*	
2e pers.	*te*		*vous*	
3e pers.	*le / la*	*lui*	*les*	*leur*

*Je ne **te** crois pas ! Elle **vous** a parlé !*
*Si tu **lui** parles de ses parents, ça **le** met en colère.*
*Je **leur** ai parlé des billets : ils **les** achètent.*

! ***me, te, le/la*** **deviennent** ***m', t', l'*** **devant une voyelle ou un** ***h*** **muet :**
Je l'aime bien cette chanson.

Les pronoms *en* et *y*

En remplace *un(e), du, de la, de(s)* + nom.
*Des chansons ? Il **en** écrit depuis 10 ans.*

Y remplace un lieu, un nom ou un verbe introduit par *à*.
*Si je pense à arrêter la scène ? J'**y** pense parfois, oui.*

Les pronoms compléments se placent toujours avant le verbe.

! **À l'impératif affirmatif, ils se placent après le verbe :**
*Donne-**moi** l'adresse de son site.*

! **Quand le verbe principal est suivi d'un infinitif, le pronom complément se place devant l'infinitif.**
*Il l'encourage à **les** chanter.*

! ***Penser à*** **+ pronom tonique :** *Je pense à **lui**.*

– Certains professionnels du spectacle n'ont pas été tendres avec vous, vous … en voulez ?
– Non, je ne m'intéresse pas à … et je … laisse le choix de leur opinion. De toute manière, les critiques, en règle générale, qu'elles soient bonnes ou mauvaises, je n'… fais pas attention.

4 Paroles et musique.

Imaginez les réponses aux questions.

Exemple : *Tu crois qu'il compose et qu'il écrit ses chansons lui-même ?*
→ *Bien sûr, c'est **lui** qui **les** compose et qui **les** écrit toutes.*

1 Tu te souviens des paroles exactes de cette chanson ?
2 Il paraît que tu as déjà vu Olivia Ruiz sur scène à Bercy ?
3 Tu as les dates de ses prochains concerts ou pas ?
4 Non ! Tu t'intéresses à ce style de musique, maintenant ?
5 Tu es vraiment un égoïste ! Tu t'es acheté tous ces CD pour toi et rien pour tes parents ?

COMMUNIQUEZ

5 Coup de cœur.

Présentez un artiste que vous aimez particulièrement ou l'un de vos derniers coups de cœur musicaux à votre voisin(e).

6 Portrait.

Vous êtes chargé(e) ce mois-ci d'actualiser la rubrique Musique du blog de votre école. Sur le modèle de ceux d'Olivia Ruiz et de Thomas Dutronc, rédigez le portrait de l'artiste que vous a présenté votre voisin(e).

CD-Rom ▸ ACTIVITÉS 15 et 16

À l'affiche du bac

DÉCOUVREZ

1 Le temps des résultats.

1 a **Observez les photos ci-dessus. Avec votre voisin(e), imaginez le contexte dans lequel ces photos ont été prises. Justifiez vos réponses.**

b Écoutez le reportage ▸12 et vérifiez vos hypothèses.

2 Écoutez à nouveau le reportage et indiquez :

a le lieu et le moment où ce reportage a été effectué. **b** l'examen dont il s'agit. **c** l'état d'esprit des lycéens de cet établissement, en général. **d** le pourcentage de réussite attendu par le proviseur. **e** le taux de réussite national atteint l'an dernier.

3 Écoutez à nouveau le reportage.

a **Dites quelles sont les personnes interviewées.**

1 des lycéen(ne)s qui ont réussi l'examen **2** des lycéen(ne)s qui ont échoué **3** des lycéen(ne)s qui vont au rattrapage **4** le ministre de l'Éducation nationale **5** le proviseur du lycée **6** des parents d'élèves

b Relevez les raisons pour lesquelles ce moment est important dans la vie d'un(e) lycéen(ne).

2 Blog.

1 Lisez la première phrase du blog et le profil de la personne qui l'a créé.

a Indiquez quel le sujet de cette page, extraite du blog. **b** Faites le portrait de son auteur.

2 Lisez à nouveau cette page. Dites si les affirmations suivantes sont vraies ou fausses.

a Depuis plusieurs années, il est possible de choisir l'option « Chanson française » au baccalauréat. **b** D'autres styles musicaux ont déjà été proposés à cet examen. **c** Les artistes choisis sont tous très connus des lycéens. **d** Cette option a rencontré un grand succès auprès des lycéens.

3 a **Relevez les affirmations qui correspondent aux sentiments de l'auteur du blog. Justifiez vos réponses.**

1 Une option « Chanson française » au bac, c'est…

a une initiative assez intéressante si ça reste facultatif. **b** une idée vraiment excellente, même si elle n'est hélas pas obligatoire. **c** une matière sans doute motivante mais absolument inutile.

2 Les chansons qui ont été sélectionnées sont…

a plutôt satisfaisantes. **b** assez nulles. **c** franchement formidables.

http://touteslesmusiquesquejaime.over-blog.com/

Profil
Nom : Jean Théfaine
À propos de moi : Longtemps journaliste au quotidien *Ouest-France.*
Collabore au magazine *Chorus / Les Cahiers de la Chanson* et à la revue nantaise *Place Publique.*
Localisation : Rennes
Centres d'intérêts : Musiques Monde Chanson

Léo à l'affiche du bac

Vous le saviez, vous, que la chanson française est au programme du bac 2009 ? Pas comme matière obligatoire quand même, ce serait trop beau, mais en « musique, option facultative toutes séries », comme c'est écrit dans le bulletin officiel n°19 du 8 mai 2008, sur le site du ministère de l'Éducation nationale. Des polyphonies de la Renaissance, et même… Jimi Hendrix, avaient eu droit à cet honneur il y a quelques années, mais pour la chanson d'ici et de maintenant, c'est la première fois. Et le choix des artistes retenus est, ma foi[1], épatant ; même si, pour la génération qui planche dessus depuis quelques mois, certains noms doivent être aussi inconnus que Christophe Maé[2] chez les Indiens d'Amazonie.
À tout seigneur tout honneur[3], c'est Léo Ferré[2] qui figure au sommet de la pile avec trois titres : *Avec le temps*, *Requiem* et *Green*, un poème de Verlaine.
Bon, c'est vrai que les élèves ne se précipitent pas sur l'option, mais leur nombre est suffisamment significatif pour qu'une prof de musique, qui les fait plancher depuis la rentrée, puisse affirmer qu'il y a « une véritable demande ».
Par Jean Théfaine

Écrire un commentaire

1 Formule pour appuyer une affirmation ou une négation. 2 Chanteurs français. 3 Chacun doit recevoir les honneurs qui correspondent à sa valeur.

b Observez les deux séries d'affirmations précédentes et classez-les de la plus négative à la plus positive.

c Relevez les différentes manière de nuancer les sentiments exprimés.

ENTRAÎNEZ-VOUS

3 En désordre.

Remettez les éléments entre parenthèses au bon endroit afin de rétablir la logique des propos.

« C'est (abominable) ! J'ai eu mon bac du premier coup ! Pourtant, ce n'était (heureusement) pas gagné. Je pensais que j'allais (hélas) avoir une note (incroyable) en maths ; en fait, même pour cette matière, (franchement), j'ai réussi à obtenir la moyenne. Mais ma copine Rachida, elle, a (probablement) eu moins de chance puisqu'elle doit passer le rattrapage ».

4 Réactions.

Réagissez à ces différents titres de presse : faites des commentaires en utilisant des modalisateurs.

1 Le plus jeune candidat au bac est âgé de 13 ans et a obtenu son diplôme avec 16,8 sur 20 de moyenne générale. **2** Deux candidats qui avaient été surpris en train de tricher ont été interdits d'épreuves pendant 3 ans. **3** Marcel G., 78 ans, doyen des candidats au bac de cette année, passait cet examen pour la quatrième fois : il vient d'échouer au rattrapage.

GRAMMAIRE

Les modalisateurs

Les modalisateurs sont les mots et les procédés grammaticaux qui traduisent le jugement et les sentiments (certitudes, incertitudes, appréciations positives ou négatives, etc.) de celui qui parle par rapport à ce qu'il dit. Ces modalisateurs peuvent être notamment :

• **des adjectifs**
intéressant, excellent, épatant, formidable, agréable, satisfaisant, génial, super, nul, sûr, vraisemblable, etc.
Le choix des artistes retenus est ***épatant****.*
On va dépasser les 90%, c'est globalement ***satisfaisant****.*

• **des adverbes**
sans doute, peut-être, certainement, plutôt, assez, super, trop, franchement, évidemment, certainement, probablement, réellement, vraiment, heureusement, hélas, etc.
C'est ***trop*** *bien ! Je suis* ***super*** *contente !*
Même si elle n'est ***hélas*** *pas obligatoire, l'idée est* ***vraiment*** *excellente.*

COMMUNIQUEZ

5 Pas d'accord.

Vous venez de découvrir les artistes retenus pour les sujets du bac. Vous n'aimez pas du tout cette sélection alors que votre camarade est très satisfait(e). Choisissez deux artistes puis jouez la scène avec votre voisin(e).

PRONONCEZ

Écoutez et répétez. Puis lisez la transcription p. 161 et repérez les liaisons obligatoires et les liaisons interdites.
Exemple : *mon‿épreuve / bon/ en maths*

CD-Rom ► ACTIVITÉS 17 et 18

Les Francofolies

Le Crédit Mutuel donne le LA

France Inter

PROGRAMME 2009

Du 10 au 14 juillet 2009

25e

FRANCO FOLIES La Rochelle

ENVIE DE FAIRE LA FÊTE !

Billetterie www.francofolies.fr
www.cultura.com | www.digitick.com
05 46 50 55 77

et dans tous les points de vente habituels :
Fnac - Carrefour - Géant - Hyper U - Intermarché - 0 892 68 36 22 * (*0,34 € TTC/min)
www.fnac.com
Réseau Ticketnet : Auchan - Cora - Cultura - E. Leclerc - Virgin Megastore - Le Progrès
www.ticketnet.fr - 0 892 390 100 (0.34 € TTC/min)

1

FRANCOS UTILES

Comment venir ?

En train :
La Rochelle à 3h de Paris, 2h de Bordeaux, 2h de Nantes, 1h30 de Poitiers.

En voiture :
La Rochelle à 4h40 de Paris, 2h de Bordeaux, 2h de Nantes et 1h30 de Poitiers.

Pensez aussi au co-voiturage !
Inscrivez-vous sur internet http://covoiturage.francofolies.fr ou par téléphone 0 820 820 138.
En collaboration avec Ecolutis.com

Où dormir ?

L'Office du Tourisme vous renseigne
Quartier du Gabut - Face à l'aquarium
Tél : 05 46 41 14 68
www.larochelle-tourisme.com

L'office du tourisme met à votre disposition une liste des hébergements (hôtels, campings...)

Offre spéciale Francofolies / partirenlive.com

Découvrez les offres Billet + Bus ou Billet + Hôtel
www.partirenlive.com ou 04 76 47 19 18

Les Francos vous facilitent la vie !

Un hébergement de dernière minute via les CEMEA (accueil 24h/24)

Terrain d'accueil provisoire à la SCAN
Espace jeune : 2 € la nuit par emplacement de tente, sans réservation

Terrain d'accueil provisoire « Le petit Marseille »
Espace groupes encadrés : 2 € la nuit par personne
Espace famille : 2 € la nuit par personne

Contacts hébergement / réservations :
accueil@cemea-poitou-charentes.org

Consigne* gratuite :
A l'entrée de l'Esplanade St Jean d'Acre sur présentation de votre place de concert.

Personne à mobilité réduite :
Pour améliorer votre accueil lors de votre venue, merci de vous signaler au 05 46 50 55 77

Une équipe vous renseigne toute la journée au Point Accueil Francofolies situé Cours des Dames

Toutes les informations :
www.francofolies.fr

2

*Consigne : endroit sécurisé où l'on peut déposer ses affaires (dans une gare, un aéroport ou tout lieu public).

http://www.partirenlive.com
PARTIRenlive.com
Faire voyager le public

25e édition
La Rochelle
10-11-12 juillet 2009
Séjour 3 jours/3 nuits
Pack « HOTEL avec piscine + BILLETS GRANDE SCÈNE »

FRANCOFOLIES 2009
PACK PARTIRENLIVE :
Hôtel + Billet Grande Scène

Cette formule comprend 3 nuits en hôtel 3 étoiles avec 3 petits déjeuners et les 3 soirées « Grande Scène » des 10, 11 et 12 juillet 2009...

Partir en live a choisi pour vous un hôtel proche du vieux port et à 15 minutes à pied du Festival !!

Tarif / pers. : 379 euros

La formule ne comprend pas :
les assurances facultatives, les autres repas et les boissons, les activités payantes, les dépenses d'ordre personnel, les titres de transport en commun.

3

REPÉREZ

1 Demandez le programme.

1 a Observez le document 1 et relevez :
1 le nom du festival. **2** le lieu où il se déroule. **3** les dates. **4** les différents moyens de se procurer des billets.

b Imaginez de quel type de festival il s'agit. Justifiez votre réponse.

2 Lisez le document 2 et associez les rubriques suivantes à l'un des quatre points du document.
a hébergement **b** accès **c** solutions pratiques **d** formules « tout en un »

3 Lisez le document 3 et associez-le à l'un des quatre points du document 2.

4 Lisez à nouveau le document 3 et relevez :
a ce qui est compris dans cette formule. **b** les caractéristiques de l'hôtel. **c** le tarif. **d** ce que cette formule ne comprend pas.

2 Point accueil.

Vous travaillez au Point accueil des Francofolies. Répondez de manière détaillée aux demandes de renseignements suivantes :

a Je suis actuellement à Paris et j'aimerais savoir s'il est plus rapide de venir à La Rochelle en train ou en voiture. **b** Vous savez où je pourrais obtenir une liste des hébergements disponibles à La Rochelle ? **c** J'accompagne un groupe de jeunes aux Francos. Est-ce qu'il existe des hébergements à des tarifs très intéressants ? **d** Ma copine et moi, nous aimerions déposer nos sacs à dos quelque part pendant le concert de ce soir. Est-ce possible ? Et si oui, combien ça coûte ? **e** Est-ce que je peux réserver mon hébergement sur Internet ? **f** J'aimerais réduire mes frais de transport au maximum. Vous savez s'il existe des formules économiques pour venir aux Francos ? **g** Je me déplace en fauteuil roulant. Pouvez-vous m'indiquez ce que je dois faire pour accéder aux concerts ? **h** Nous avons pris le pack « partirenlive » avec mes amis. Est-ce que ce pack est valable pour toute la durée du festival ? Et comment va-t-on de l'hôtel aux Francos ?

RÉALISEZ

3 Nouveaux projets.

Une organisation internationale attribue chaque année une bourse au projet de festival le plus original et le mieux organisé. Vous décidez de créer un nouveau festival dans un domaine autre que la chanson. Sur le modèle des Francofolies :

a imaginez le nom de ce festival, le lieu, les dates et les différents moyens de se procurer des billets. **b** rédigez un guide pratique du festival. **c** proposez une formule spéciale.

4 Comité de sélection.

Vous présentez votre projet devant le comité de sélection de cette organisation internationale. Défendez votre projet en expliquant en quoi il est plus intéressant que les autres.

Savoir-faire

1 Musique, quand tu nous tiens…

Un(e) ami(e) vous appelle pour vous dire qu'il/elle a gagné deux places pour aller voir la chanteuse Mayra Andrade en concert. Comme il/elle n'a jamais entendu parler de cette chanteuse, il/elle vous téléphone pour savoir si vous la connaissez. Drôle de coïncidence : vous venez d'entendre une journaliste parler d'elle, à la radio. Écoutez l'enregistrement et répondez à ses questions.

1 Tu as déjà entendu parler de Mayra Andrade ?
2 Mais elle vient d'où cette chanteuse ?
3 Elle vit toujours là-bas ?
4 Tu sais si elle est jeune ?
5 Et musicalement, c'est plutôt quel style ?
6 Elle a déjà réalisé des albums ?

2 Fan de…

Choisissez un des deux rôles ci-dessous puis jouez la scène avec votre voisin(e).

A Vous êtes un(e) fan de Mickaël Jackson que vous considérez comme un des plus grands artistes de tous les temps. Un(e) de vos amis n'est pas d'accord avec vous.

B Un(e) de vos amis considère Mickaël Jackson comme un des plus grands artistes de tous les temps. Vous détestez cet artiste (ses chansons, sa voix, sa personnalité, etc.) et ne comprenez pas que votre ami(e) soit fan.

3 Coup de cœur musical.

Vous faites partie de l'équipe de rédaction du site Evene. Rédigez un petit article de 150 mots environ dans lequel vous présentez un album, un concert ou un festival que vous avez particulièrement aimé.

evene.fr — TOUTE LA CULTURE
Livres Cinéma Musique Arts Théâtre Lieux Citations Célèbre Le Club Boutique

musique

Les coups de cœur

[albums, concerts & festivals]

De jour en jour, la rédaction d'Evene vous fait partager son avis sur les albums, concerts et festivals de musique qu'elle a vus. Découvrez, grâce aux « coups de cœur » de la rédaction d'Evene, les événements musicaux à ne manquer sous aucun prétexte.

4 Bientôt la rentrée…

1 Vous avez créé un site sur les études et l'emploi et vous venez de mettre en ligne le document ci-dessous. Lisez-le puis répondez aux questions des internautes sur le DAEU.

http://www.etudesetavenir.com

Le **diplôme d'accès aux études universitaires** (**D.A.E.U.**) donne les mêmes droits que le baccalauréat, notamment en termes d'accès aux études supérieures.

Le **D.A.E.U.** est destiné aux personnes ayant interrompu leurs études sans avoir le baccalauréat et qui veulent :

– reprendre des études supérieures (notamment à l'université) dans une perspective de promotion ou de retour à l'emploi ;

– acquérir un diplôme leur permettant de passer des concours administratifs requérant le baccalauréat ;

– obtenir un diplôme attestant de leur niveau de culture générale.

a Le D.A.E.U. permet-il d'entrer à l'université ?
b Le D.A.E.U. est-il un diplôme ?
c Le D.A.E.U. s'adresse-t-il à des personnes titulaires du baccalauréat ?
d Le D.A.E.U. est-il équivalent au baccalauréat ?

2 Aidez les internautes suivants. Dites-leur s'ils doivent passer le D.A.E.U. ou non.

« Je suis titulaire du baccalauréat et j'aimerais m'inscrire à l'université. »
« Je voudrais passer des concours administratifs mais je n'ai pas le bac. »
« J'ai arrêté l'école en dernière année de collège et je voudrais avoir un diplôme de culture générale. »
« Je n'arrive pas à trouver de travail, je n'ai pas pu aller à la fac, je n'ai que mon bac. »

Évaluation 1

Compréhension de l'oral

Écoutez l'enregistrement puis répondez aux questions.

1 **Ce document donne des informations :**

a sociologiques.
b politiques.
c culinaires.

2 **Les personnes qui vivent en colocation ont toutes moins de 30 ans.**

a Vrai.
b Faux.

3 **Le nombre de colocataires en France :**

a a augmenté.
b a baissé.
c on ne sait pas.

4 **À Paris, combien de personnes vivent en colocation ?**

a Près de 10 000.
b Près de 20 000.
c Près de 80 000.

5 **Quel est le cliché souvent associé à la colocation ?**

6 **D'après Baptiste Intsaby, pourquoi y a-t-il de plus en plus de personnes à choisir de vivre en colocation ?**

7 **La plupart des colocataires se rencontrent :**

a dans des bars.
b à l'université.
c sur des sites payants.

8 **Quel est le prix moyen d'une inscription sur un site de colocation ?**

9 **Quel est le site qui a le plus de succès ?**

a colocation.fr.
b appartager.com.
c easycoloc.com.

10 **Aujourd'hui, 90% des colocataires sont étudiants.**

a Vrai.
b Faux.

11 **Dans quelle région de France y a-t-il le plus de colocataires ?**

Compréhension des écrits

Lisez l'article puis répondez aux questions.

Trouver un jules

Deux millions de femmes seules à la recherche de l'âme sœur

« Mais où sont donc passés les hommes ? » Air connu, qui renvoie à un troublant mystère de la statistique : il y a autant d'hommes que de femmes ; mais, passé 35 ou 40 ans, au moment de refaire sa vie, on compte près de deux femmes pour un homme. Pourquoi un tel décalage ? Où dénicher l'oiseau rare ? Et faut-il, pour échapper à la solitude, renoncer à une liberté si chèrement gagnée ? Une enquête dirigée par Ursula Gauthier.

Au commencement résonnent les trompettes de la liberté. Enfin seule ! À nous la belle vie ! On va pouvoir s'étaler en travers du lit, sauter des repas, négliger la vaisselle... Et, ô délice, aller au hammam avec les copines.

Hélas, il faut vite se rendre à l'évidence : la glorieuse traversée en solitaire ne débouche souvent que sur le désert des Tartares. On a beau sortir tous les soirs, accepter toutes les invitations, écumer les boîtes de nuit, les clubs de sport, les associations de quartier, on ne voit rien venir. Et on rentre fourbue[1], découragée, furieuse d'avoir gâché[2] tant d'heures à guetter[3] le joli cœur. Mais où sont-ils donc passés, ces hommes différents que notre nouvelle jeunesse devait, croyait-on, attirer comme un aimant ?

Décidément, tout se passe comme si solos mâles et solos femelles venaient de galaxies différentes et ne parlaient pas la même langue. Ce dialogue de sourds a des causes objectives. « La population des solos n'est pas socialement homogène, explique Guy Desplanques, de l'Insee. Les femmes seules se concentrent surtout en haut de l'échelle, les hommes seuls surtout en bas. » Difficile, dans ces conditions, de tisser des affinités électives.

« Le décalage le plus grave entre les sexes, c'est peut-être celui des attentes vis-à-vis du couple, explique le sociologue Jean-Claude Kaufmann. Elles sont en quête d'un partenaire capable de communication intime. Eux recherchent plutôt une réponse à leurs besoins sexuels et à leurs problèmes ménagers. » Entre la triste perspective d'une famille à la papa et leur grisante autonomie, elles n'hésitent pas : plutôt solo que bobonne. Même si les statistiques laissent mal augurer de l'avenir. 40 ans, c'est l'âge pivot où les *singles* hommes et femmes s'équilibrent. Avant, c'est eux qui sont les plus nombreux. Après, c'est elles.

Conseil pour cœurs en peine depuis dix-huit ans, Odile Lamourère est psychothérapeute de formation et conseillère conjugale. À celles qui n'osent toujours pas se lancer dans un café philo ou un bar salsa, Odile conseille les petites annonces. Une méthode extrêmement efficace, à condition de savoir s'en servir... Paru en juin 2001, *Trouver un jules à Paris* est une mine d'idées judicieuses et amusantes et d'adresses indispensables. « Paris est le paradis des célibataires, remarque l'auteur, Valérie Appert. Un appartement sur deux est occupé par un solo. Et pourtant chacun est enfermé dans son circuit. Comment se croiser ? »

Valérie déconseille les clubs de loisirs : « En plus d'une cotisation élevée, les deux tiers des activités sont payantes. » Méfiance aussi avec les agences matrimoniales. « Pour deux sérieuses que j'ai trouvées, il y avait des tas de boîtes à fric malhonnêtes. » Pour Valérie, on fait des rencontres aussi « intéressantes », et beaucoup moins chères, en piochant[4] dans la rubrique Sortir des magazines. « Et pour celles qui craignent de se tromper, essayez les lieux avec danse, genre resto-bar, où la soirée est précédée par un cours de salsa. La musique n'y est pas assourdissante[5], elle permet la conversation. On y rencontre des gens cultivés et sympas. »

Le « couple pour la vie » a du plomb dans l'aile[6]. Mais ce n'est pas ça ou rien. Nous sommes entrés dans l'ère du couple en pointillés. Entre mariages et divorces, rencontres et ruptures, les séquences en solo se multiplient et se banalisent. « Une révolution majeure s'accomplit sous nos yeux, affirme le sociologue Jean-Claude Kaufmann. La famille, élément de base de la société, est fondée sur le dévouement féminin. Remplacer le dévouement par l'autonomie, comme le font les solos, c'est ébranler[7] l'édifice entier. »

Ursula Gauthier, *Le Nouvel Observateur*, n° 1919, 16/08/2001.

1. Fatiguée. 2. Perdu. 3. Chercher. 4. En choisissant. 5. Qui rend sourd. 6. Est remis en question. 7. Déséquilibrer.

Évaluation 1

1 **Indiquez sur quelle partie de la population porte l'enquête d'Ursula Gauthier.**

a Les jeunes filles qui recherchent un mari.
b L'ensemble des célibataires en France.
c Les femmes séparées de leur ami ou de leur mari.
d Les solos qui refusent de se marier.

2 **a Expliquez ce que signifient les phrases ou expressions suivantes.**

1 « la glorieuse traversée en solitaire ne débouche souvent que sur le désert des Tartares » (l. 7-9)
2 « On a beau sortir tous les soirs, [...] on ne voit rien venir. » (l. 9-14)
3 « une famille à la papa » (l. 36)
4 « plutôt solo que bobonne » (l. 37)
5 « Nous sommes entrés dans l'ère du couple en pointillés. » (l. 72-73)

b Relevez dans l'article quatre mots ou expressions désignant un amant, un compagnon ou un mari.

3 **Lisez à nouveau l'article.**

a Retrouvez les deux raisons pour lesquelles les femmes ont du mal à retrouver un compagnon après quarante ans.

1 En France, le nombre de femmes est supérieur à celui des hommes.
2 La proportion de solos hommes et femmes n'est pas la même selon les catégories sociales.
3 Hommes et femmes n'envisagent pas la vie à deux de la même manière.
4 Après quarante ans, les hommes célibataires recherchent surtout la compagnie de femmes plus jeunes qu'eux.

b Dites quels sont les conseils donnés par Odile Lamourère et Valérie Appert pour rencontrer un homme célibataire.

Production écrite

Le magazine *Le Nouvel Observateur* propose à ses lecteurs de réagir chaque semaine aux articles qui les ont marqués. Écrivez un texte de 250 mots environ dans lequel vous réagirez au commentaire suivant :

« Nous avons tous le souhait de rencontrer l'amour et de former un couple pour la vie. Mais la plupart des psys pensent que le couple est fait pour durer... un certain temps. Ils estiment qu'il est facile à faire durer quelques années, mais que le couple pour la vie est un rêve très difficile à réaliser. »

Évaluation 1

Production orale

Identifiez le phénomène de société traité dans le document ci-dessous et présentez votre point de vue sur le sujet.

La télé-réalité choque plus que la publicité

La publicité choquerait moins les téléspectateurs français que la télé-réalité. C'est le constat qui ressort d'un sondage Ipsos rendu public mercredi 16 novembre. Au terme de cette étude, une majorité de Français (59%) se disent souvent choqués par la violence et les incivilités montrées à la télévision, la télé-réalité arrivant en tête devant les reportages d'information, la publicité et les séries télévisées.

Nouvel Observateur, 25 novembre 2005

Espace vert

Vous allez apprendre à...

- décrire un environnement
- demander des informations sur l'organisation d'une manifestation
- faire le récit d'événements passés
- présenter un projet

Pour

- parler de votre environnement habituel
- organiser une sortie avec des amis
- raconter votre journée
- donner des informations sur les modalités d'un concours
- participer à l'élaboration d'un projet collectif

LEÇON 13

New York, New York

La nature pèse si lourdement sur New York que la plus moderne des villes est aussi la plus sale. [...] Dès la fin de mai, la chaleur s'abat sur la ville comme une bombe atomique. C'est le Mal. Les gens s'abordent en se disant : « It's a murder[1]. » Les trains emportent des millions de citadins. Ce n'est pas la ville qu'ils fuient, c'est la Nature. Jusque dans les profondeurs de mon appartement, je subis les assauts d'une nature hostile, sourde, mystérieuse. Je crois camper au cœur d'une jungle grouillante[2] d'insectes. Il y a le gémissement du vent, [...] il y a les cafards[3] qui courent dans ma cuisine, les ascenseurs qui me donnent la nausée, la soif inextinguible[4] qui me brûle du matin au soir.

Jean-Paul Sartre, *Situations*, tome III, Gallimard 1949.

1. C'est épouvantable. 2. Remplie. 3. Insectes. 4. Impossible à éteindre.

DÉCOUVREZ

1 Tableau.

1 Observez le tableau et décrivez-le. Dites si ce tableau évoque pour vous un univers attractif ou effrayant.

2 Lisez les deux textes.

a Indiquez quel est leur point commun. **b** Dites si les sentiments évoqués par les auteurs sont positifs ou négatifs. Justifiez vos réponses.

3 Lisez à nouveau les deux textes. Retrouvez les mots ou expressions qui correspondent aux définitions suivantes :

a tombe brutalement. **b** s'approchent les uns des autres. **c** quittent pour échapper à un danger. **d** supporte contre ma volonté. **e** les attaques. **f** le cri, la plainte. **g** infatigablement. **h** qui revient toujours. **i** d'une couleur presque blanche.

4 Lisez à nouveau les deux textes.

a Repérez les phrases qui évoquent :
1 la chaleur. 2 l'humidité. 3 la solitude.

b Dites comment chacun des auteurs perçoit la place qu'occupe la nature dans l'environnement urbain.

c Relevez, dans le texte d'Albert Camus, les mots ou les expressions utilisés pour décrire les immeubles. Dites ce que ces mots ou expressions suggèrent.

5 Observez à nouveau le tableau et indiquez à quel texte il correspond le mieux. Justifiez votre réponse.

2 Zapping.

1 Écoutez les deux extraits de reportages. ▸13-14 **Indiquez la source de chacune des informations.**

a un sondage **b** un rapport **c** un article **d** une enquête

2 Écoutez à nouveau ces deux extraits et indiquez le thème de chaque reportage.

a le classement des villes où l'on vit le mieux dans le monde **b** le nombre d'habitants au Canada et en Australie **c** la proportion mondiale de citadins **d** la Journée mondiale de la population

Pluie sur New York. Elle coule inlassablement entre les hauts cubes de ciment. Bizarre sentiment d'éloignement dans le taxi dont les essuie-glaces rapides et monotones balaient une eau sans cesse renaissante. Impression d'être pris au piège de cette ville et que je pourrais me délivrer des blocs qui m'entourent et courir pendant des heures sans rien retrouver que des nouvelles prisons de ciment sans l'espoir d'une colline, d'un arbre vrai ou d'un visage bouleversé. [...]

Pluies de New York. Incessantes, balayant tout. Et dans la brume grise les gratte-ciel se dressent blanchâtres comme les immenses sépulcres* de cette ville habitée par les morts. [...] Terrible sentiment d'abandon.

Albert Camus, *Journaux de voyage*, Gallimard, 1978.

*Tombeaux.

3 a Écoutez à nouveau les deux extraits de reportages et répondez aux questions.

1er reportage

1 À quel moment le rapport de l'ONU est-il publié ? **2** D'après ce rapport, quel est le nombre actuel d'habitants dans le monde et quelle est la proportion de citadins ?

2e reportage

1 Dans quelle ville vit-on le mieux ? Sur quoi cette information s'appuie-t-elle ? **2** Où se situent la plupart des villes qui occupent les premières places ? **3** Quel est le score de la ville qui se situe en première position ?

b Lisez la transcription des enregistrements p. 161 et relevez les énoncés qui apportent la réponse aux questions ci-dessus (activité 3a).

c Indiquez, pour chacun de ces énoncés, ce que remplacent les pronoms relatifs *qui*, *que*, *où* et *dont*.

d Lisez à nouveau les deux textes. Relevez les pronoms relatifs puis dites ce qu'ils remplacent et précisez quelle est leur fonction dans la phrase.

ENTRAÎNEZ-VOUS

3 Citez une ville...

Complétez avec *qui*, *que*, *où* et *dont*. Puis, donnez vos propres réponses.

1 Citez une ville ... l'histoire est très célèbre.
2 Citez une ville ... est située au bord de la mer.
3 Citez une ville ... les créateurs de mode adorent.
4 Citez une ville ... il fait toujours beau.

4 Devinettes.

Transformez selon l'exemple. Utilisez les relatifs *qui*, *que*, *où* et *dont* puis donnez une réponse à chaque devinette. Faites les changements nécessaires.

Exemple : *Cette ville a été fondée en 1642 et la moitié de sa population actuelle est francophone ; de nombreuses manifestations culturelles et sportives s'y déroulent et les festivaliers fréquentent cette ville régulièrement.*

→ *C'est une ville **qui** a été fondée en 1642 et **dont**...*

1 Cette ville se trouve au Moyen Orient, la majorité de ses habitants sont des expatriés, les milliardaires l'adorent, on peut y admirer des bâtiments aux formes avant-gardistes.

2 Cette ville est située au bord de la mer et est construite en partie sur plusieurs îles ; la commission de Bruxelles l'a sacrée championne de l'environnement pour 2010 et on parle de cette ville chaque année à l'occasion de la distribution des prix Nobel.

GRAMMAIRE

Les pronoms relatifs simples

Qui représente une personne ou une chose.
C'est le **sujet** du verbe :
*Ce sont des villes **qui** sont surtout situées au Canada.*

Que représente une personne ou une chose.
C'est le **complément d'objet** du verbe :
*Le score **que** Vancouver a obtenu est de 98 sur 100.*

! *Que* + voyelle = *qu'*
*Ce n'est pas la ville **qu'ils** fuient, c'est la Nature.*

Où remplace un **complément de temps** ou **de lieu** :
*Ce rapport paraît au moment **où** les pays célèbrent la Journée mondiale de la population.*
*Vancouver est la ville **où** l'on vit le mieux.*

Dont remplace le **complément introduit par *de*** :
*C'est une ville **dont** j'aime l'architecture.*
*C'est un architecte **dont** j'apprécie le travail.*

COMMUNIQUEZ

5 Échange.

Avec votre voisin(e), répondez aux questions.

1 Vivez-vous dans un village, une ville ou une mégalopole ? **2** Quels sont, selon vous, les avantages et les inconvénients du lieu où vous habitez ? **3** Pourriez-vous vivre dans un environnement radicalement opposé au vôtre ? **4** Comment imaginez-vous les grandes villes de demain ?

CD-Rom ▸ ACTIVITÉS 19 et 20

Côté jardin

2009
DOMAINE
DE CHAUMONT-SUR-LOIRE
FESTIVAL
INTERNATIONAL
DES JARDINS
Jardins de couleur
Du 29 avril au 18 octobre
www.domaine-chaumont.fr
Tél. 02 54 20 99 22
Région Centre

DÉCOUVREZ

1 Festival.

1 Observez l'affiche et répondez aux questions.
a Quel type de manifestation cette affiche présente-t-elle ? **b** Que sait-on sur cette manifestation ? **c** Quelles informations supplémentaires aimeriez-vous obtenir ?

2 a Écoutez l'enregistrement ▸15 et indiquez qui sont les deux personnes au téléphone.
b Écoutez à nouveau l'enregistrement. Relevez, si possible, les réponses aux questions que vous vous êtes posées dans l'activité 1c.

3 Pour ne rien oublier, Mme Plat a noté les questions suivantes avant de téléphoner au Domaine de Chaumont. Écoutez à nouveau l'enregistrement et répondez aux questions.

- Fin du festival ?
- Horaires d'ouverture ?
- Tarifs ?
- Durée de la visite ?
- Visites guidées ?
- Possibilité de pique-niquer sur place ?

4 Lisez le dépliant sur le festival 2009.
a Repérez les informations supplémentaires que ce document apporte.
b Répondez aux personnes suivantes :
1 Est-ce que les horaires d'ouverture du château sont les mêmes que ceux du Festival des jardins ? (Aline ; Orléans) **2** Ça se trouve où Chaumont-sur-Loire ? (Benjamin ; Bruxelles) **3** On n'a pas de voiture. Comment est-ce qu'on peut aller à Chaumont ? (Mickaël et Fred ; Paris) **4** Où est-ce qu'on peut manger autre chose que des sandwiches sur place, mais pas trop cher ? (Farida, Caroline et Allan ; Nantes) **5** Est-ce qu'il existe des stages de formation tout public ? (Mehdi ; Tours) **6** Nous recherchons des formations pour les personnes qui travaillent au service Espaces Verts de notre ville. Vous proposez des formations de ce type ? (Élisa ; Angoulême).

2 Le Livre d'or du Festival.

1 Lisez les commentaires inscrits sur le Livre d'or du Festival international des jardins.
Dites si les personnes sont assez satisfaites, satisfaites ou très satisfaites. Justifiez.

Extraordinaire ! Et quelle belle idée d'avoir choisi le thème de la couleur, cette année ! Nous avons tout particulièrement adoré le Jardin des couleurs captives, un lieu plein de poésie. C'est sûr, nous reviendrons l'année prochaine. Maurice et Olga D., 12/08/09

Visite intéressante. Nous avons passé un bon moment. Dommage qu'il n'y ait pas de tarif réduit pour les personnes âgées. A. Manigand, 13/08/09

Ah ! Quel bonheur de quitter la ville, les embouteillages, la grisaille pour se retrouver dans cet endroit agréable à visiter ! Tous les paysagistes qui ont participé à ce Festival ont vraiment une bonne dose d'imagination. Merci à tous. Louisa Tomasso (Paris), 13/08/09

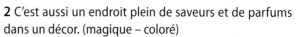

Thème du Festival 2009 : « Jardins de couleur »

Informations pratiques

Le Festival international des jardins est ouvert tous les jours du 29 avril au 18 octobre 2009, de 10h00 à 22h00. La visite guidée d'une sélection de jardins dure environ 1h15. La visite libre nécessite 2 heures. À partir d'avril, le château est ouvert de 10h à 18h (horaires variables selon les saisons). Visites libres, visites guidées.
Tarif adultes : 9,50 euros / **Tarifs enfants :** 7,00 euros (12-18 ans) et 4,00 euros (6-11 ans)
Chaumont-sur-Loire est situé entre Blois et Tours, à 185 km de Paris. Autoroute A10 et A85, sortie Blois ou Amboise. Nombreux trains directs chaque jour sur la ligne Paris Austerlitz–Orléans–Tours, arrêt à Onzain. Horaires et tarifs sur www.corailintercites.com

Restauration

Situé à l'entrée Sud du Domaine de Chaumont, le restaurant gastronomique « **Le Grand Velum** » vous propose une cuisine inventive et raffinée conçue autour du thème du Festival des jardins : la couleur.
– Formules de 28,00 € à 36,00 €
– Ouverture de 12h00 à 14h30
Situé à proximité du « Grand Velum », le « **Comptoir méditerranéen** » vous accueille avec convivialité, qualité et simplicité autour d'une cuisine réalisée devant vous : pâtes fraîches et sauces « maison » à volonté, jus de légumes bio, fruits frais, glaces artisanales et pain à l'huile d'olive.
– Formule à 16,50 € pour les adultes et 11,00 € pour les enfants de moins de 12 ans
– Ouverture de 12h00 à 15h00

Formation

Le centre de formation propose des formations ouvertes à tous : elles s'organisent autour de quatre grands axes : le fleurissement des espaces publics, la conception de projets innovants, le développement durable dans les espaces verts et le management d'un service Espaces Verts.

2 Pour exprimer leur opinion, ces trois personnes ont utilisé beaucoup d'adjectifs.
Relevez-les et classez-les en deux catégories : adjectifs placés avant le nom / adjectifs placés après le nom.

ENTRAÎNEZ-VOUS

3 Revue de presse.

Mettez les adjectifs avant ou après les noms soulignés. Accordez si nécessaire.

1 (beau) Le Festival de Chaumont a dix-huit ans. Quelle réussite ! **2** (brésilien) Rencontre avec le paysagiste Roberto Burle-Marx. **3** (fantastique) Bienvenue dans le monde des jardins ! **4** (nouveau – prochain) Vingt artistes participeront à l'édition. **5** (réussi) Chronique d'un festival.

4 Le jardin de curé.

Retrouvez la bonne place des adjectifs dans la phrase. Accordez-les si nécessaire.

1 Conçu par les moines, c'est un jardin où l'on trouve des plantes. (carré – varié)
2 C'est aussi un endroit plein de saveurs et de parfums dans un décor. (magique – coloré)
3 C'est le royaume des plantes et des abeilles. (beau – travailleur)
4 On y trouve aussi des plantes ou encore des roses. (médicinal – joli)

GRAMMAIRE

La place de l'adjectif

- En général, l'adjectif est placé **après le nom** :
*des plantes **étonnantes**, des visites **régulières***
- L'adjectif est **toujours** placé **après le nom** quand il s'agit d'un participe passé utilisé comme adjectif, d'un adjectif de nationalité, de couleur ou d'un adjectif suivi d'un complément :
*un festival **remarqué**, un artiste **japonais**, une fleur **bleue**, un endroit **agréable** à visiter*
- Certains adjectifs sont, en général, placés **avant le nom** :
bon / mauvais, beau, joli, petit / grand, jeune / vieux, nouveau / ancien, prochain / dernier
- L'adjectif peut changer de sens selon qu'il est placé avant ou après le nom :
***un jeune artiste** = un artiste qui débute*
***un artiste jeune** = un artiste qui n'est pas très âgé*

! quand il s'agit d'une date, *prochain* et *dernier* se placent après le nom :
*Rendez-vous l'année **prochaine**.*

COMMUNIQUEZ

5 Demande d'informations.

Avec un couple d'amis et leur fille de 9 ans, vous souhaitez visiter le Festival des jardins, le château de Chaumont et également déjeuner sur place. Vous téléphonez au Domaine de Chaumont afin d'avoir des informations. Jouez la scène avec votre voisin(e).

PRONONCEZ

Écoutez ce dialogue puis lisez la transcription p. 162.
a Repérez où la voix monte (↗) et où elle descend (↘).
b Délimitez les groupes rythmiques (/) et répétez-les.
c Que remarquez-vous ? Où se trouve l'accent tonique ?

CD-Rom ▸ ACTIVITÉS 21 et 22

Sur les pavés, la plage

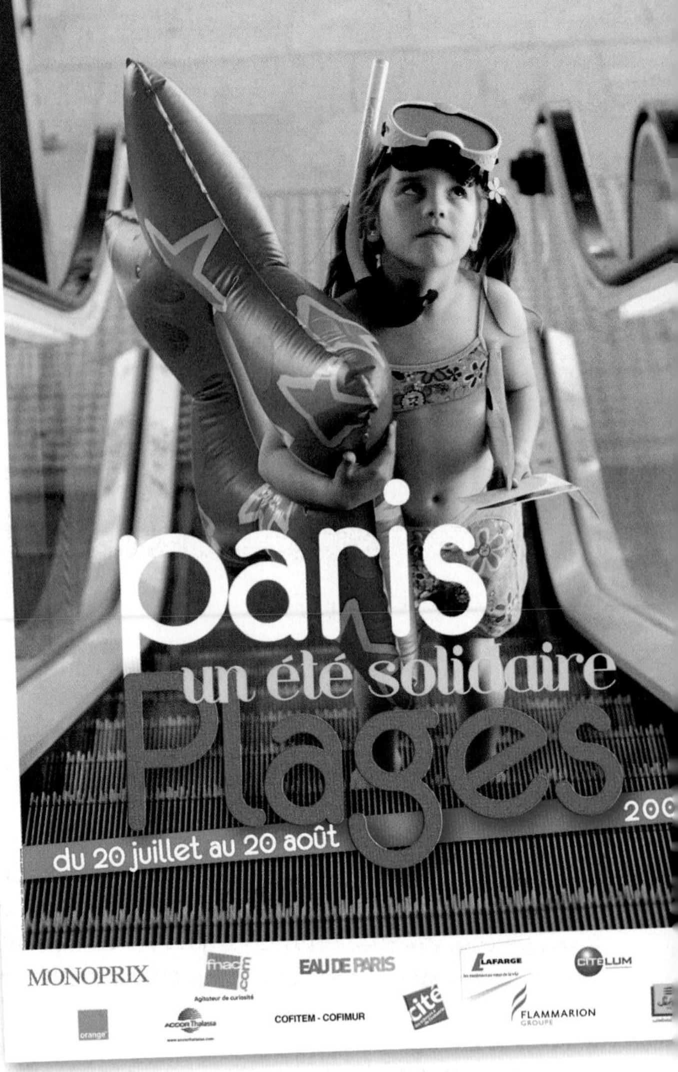

paris
un été solidaire
Plages
du 20 juillet au 20 août
MONOPRIX
EAU DE PARIS
COFITEM - COFIMUR
FLAMMARION

DÉCOUVREZ

1 Châteaux de sable ou guinguette ?

1 Relevez, dans la liste suivante, les deux points qui, pour vous, évoquent le plus la plage. Comparez vos réponses avec celles de votre voisin(e).
se baigner / discuter / lire / se reposer / draguer / avoir trop chaud / bronzer / jouer / s'ennuyer

2 Observez les documents 1 et 2 et dites de quels types de documents il s'agit.

3 Décrivez le document 1. Puis, indiquez le nom :
a de l'opération. **b** de l'organisateur.
Imaginez quel est le principe de cette opération.

4 Écoutez l'introduction du reportage. ▸ 16

a Dites si les affirmations suivantes sont vraies ou fausses.
1 Le reportage est réalisé une semaine avant l'ouverture de Paris plages. 2 Cette opération existe depuis l'an dernier. 3 À cette occasion, le quai Georges Pompidou est fermé à la circulation. 4 Cette année, les organisateurs de Paris plages souhaitent mettre l'accent sur le thème de l'intégration.

b Relevez le pourcentage de Français qui ne partiront peut-être pas en vacances cette année.

5 Écoutez le reportage en entier et relevez :
a la profession de la personne interviewée. **b** l'activité réalisée par le groupe de jeunes d'Aulnay-sous-bois, à Paris plages. **c** le nombre de personnes dans le groupe et leur situation professionnelle. **d** les objectifs de cette opération particulière.

2 On s'est bien amusés !

1 Utilisez le document 2 et associez les activités suivantes à des lieux. Il y a parfois plusieurs réponses possibles.
a dormir, bronzer **b** faire du sport **c** se rafraîchir **d** lire et écrire **e** écouter de la musique **f** danser **g** boire **h** s'informer **i** faire de la photo ou de la peinture **j** se faire masser

2 Lisez le document 3 et, à l'aide du document 2, relevez les trois informations fausses.

3 Lisez à nouveau le document 3 et repérez les énoncés qui correspondent aux trois étapes suivantes :
a l'invitation. **b** les différents moments de la sortie. **c** la déclaration.

4 Observez les énoncés relevés puis trouvez la règle en choisissant les bonnes réponses.

a Employé avec *être*, le participe passé :
1 ne s'accorde jamais. **2** s'accorde en règle générale avec le sujet.

b Employé avec *avoir*, le participe passé :
1 s'accorde avec le sujet. **2** s'accorde avec le complément d'objet direct quand celui-ci est placé avant le verbe.

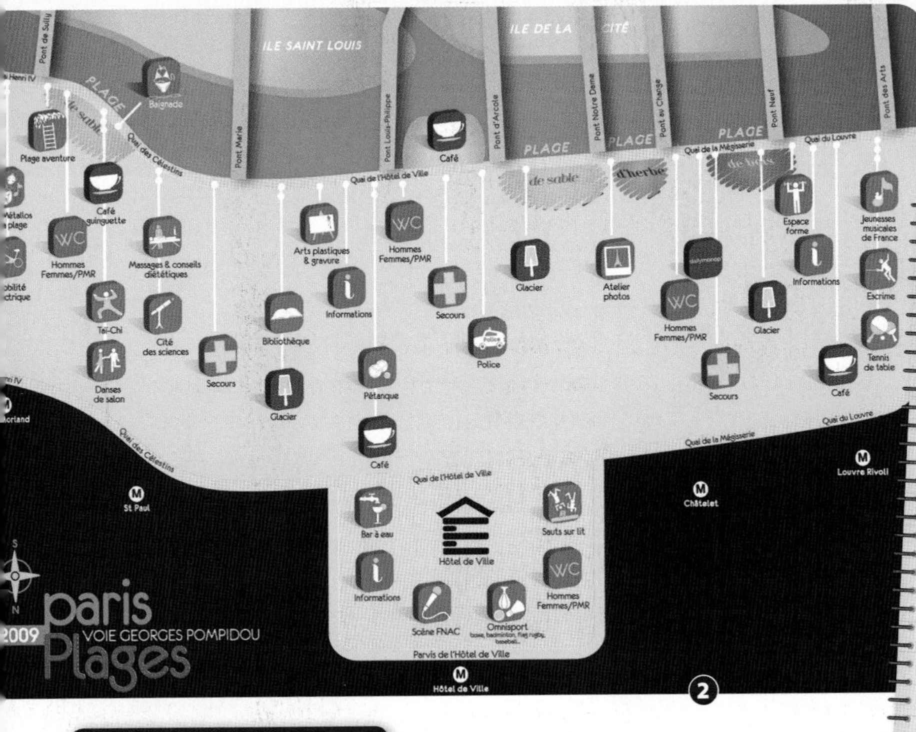

3

Paris, le 16 août 2009

David a enfin osé m'aborder. Depuis le temps que j'attendais ce moment... À la fin du cours, il m'a attendue et m'a proposé d'aller sur les quais de Seine. J'ai trouvé ça hyper romantique comme idée ! Et je dois dire que ça m'a fait plaisir. Nous nous sommes donc retrouvés devant l'entrée du métro Saint-Paul sur l'île de la Cité, aux environs de 11 heures, ce matin. Puis, nous sommes allés sur les quais. Avec Paris plages, il y avait malheureusement pas mal de monde. Mais bon, j'étais avec David et rien d'autre ne comptait... Comme il n'y avait pas d'endroit où boire un verre, nous nous sommes installés sur la plage de sable devant le Pont Neuf et David m'a offert une glace. Assis l'un à côté de l'autre, face à l'île Saint-Louis, il m'a parlé comme jamais il ne l'avait fait auparavant. Mes mains étaient posées sur le sable ; quand David les a prises dans les siennes et m'a avoué qu'il me trouvait craquante, j'ai eu l'impression de redevenir une adolescente de quinze ans. Finalement, nous ne nous sommes pas quittés de la journée. Et nous avons décidé de partir ensemble à Honfleur ce week-end.

ENTRAÎNEZ-VOUS

3 La presse en parle.

Réécrivez le texte au passé. Utilisez le passé composé.

Cette année encore, la ville devient un haut lieu de détente pendant tout l'été. Une chance pour les Parisiens qui ne partent pas en vacances. Dès le premier jour, on les voit se promener sur les quais de Seine. Ils ont le choix cette année encore entre un grand nombre d'activités et de distractions. Parmi les nouveautés, une éco-bibliothèque où ils se familiarisent et se documentent sur les problèmes de changements climatiques.

4 Au centre de loisirs.

Complétez le dialogue avec les verbes suivants au passé : *se baigner – rester – adorer – s'allonger – emmener – faire – pouvoir – rentrer*.

– Vous … ici toute la journée avec les enfants ?
– Non, on les … à Paris plages, ils … fatigués mais ils … !
– Et qu'est-ce que vous leur … faire comme activités ?
– Ils … faire des tas de sports.
– Ils … dans la Seine !
– Non, la baignade est interdite mais ils … sur le sable au soleil.

GRAMMAIRE

L'accord du participe passé

- Avec l'auxiliaire *être*, le participe passé s'accorde, en général, avec le sujet :
Elle est allée à Paris plages.
Nous nous sommes vus sur la plage.
- Avec l'auxiliaire *avoir*, le participe passé ne s'accorde pas avec le sujet :
Nous avons passé une excellente journée !
Il s'accorde avec le complément d'objet direct quand celui-ci est placé avant le verbe.
Mes clés étaient posées sur la table et il les a prises.

COMMUNIQUEZ

5 Toi aussi, tu y étais !

Vous avez passé la journée à Paris plages, entre le Pont de Sully et le Pont Louis-Philippe. En partant, vous rencontrez un(e) ami(e) qui était également à Paris plages mais entre le Pont Notre-Dame et le Pont des Arts. Racontez-lui ce que vous avez fait et posez-lui des questions sur sa journée. Jouez la scène avec votre voisin(e).

PRONONCEZ

1 Lisez ce dialogue et dites combien de fois vous prononcez le son [s] et le son [z].

– Tu as vu, ils ont l'air fatigué ce matin…
– Évidemment… Ils ne se sont pas ennuyés ce week-end ! Je les ai vus à Paris plages !
– Ensemble ?
– Oui, ensemble ! Ils faisaient la sieste !
– C'est scandaleux, n'est-ce pas ?

2 Écoutez le dialogue et vérifiez vos réponses.

CD-Rom ▸ ACTIVITÉS 23 et 24

Arrêt sur…

Paris autrement

1

Libération 29/04/2009

Transports, logement, tours…

Le chef de l'État a dessiné ce mercredi sa vision du Grand Paris, dont le chantier devra démarrer « avant 2012 ».

2

Des idées pour Paris

Vous avez des idées ?

L'association Bien vivre dans le 2e arrondissement lance le concours **Des idées pour Paris**.

Il s'adresse à toute personne ayant des idées réalisables et innovantes pour améliorer la qualité de vie des Parisiens. Réalisables, innovantes ou simplement géniales, ce sont peut-être vos idées qui feront le Grand Paris de demain !

Ce concours s'attaque à un problème majeur de Paris : la circulation.

Les idées proposées doivent permettre de trouver des moyens d'inciter les spectateurs de Paris et de banlieue à se rendre au cinéma à Paris sans utiliser leur voiture individuelle.

Toutes les idées sont recevables, mais elles seront jugées en fonction des critères suivants :

- originalité de l'idée,
- qualité de l'amélioration apportée,
- faisabilité de la solution.

Les propositions doivent contenir au minimum une présentation de l'idée, ses avantages et les conditions de sa mise en place.

La participation au concours se fait par l'intermédiaire du forum de cet article en cliquant sur « Répondre à cet article » avant le 31 décembre 2009.

Le jury se réunira le 15 janvier 2010 pour choisir les trois meilleures propositions.

REPÉREZ

1 Un concours pour Paris.

1 a Lisez le document 1 et repérez la source et la date de l'information.

b Relevez : 1 la ville dont il est question. **2** la nature du projet envisagé. **3** la date de début du projet.

2 Lisez le document 2 puis répondez aux questions.

a De quel type de document s'agit-il ? **b** Qui propose cette opération ? **c** Qui peut participer ? **d** Par quel moyen peut-on transmettre ses idées et jusqu'à quelle date ?

3 Résumez le but du concours en une phrase.

4 Faites correspondre les titres suivants aux différentes parties du document 2.

a critères de sélection des idées **b** présentation des organisateurs du concours et des personnes à qui il s'adresse **c** titre du concours **d** but du concours **e** modalités de participation

2 On y va comment ?

Cinq personnes souhaitent se rendre au cinéma Le Grand Rex dans le 2e arrondissement (métro Bonne Nouvelle, lignes 8 et 9) et demandent par téléphone à l'association Paris-éco de leur conseiller un itinéraire sans voiture. Observez le plan de métro et proposez un itinéraire pour chacune des personnes.

Exemple : *Laure – Pantin (Seine-Saint-Denis).*

→ Je vous conseille de prendre le RER E jusqu'à Magenta puis de changer pour la ligne 4 direction Porte d'Orléans.

1 Orel – Paris 9e – métro Pigalle (lignes 2 et 12).
2 Alexandra – RER B Antony (Hauts-de-Seine).
3 Sylvain – métro Mairie de Montreuil (ligne 9) (Seine-Saint-Denis).
4 Martin – RER C Issy (Hauts-de-Seine).
5 Carla – Paris 15e – métro Charles Michels (ligne 10).

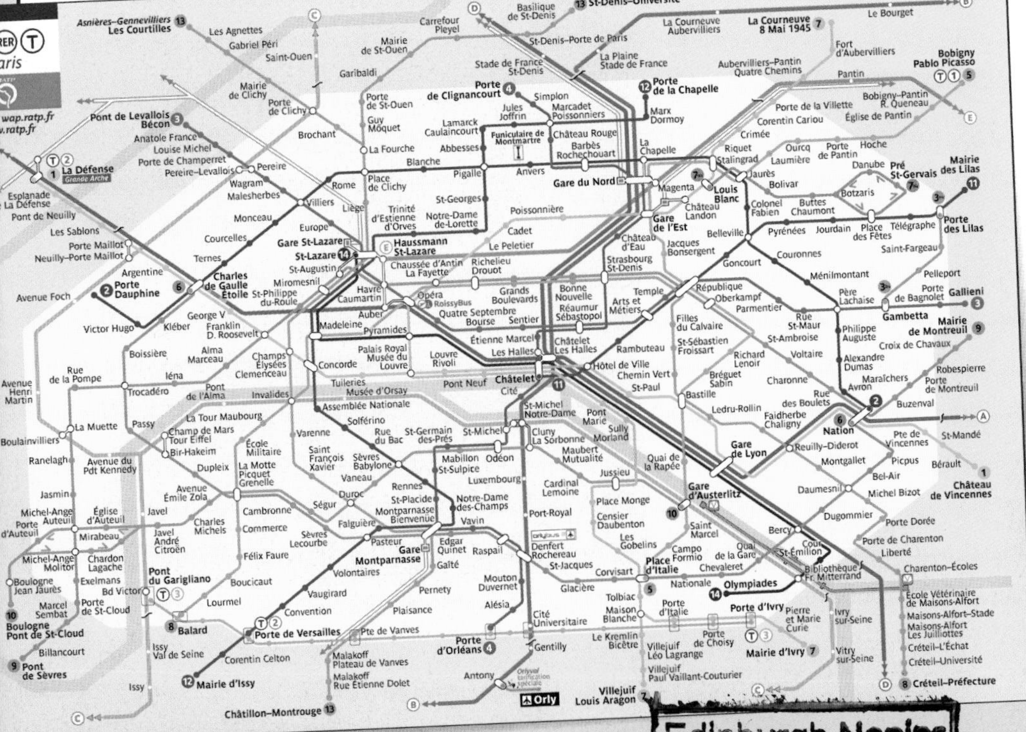

RÉALISEZ

3 Des projets plein la tête.

Avec votre voisin(e), vous faites partie d'une association éco-citoyenne. À la manière de l'association Bien vivre dans le 2e arrondissement, imaginez un concours pour améliorer votre cadre de vie. Puis, présentez votre projet à la classe.

4 www.monprojet.com.

Sur le modèle du document 2, rédigez une page de présentation de votre concours sur Internet. Pour vous aider, reprenez les éléments de l'activité 1.4.

5 Moi, je suis pour !

Le chef de l'État a demandé aux associations de quartier de proposer des idées pour le projet du Grand Paris. L'association Bien vivre dans le 2e arrondissement, dont vous faites partie, se réunit pour faire des propositions. Choisissez une identité ci-dessous et faites des propositions. Défendez vos idées !

A Mireille Jobert : 45 ans, présidente de l'association, mène les débats avec diplomatie.

B Nicolas Marty : 25 ans, responsable du site web de l'association, ne se déplace qu'en rollers.

C Naema Bensaïd : 35 ans, mère de trois enfants dont l'un est asthmatique.

D Ernst Müller : 65 ans, retraité suisse, compare tout avec son pays.

E Paul Bauffe : 39 ans, commercial chez Citroën, ne peut pas imaginer la vie sans voiture.

F Félix Blandel : 30 ans, livreur chez Franprix.

G Le joker : Imaginez votre identité et votre rôle !

Savoir-faire

 1 **À vos crayons, prêts… partez !**

Vous êtes animateur dans une association de quartier et vous entendez parler d'un concours à la radio. Vous souhaitez faire connaître ce concours. Écoutez l'enregistrement puis complétez l'affiche que vous souhaitez mettre dans le hall d'accueil de votre association.

Nom du concours :
Objectifs du concours :
Travaux à réaliser :
Thème :
Date limite de remise des travaux :
Format des travaux :
Date d'attribution des prix :
Résultat final :
Public :
Prix (1e, 2e et 3e) :

 2 **Débat citoyen.**

La ville où vous habitez souhaite associer les habitants aux décisions qui vont être prises dans le cadre des aménagements urbains, d'ici à 2020. Avec votre association de quartier, vous faites une liste de vos souhaits dans différents domaines : transports, logements, espaces verts, vie sociale et culturelle, etc. Jouez la scène avec plusieurs personnes de la classe.

 3 **Quelle journée…**

Vous venez de passer la pire journée de votre vie. Écrivez un e-mail à un(e) de vos ami(e)s. Racontez-lui ce que vous avez fait et ce qui vous est arrivé.

 4 **Rien à préparer.**

Vous voulez organiser une soirée et vous avez trouvé le dépliant ci-dessous. Vous appelez le numéro indiqué sur le dépliant afin d'obtenir des renseignements. Indiquez le type de soirée que vous voulez organiser, le nombre de participants, le lieu, le budget que vous avez et tout ce qui peut être utile à l'organisation de cette soirée. Préparez vos questions ou vos réponses. Puis, jouez la scène avec votre voisin(e).

On s'occupe
de tout !
Vous souhaitez organiser une fête importante pour vous et vos amis, un dîner-surprise inoubliable, votre journée de mariage ou tout simplement un goûter d'anniversaire pour l'un de vos enfants, mais vous n'avez pas le temps de vous en occuper. On s'occupe de tout !
Pour plus d'informations, appelez le
0820 0830 0830

Changer de vie

Vous allez apprendre à...

- caractériser des personnes et des comportements
- développer une hypothèse
- formuler un regret, un reproche
- parler de vos aspirations

Pour

- échanger des informations sur votre famille
- exprimer votre point de vue sur les choix de vie de vos proches
- parler de vos rêves et de vos motivations dans la vie
- envoyer une lettre de candidature

Les enfants du rock

DÉCOUVREZ

1 Une nouvelle vie.

1 Associez chacun des termes ci-dessous à une tranche d'âge.

1 un(e) sexagénaire — **a** 30-39 ans
2 un(e) trentenaire — **b** 40-49 ans
3 un(e) quinquagénaire — **c** 50-59 ans
4 un(e) quadragénaire — **d** 60-69 ans

2 a Observez les deux actrices en couverture de magazines et indiquez à quelle(s) tranche(s) d'âge elles appartiennent, selon vous.

b Lisez le titre principal de chaque magazine et vérifiez votre hypothèse.

3 Lisez le début de l'article. Relevez l'âge de Gabriella et faites la liste des choses qui ont récemment changé dans sa vie.

4 Lisez l'article et indiquez ce qui caractérise la génération des quinquagénaires d'aujourd'hui, dans les domaines suivants : **a** la santé. **b** l'économie. **c** la beauté. **d** la culture. **e** le sport. **f** le travail.

5 Lisez à nouveau l'article.

a Relevez les différents termes utilisés pour désigner les quinquagénaires. **b** Trouvez les deux mots qui constituent l'expression *quinquattitude*. **c** Résumez en quelques mots ce qu'est la *quinquattitude*.

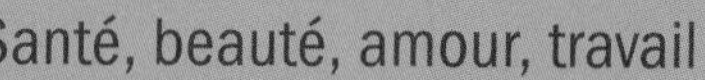

À 50 ans, tout est possible !

À 53 ans, Gabriella a tout vendu – son appartement parisien, sa maison en Normandie – pour recommencer sa vie près d'Aix-en-Provence. Avec son nouveau chéri, elle projette d'ouvrir des chambres d'hôtes. « J'ai dû lâcher mon agence de communication, dit-elle. J'ai aussi divorcé. Et puis je suis tombée follement amoureuse d'un ami que je n'avais pas revu depuis vingt-trois ans. » Sa vie de famille recomposée – ses deux filles et le fils de son compagnon (58 ans) – commence en août après un déménagement qu'elle attend « comme un nouveau départ ». Tout est possible à 50 ans, vraiment ?

« C'est la première génération qui a vraiment compris les conséquences de l'allongement de l'espérance de vie, ce que cela signifie d'avoir encore trente ou quarante ans de vie devant soi », résume le sociologue Serge Guérin. Santé, travail, amour...

2 Enquête.

1 Écoutez les deux enregistrements. ▸17-18 **Indiquez la source des informations données dans chacun d'eux :**

a une interview. **b** une enquête. **c** une étude scientifique. **d** un rapport international.

2 Écoutez à nouveau les deux enregistrements.

a Relevez pour chacun d'eux de quelle catégorie de population il est question.

1 les hommes **2** les femmes **3** les deux

b Indiquez quel est le thème commun aux deux enregistrements.

1 Les habitudes de vie des seniors. **2** Les risques de maladie après 50 ans. **3** Les moyens de rester jeune.

3 Écoutez le document 1 ▸17 **. Relevez :**

a les trois types d'âge distingués par certains scientifiques. **b** à quoi correspond chaque type d'âge. **c** les habitudes de vie qui peuvent faire paraître plus ou moins vieux.

4 Écoutez le document 2 ▸18 **et répondez aux questions.**

a À qui la plupart des Françaises interrogées souhaitent-elles plaire en priorité ? **b** Que sont-elles prêtes à faire pour cela, pour la moitié ou la majorité d'entre elles ?

5 Lisez la transcription du premier enregistrement, **p. 163.**

a Dites si les affirmations suivantes sont vraies ou fausses. Justifiez en relevant les énoncés correspondants dans la transcription.

Le Nouvel Observateur, n°2331
SEMAINE DU JEUDI 09 juillet 2009

D'abord, ces seniors ont l'avantage du nombre. « D'ici à moins de vingt ans, un Français sur deux aura 50 ans et plus », calcule Serge Guérin. Ensuite, ces néo-seniors ont profité des immenses progrès de la médecine. Enfin et surtout, les quinquas pèsent lourd dans l'économie. Selon l'Insee, ils jouissent, en moyenne, des revenus et des patrimoines les plus conséquents : 74% d'entre eux sont propriétaires de leur logement.

En avril, le magazine *Elle* consacrait sa couverture à une Michelle Pfeiffer éblouissante sous ce titre : « Plus belle à 50 ans qu'à 20 ans ». À l'intérieur du magazine, une série de clichés choisis de Madonna, Ségolène Royal et Inès de la Fressange, toutes plus séduisantes aujourd'hui qu'hier... La pub, elle-même, s'empare de ces nouvelles Ève : Madonna est aujourd'hui l'égérie de Louis Vuitton, Kim Basinger représente Lancaster et Nathalie Baye, Garnier.

À l'évidence, il s'agit de « rester jeune ». Les quinquas d'aujourd'hui sont plus proches culturellement des trentenaires que des sexagénaires. Chansons, jeans et tutoiement... Même notre président de la République, parfaite illustration de la « quinquattitude », se comporte comme un « enfant du rock ». Mais il faut aussi fréquenter les salles de sport, prendre soin de son corps. Et c'est là que cette génération se différencie des sexagénaires.

« Cette génération est aussi la première à avoir compris qu'elle ne resterait pas sur les mêmes rails professionnels toute sa vie », poursuit le sociologue. Les quinquas qui changent d'activité ne sont plus rares. En attendant, les quinquagénaires, remarque le sociologue François Dubet, « doivent désormais assumer une situation contradictoire : ils sont en pleine forme, cependant les entreprises ne les désirent plus ». Combien de temps faudra-t-il à l'entreprise pour se mettre au diapason de la société ?

S. Courage, N. Pénicaut, S. Véran

1 « Pourquoi tout le monde paraît-il plus jeune que son âge aujourd'hui ? », c'est la question que l'on se pose. **2** Bizarrement, ce sont toujours les mêmes scientifiques qui s'intéressent à cette question. **3** Tous les individus peuvent modifier leur âge civil. **4** Le journaliste propose plusieurs conseils pour avoir l'air plus jeune.

b Lisez les affirmations ci-dessus et les énoncés relevés dans la transcription. Repérez les termes qui expriment une idée :

1 de nombre ou de quantité.

2 d'identité ou de différence.

ENTRAÎNEZ-VOUS

3 Jeunes à tout prix.

Réécrivez le texte suivant. Utilisez un adjectif indéfini à chaque fois que cela est possible. Faites les changements nécessaires.

Exemple : *Demandez au hasard à des quinquagénaires...*
→ *Demandez à n'importe quelles quinquagénaires...*

Demandez au hasard à des quinquagénaires si elles sont heureuses de vieillir. Vous ne trouverez pas une seule femme qui vous répondra oui. La totalité des femmes savent que la jeunesse n'est pas éternelle mais il existe des façons variées de vivre cette réalité. Une partie des quadras ou quinquas choisit de retarder l'apparition des marques visibles du temps : elles pratiquent quotidiennement un, deux ou trois sports. Il y a aussi des femmes qui se tournent vers la chirurgie esthétique pour « gagner » un petit nombre d'années.

GRAMMAIRE

Les adjectifs dits indéfinis

Ce sont les adjectifs qui se joignent au nom pour marquer :

• Une indétermination sur l'identité
certain(e)s, n'importe quel(le)s
***Certaines** personnes paraissent plus jeunes que leur âge.*
*Avoir l'air plus jeune, d'accord, mais pas à **n'importe quel** prix.*

• Une idée de quantité (totale, absente ou plurielle)
aucun(e), nul(le), chaque, divers(es), plusieurs, quelques, tout(e) / tous / toutes
***Aucun** individu ne peut changer son âge véritable.*
***Toutes** les femmes interrogées ont répondu avec sincérité.*

• Une idée de similitude ou de différence
même(s), autre(s), différent(e)s
*Ce sont toujours les **mêmes** questions qui se posent.*
***Différents** scientifiques se sont penchés sur ces problèmes.*

COMMUNIQUEZ

4 Interview.

Vous êtes l'une des filles de Gabriella ou le fils de son compagnon. Vous êtes l'invité(e) d'une émission consacrée aux jeunes dont les parents ont pris un nouveau départ après 50 ans. Vous parlez de l'expérience de votre père / mère et donnez votre opinion sur ces nouveaux quinquagénaires. L'animateur vous pose des questions. Jouez la scène avec votre voisin(e).

PRONONCEZ

Lisez la transcription p. 163. Repérez la lettre (g) dans le texte et complétez le tableau selon sa prononciation. Puis écoutez et vérifiez vos réponses.

[g]	[ʒ]	[ɲ]
grand	*âge*	*ligne*

LEÇON 18

Et si c'était vous ?

AUJOURD'HUI, LOTO® CHANGE.
ET ÇA PEUT TOUT CHANGER POUR VOUS.
5 Millions€
CE SOIR, TIRAGE DE LA PREMIÈRE CHANCE.

http://www.francaisedesjeux.com/jeux-et-gagnants/default/actualites/lire/actualite/1710/titre/les-

FRANÇAISE DES JEUX — *Tous les rêves ont*

GROUPE FRANÇAISE DES JEUX | DÉVELOPPEMENT DURABLE | JEUX & GAGNA

◆ **Michel, 43 ans, ouvrier du secteur du bâtiment, a gagné 2,3 millions d'euros au LOTO® en février.** «Franchement, j'ai du mal à voir autre chose que du positif dans le fait d'avoir tout à coup à ma disposition une grosse somme d'argent. Je suis devenu propriétaire. J'ai arrêté de travailler. Je peux dépenser sans compter, j'ai gagné en liberté. Je vois davantage mes amis. Je leur ai d'ailleurs demandé de me prévenir s'ils constataient que je prenais la grosse tête. Je me donne 3 ans pour m'installer dans ma nouvelle vie. Après... j'hésite encore entre créer une petite entreprise ou m'investir bénévolement dans une association.»

◆ **Le Jackpot de 3 millions d'euros pour le tirage du 10 décembre vient d'être remporté par un fan d'Elvis Presley.** Il va enfin faire le voyage de ses rêves : Denis ira à Memphis (États-Unis) cet été, pour l'anniversaire de la mort d'Elvis Presley. Mis à part ce voyage, et l'achat d'une maison, ce gagnant du LOTO® d'une petite quarantaine d'années ne souhaite pas changer ses habitudes de vie. Il désire continuer à travailler, comme «avant». Denis pourra tout de même remercier Elvis en pensées, puisqu'il jouait depuis 10 ans environ les mêmes numéros, – des dates anniversaires – dont celle de la naissance d'Elvis.

Source : www.francaisedesjeux.com

DÉCOUVREZ

1 Ça peut tout changer.

1 Observez l'affiche publicitaire. Relevez :

a le jeu pour lequel cette publicité a été réalisée. **b** le slogan qui figure sous le logo. **c** le slogan en haut de l'affiche. **d** la somme que l'on peut gagner.

2 a Indiquez ce que les deux slogans suggèrent.

b Observez la photo qui accompagne la publicité et dites en quoi « ça peut tout changer » pour les gagnants.

3 Décrivez le dessin. Dites ce que cet homme a décidé de faire après avoir gagné au LOTO®.

4 Voici ce que les grands gagnants du LOTO® ont fait de leur argent d'après une enquête IPSOS.

créer une entreprise – arrêter de travailler – faire des travaux dans la maison – effectuer un placement financier – acheter une nouvelle voiture – aider des proches – acheter une maison ou un appartement – payer les études des enfants – voyager

a Repérez les actions qui correspondent à l'affiche publicitaire et au dessin.

b Indiquez celles qui sont, selon vous, les plus fréquentes chez les grands gagnants.

5 Avec votre voisin(e), lisez chacun(e) un des deux portraits sur le site de la Française des Jeux.

a Repérez si possible : le prénom, l'âge, la situation professionnelle de la personne avant de gagner.

b Relevez la somme gagnée.

c Comparez, avec votre voisin(e), les deux grands gagnants du LOTO® et ce qu'ils ont fait de leur argent.

2 Micro-trottoir.

1 Écoutez l'enregistrement ▸19. Retrouvez, d'après les réponses données, la question qui a été posée aux trois personnes interrogées.

2 Écoutez à nouveau l'enregistrement et relevez les réponses formulées par les personnes interrogées.

3 Lisez la transcription p. 163, puis relevez les modes et les temps utilisés dans la question. Justifiez leur usage.

ENTRAÎNEZ-VOUS

3 Le rêve continue.

Exprimez les hypothèses suivantes et imaginez les conséquences dans la vie de ces personnes.

Exemple : *Fred et Émilie, 38 ans / habiter dans un appartement plus grand.*

→ Si Fred et Émilie ***habitaient*** *dans un appartement plus grand, leurs enfants* ***auraient*** *chacun leur propre chambre.*

1 Jonathan, 18 ans / posséder une Porsche **2** Arlette, 53 ans / se faire faire un lifting **3** Nicolas et Jade, 30 et 25 ans / faire le tour du monde **4** Mathilde, 67 ans / se retirer à la campagne **5** Vous, ... ans / ... ?

4 Avec des *si*.

Conjuguez les verbes à l'imparfait ou au conditionnel présent. Puis, avec votre voisin(e), répondez aux questions.

1 Si vous (quitter) votre pays, dans quel pays (aller)-vous vivre ? **2** Si tu (changer) de métier ou d'études, quel métier ou quelles études (choisir)-tu ? **3** Quelle (être) votre réaction si on vous (proposer) d'être filmé(e) 24h/24 pour un jeu de téléréalité ? **4** Si un journaliste te (demander) de parler de ton ex petit(e)-ami(e) devenu(e) célèbre, (accepter)-tu de parler de ta vie privée ?

GRAMMAIRE

L'expression de l'hypothèse

On utilise la structure *Si* + **imparfait, conditionnel présent** pour exprimer une hypothèse à la réalisation peu probable, imaginaire ou contraire à la réalité présente et ses conséquences.

Si j'avais *la chance de gagner au Loto (un jour peut-être),* ***j'achèterais*** *une nouvelle maison.*

Que ***feriez****-vous* ***si*** *vous* ***étiez*** *milliardaire ? (mais vous ne l'êtes pas)*

COMMUNIQUEZ

5 Et vous ?

1 Regardez à nouveau les résultats de l'enquête IPSOS (activité 1.4) et, à votre tour, répondez à la question suivante : que changeriez-vous dans votre vie si vous aviez la chance de gagner au LOTO® ? Justifiez vos réponses.

2 Indiquez la chose la plus folle que vous aimeriez réaliser si vous aviez énormément d'argent.

PRONONCEZ

Écoutez et répétez, puis dites combien de fois vous entendez le son [ʒ].

Si je gagnais au Loto, je changerais de vie, je voyagerais... j'imagine... J'irais peut-être au Japon...

Ou bien, avec l'argent, je rejoindrais mon copain Jérôme à la Jamaïque...

Chambres à louer

Changer de vie,
le syndrome de la chambre d'hôte

Il suffit de se promener dans une campagne française pour prendre la mesure du phénomène. Des panneaux « chambres d'hôte » ont fleuri partout le long des routes. En vingt ans, leur nombre est passé de 4 500 à plus de 30 000, selon la direction du Tourisme du ministère de l'Emploi, qui ne recense que les maisons d'hôte labellisées par les principales organisations. Et chaque année, 2 500 Français créent un gîte rural, une aventure pourtant risquée.

Plus qu'à un changement de métier, c'est à un changement de vie qu'aspirent ces individus. Citadins pour la plupart, ils ont entre 30 et 50 ans, avec une tendance au rajeunissement ; ils sont « installés » sur le plan professionnel, en couple ou divorcés. Ils se disent prêts à quitter travail et confort, à s'éloigner de leurs amis, à « gagner moins pour vivre mieux ». Une fois leur projet abouti, ils parlent de liberté, d'harmonie, de renaissance.

Il reste un mystère : pourquoi l'ouverture d'une chambre d'hôte reste le fantasme premier des Français qui souhaitent changer de vie ? Il existe après tout mille manières de refaire sa vie : partir à l'étranger, faire de l'humanitaire, passer un concours de la fonction publique, se lancer dans une carrière artistique... Dans *Changer de vie. Se reconvertir, mode d'emploi* (Village Mondial, 2002), Marie-Pierre Noguès-Ledru et Anne Claret-Tournier établissent cinq catégories : se mettre au vert, se mettre à son compte, se consacrer aux autres, vivre sa passion, partir loin. Quelle activité, sinon l'hébergement touristique, permet de conjuguer toutes ces motivations ?

Pour se lancer, il est préférable d'avoir quelques subventions et un bon carnet d'adresses. Avec une rentabilité de 1 500 à 3 000 euros par chambre et par an (source : Agence pour la création d'entreprise), l'aventure tourne parfois court. D'où un tout nouveau phénomène. Forts des expériences, parfois malheureuses, de leurs aînés, certains jeunes anticipent. Dans les écoles de commerce, dans les couloirs de places financières, il arrive aujourd'hui de croiser de jeunes adultes de 20 ou 25 ans qui prévoient d'ouvrir une maison d'hôte « dans une quinzaine d'années ». Une crise du milieu de vie en somme inscrite dans leur plan de carrière.

Héloïse Lhérété
Sciences Humaines, n° 193, mai 2008

DÉCOUVREZ

1 Se reconvertir, mode d'emploi.

1 Observez les deux couvertures de livres ci-dessus.

a Indiquez de quel type de livres il s'agit et à qui ils s'adressent.

b D'après les photos, imaginez de quelle catégorie de chambres d'hôtes il s'agit et où elles se situent.

c Associez les tâches suivantes aux thèmes annoncés sur les couvertures. Justifiez vos réponses.
1 s'occuper de la décoration. **2** décrire avec précision ce que l'on veut faire. **3** s'installer quelque part. **4** accueillir des hôtes. **5** faire de la publicité. **6** effectuer les démarches nécessaires pour ouvrir des chambres d'hôtes.

2 Lisez le titre de l'article et imaginez le sujet.

3 Lisez le 1er paragraphe de l'article et choisissez parmi les phrases suivantes celle qui résume le mieux le phénomène décrit.

a La Direction du Tourisme a mis en place une labellisation des maisons d'hôtes afin de les classer. **b** Le nombre de chambres d'hôtes a considérablement augmenté en France depuis vingt ans.

4 Lisez le 2e paragraphe et dites si les affirmations suivantes sont vraies ou fausses.

a Les personnes qui ouvrent des chambres d'hôtes sont souvent au chômage ou à la retraite. **b** Elles viennent en général de la ville. **c** Leur motivation principale est d'améliorer leur qualité de vie.

5 a Avec votre voisin(e), imaginez cinq raisons qui expliquent ***« pourquoi l'ouverture d'une chambre d'hôte reste le fantasme premier des Français qui souhaitent changer de vie ».***

b Lisez le 3e paragraphe et comparez vos réponses avec celles qui sont données.

6 Lisez le dernier paragraphe et relevez :

a les conditions de réussite de cette expérience. **b** la réaction de certains jeunes face à ce phénomène.

2 Témoignage.

1 Écoutez l'introduction de l'enregistrement ▸20 et faites le portrait de la personne interrogée. Dites si celle-ci correspond au profil décrit dans l'article.

2 Écoutez l'enregistrement en entier. Relevez, parmi les affirmations suivantes, celles qui correspondent au point de vue de la personne interrogée.

a Si j'avais été propriétaire, j'aurais eu moins de charges à payer. **b** J'aurai dû rester à Paris et garder mon travail. **c** J'aurais aimé continuer cette activité car j'aimais beaucoup faire découvrir La Rochelle.

3 Observez les affirmations ci-dessus. Indiquez si elles expriment :

a un regret. **b** un reproche. **c** la conséquence dans le passé d'une hypothèse non réalisée.

ENTRAÎNEZ-VOUS

3 Regret ou reproche ?

Indiquez si ces personnes expriment un regret ou un reproche.

1 Tu aurais dû lui dire ce que tu en penses. **2** J'aurais aimé vivre à l'étranger, dans un pays lointain. **3** Vous auriez pu l'aider quand même ! **4** Elle aurait tellement voulu faire une carrière artistique. **5** Ils n'auraient pas dû abandonner ce projet tout de suite.

4 Réactions.

Réagissez aux phrases suivantes en respectant la consigne donnée entre parenthèses. Utilisez le conditionnel passé.

1 Quoi ! Tu as perdu tout ton argent dans cette affaire ! (regret / *je*) → Oui, … **2** Il a quitté son travail pour un projet humanitaire. (reproche / *il*) → … **3** Je ne comprends pas. Sa maison d'hôtes n'a pas marché. (hypothèse non réalisée / *elle*) → … **4** Elle a de sérieux problèmes depuis qu'elle habite là-bas. (reproche / *elle*) → … **5** Mes parents n'ont pas compris ma décision. (hypothèse non réalisée / *tu*) → …

GRAMMAIRE

Le conditionnel passé

Formation

Le **conditionnel passé** se forme avec l'auxiliaire *être* ou *avoir* au conditionnel présent suivi du participe passé.

	singulier	pluriel
1re personne	*J'aurais aimé*	*Nous* ***aurions aimé***
2e personne	*Tu* ***aurais aimé***	*Vous* ***auriez aimé***
3e personne	*Il/Elle* ***aurait aimé***	*Ils/Elles* ***auraient aimé***

Emploi

Il exprime :

– un regret ou un reproche

J'aurais aimé *continuer cette activité mais cela n'a pas été possible.*
Vous ***auriez dû*** *demander des subventions.*

– la conséquence dans le passé d'une hypothèse non réalisée (avec *si* + plus-que-parfait, conditionnel passé)

Si j'avais pu acheter cette maison, j'en ***aurais fait*** *un gîte.*

COMMUNIQUEZ

5 Tout plaquer.

Vous avez décidé de tout quitter : votre travail, votre famille, vos amis pour partir vivre à l'étranger, sans réel projet sérieux. Vous l'annoncez à un(e) ami(e). Il/Elle essaie de vous convaincre de changer d'avis. Vous lui expliquez vos motivations et votre regret de ne pas avoir pris cette décision plus tôt. Jouez la scène avec votre voisin(e).

CD-Rom ▸ ACTIVITÉS 28 à 30

LEÇON 20

Arrêt sur...

Terres d'aventures

Le Rallye Aïcha des Gazelles est une aventure internationale et humaine unique en son genre.

C'est le seul Rallye Raid 100% féminin. Depuis 1990, il rassemble des femmes de 18 à 65 ans et de 33 nationalités différentes dans le désert marocain.

Le Rallye Aïcha des Gazelles développe une autre vision de la compétition automobile : **pas de vitesse et pas de GPS mais une navigation à l'ancienne, uniquement en hors piste**. C'est une compétition sans vitesse dans le respect des populations locales et de l'environnement.

Toutes les participantes du Rallye, que l'on appelle « **des Gazelles** », ressortent de cette aventure avec un souvenir inoubliable.

Le Rallye Aïcha des Gazelles est ouvert à toute femme, de plus de 18 ans, titulaire d'un permis de conduire pour le véhicule avec lequel elle souhaite participer à la course.

La compétition est ouverte à tout véhicule terrestre à moteur. Chaque équipage est composé de deux équipières.

Toute notre équipe est à votre disposition pour répondre à vos questions.

N'hésitez pas à nous contacter.

REPÉREZ

1 Esprit d'aventure.

1 **Écrivez ce qu'évoque pour vous le mot *aventure*. Puis comparez vos réponses avec votre voisin(e).**

2 **Indiquez quel type d'aventure vous aimeriez réaliser si vous en aviez la possibilité.**

3 **Observez les photos et imaginez :**
a de quel type d'aventure il s'agit. **b** à qui elle s'adresse. **c** où elle a lieu.

4 **Lisez la page du site Internet et vérifiez vos hypothèses.**

5 **Lisez à nouveau la page du site Internet et repérez :**
a le nom de la manifestation. **b** le lieu où elle se déroule. **c** la date de création. **d** la particularité de cette manifestation. **e** les conditions de participation.

2 Motivées.

1 **Lisez la lettre ci-dessous et indiquez de quel type de lettre il s'agit.**
a une demande d'informations **b** une lettre de candidature **c** une demande de congé

Bonjour,

Attirées par la réputation de votre rallye, ma fille et moi vous proposons notre candidature pour participer à l'édition 2010 du Rallye Aïcha des Gazelles.

Âgée de 52 ans, je suis infirmière et j'ai jusqu'à maintenant consacré ma vie à mon travail et à ma famille. Ma fille de 26 ans vient de terminer ses études de médecine. Nous avons toutes les deux une grande complicité et sommes passionnées par les voyages.

Participer à ce rallye nous permettrait de réaliser un rêve commun : nous lancer ensemble dans une aventure humaine et sportive, loin de notre environnement habituel. Ce serait également pour nous l'occasion de faire face à une grande diversité de situations, enrichissantes sur le plan professionnel et personnel.

Dynamiques, motivées et ouvertes à de nouvelles expériences, nous pensons avoir les qualités nécessaires pour réaliser cette expérience fantastique. Nous avons l'une et l'autre notre permis de conduire et possédons également un 4x4.

Si notre candidature vous intéresse, nous restons à votre disposition pour un éventuel entretien.

Cordialement.

Samira Bellil

2 **Lisez à nouveau la lettre et dites dans quels paragraphes Samira et sa fille :**
a parlent de leurs motivations et des conséquences positives. **b** proposent leur candidature. **c** se présentent. **d** terminent avec une formule de politesse. **e** proposent une rencontre. **f** parlent de leurs qualités.

RÉALISEZ

3 Interview.

Vous êtes une des organisatrices du Rallye Aïcha des Gazelles. Vous êtes interviewée par un(e) journaliste qui souhaite écrire un article sur cette manifestation. Jouez la scène avec votre voisin(e).

4 Dommage !

Les personnes ci-dessous n'ont pas pu participer au Rallye. Lisez leur profil, dites pourquoi leurs candidatures n'ont pas été retenues puis imaginez les regrets ou les reproches qu'elles formulent au micro d'une radio qui les interroge.

Marc (31 ans) et Sylvain (34 ans), informaticiens.

Alice (17 ans), étudiante. Elle n'a pas son permis de conduire.

Marina (44 ans), institutrice. Elle n'a pas trouvé de co-équipière.

Jackie (59 ans) et Lucinda (52 ans), femmes au foyer. Elles n'ont pas de véhicule.

5 De Moscou à Oulan-Bator.

Lisez l'annonce ci-dessous et répondez en proposant votre candidature. Utilisez comme modèle la lettre de Samira. Vous pouvez répondre en utilisant *tu*.

Cherche compagnon pour un projet d'aventure en Russie fin 2010

27 juillet 2009 à 23:30

Je suis actuellement en dernière année d'études à Montréal et j'ai décidé de réaliser un vieux rêve : partir en Russie. J'aimerais aller de Moscou en Mongolie à pied et en stop. J'aime voyager en ne sachant pas ce que je verrai demain et où je vais dormir. Mon idée est de partir avec un petit budget et de rencontrer la vraie Russie, celle des habitants. Si vous êtes tenté par l'aventure, si vous pensez avoir les qualités nécessaires et si en plus vous parlez russe, n'hésitez pas à me contacter.
À bientôt j'espère.
Lily

Répondre

Savoir-faire

1 Trouver un job.

Intéressé(e) par l'annonce ci-dessous, vous envoyez une lettre de candidature.

Humanitaire : missions courtes à l'étranger
(annonce n° 2027)
Contact : marie.pouligny@kakoo.fr

Vous aimez prendre des initiatives ? Vous êtes motivé(e) pour partir à l'étranger ? Vous avez l'esprit d'aventure et de solidarité ? La vie en équipe ne vous fait pas peur ? Vous aimez agir pour les autres ? Vous souhaitez aller à la rencontre d'une autre culture, d'un monde différent ? Envoyez-nous votre candidature. Nos besoins : soutien scolaire et animation, missions sociales, culturelles et linguistiques.

2 Un nouveau départ.

A : Vous animez une émission sur les personnes qui ont changé ou souhaitent changer radicalement de mode de vie. Vous interrogez votre invité(e).

B : Vous avez changé ou souhaitez changer radicalement de mode de vie. Vous participez à une émission sur ce thème. Répondez aux questions de l'animateur.

Choisissez un des deux rôles puis jouez la scène avec votre voisin(e).

3 Conseil d'ami.

a Un(e) de vos ami(e)s, au chômage depuis plusieurs années, est prêt(e) à tout pour trouver un travail et un mode de vie stable. À la radio, vous entendez parler d'un jeu qui, si votre ami(e) gagnait, pourrait résoudre ses problèmes. Écoutez l'enregistrement et relevez les informations concernant :

- les organisateurs du jeu ;
- l'objectif de ce jeu pour les organisateurs ;
- les conditions de participation ;
- le(s) lot(s) à gagner ;
- le nombre de participants à ce jour.

b Écrivez un e-mail à votre ami(e) afin de lui parler de ce jeu. Indiquez-lui où vous avez entendu parler de ce jeu. Donnez-lui les informations que vous avez relevées à ce sujet. Encouragez-le(la) à participer.

4 Ils en rêvaient…

Animateur dans une station de radio, vous proposez cette semaine une émission intitulée « Ils en rêvaient, ils l'ont fait ». Avant de recevoir votre première invitée, vous lisez sa fiche et relevez les informations dont vous avez besoin pour la présenter aux auditeurs : son prénom, son âge, son précédent métier, son nouveau travail, les raisons de son changement de profession, les réactions de son entourage.

« Avant, j'étais attachée de presse. J'étais bien payée mais je sentais bien que quelque chose me manquait. Ce qui me plaisait le plus dans mon métier, c'étaient les soirées organisées. Là, j'étais vraiment dans mon élément : la musique, l'ambiance tamisée, le métier de DJ et surtout de barman… J'étais fascinée par les mouvements, la souplesse et le nombre de recettes qu'ils connaissaient par cœur. En discutant avec l'un d'eux, j'ai eu le déclic : ce métier-là est fait pour moi. Je me suis donc transformée en oiseau de nuit trois fois par semaine pour aller travailler derrière un bar et apprendre avec un vrai pro. Trois mois plus tard, j'en ai parlé à mes parents. Leur réaction a été très négative. Ils ne concevaient pas que je puisse travailler dans un bar ou une boîte de nuit. Ils se sont fâchés mais je n'ai pas lâché. C'était il y a deux ans. Depuis j'ai très peu de nouvelles d'eux. Je suis déçue par leur réaction mais j'espère qu'un jour ils reviendront vers moi ! » **Gaëtane, 31 ans**

UNITÉ 6

Entre la poire et le fromage

Vous allez apprendre à…

- faire des recommandations, conseiller
- donner des consignes
- construire un discours en articulant clairement vos idées

Pour

- aider quelqu'un à atteindre son objectif
- présenter un événement culturel célèbre
- expliquer les règles d'usage à respecter lors d'un dîner, dans votre pays
- partager une recette de cuisine

Dans les normes

DÉCOUVREZ

1 Drôles de normes.

1 a Avec votre voisin(e), décrivez la 3e et la 5e images de la bande dessinée.

b Imaginez le type de nourriture que propose chacun des deux restaurants.

c Observez la 4e et la 6e images et vérifiez vos hypothèses.

2 Décrivez la 1re image et relevez le titre qui l'accompagne. Indiquez quel est le métier de l'homme qui parle.

3 Lisez la bande dessinée. Relevez :
a les raisons pour lesquelles le second restaurant n'est pas aux normes. **b** les conséquences pour le restaurant.

4 Indiquez ce que le dessinateur a voulu exprimer, selon vous.

2 Recommandations.

1 Lisez l'en-tête et la source du document 2. Indiquez :
a à qui s'adresse ce document. **b** par qui il est réalisé. **c** le but de ce document.

2 Lisez l'ensemble du document. Dites si les affirmations suivantes sont vraies, fausses ou si on ne sait pas.
a Le document donne toutes les règles à suivre pour respecter les normes d'hygiène dans un restaurant. **b** La salle où mangent les clients ne doit pas communiquer directement avec l'extérieur. **c** En cuisine, il est obligatoire de se laver les mains très régulièrement. **d** Il ne faut pas que les poubelles restent ouvertes. **e** Il est recommandé de ne pas nettoyer la vaisselle à côté des toilettes. **f** Il vaut mieux choisir du matériel facile à laver. **g** Les fenêtres doivent rester ouvertes pendant la préparation des plats.

1

3 Lisez à nouveau le document et les affirmations de l'activité 2.2.
a Relevez les structures utilisées pour formuler :
1 un conseil, une recommandation. **2** une obligation, un ordre formel.

b Observez ces structures et identifiez leur construction.

2

QUELQUES RECOMMANDATIONS POUR LA CONSTRUCTION OU LA RESTRUCTURATION DE LOCAUX : RESTAURANTS.

Voici certaines recommandations relatives à l'hygiène des produits alimentaires. Notez que cette liste n'est pas exhaustive et qu'il est donc indispensable de se référer au règlement consultable sur le site : http://europa.eu.int/scadplus/leg/fr/.

Tout d'abord, il faut éviter que les locaux dans lesquels s'effectuent les préparations ouvrent directement sur l'extérieur.

Les locaux doivent avoir un nombre suffisant de lave-mains à proximité des différents postes de travail et en sortie des sanitaires.

Il est important que les déchets soient stockés dans des poubelles fermées.

Séparez les zones d'épluchage, de laverie (secteur sale) des autres zones de manipulation des produits (secteur propre).

Les équipements doivent être facilement nettoyables.

Il faut conserver les fenêtres fermées pendant la production et / ou les équiper d'écran de protection contre les insectes.

Source : Direction départementale des services vétérinaires

ENTRAÎNEZ-VOUS

3 Rencontre.

Formulez les conseils que pourrait donner un restaurateur à un jeune qui veut ouvrir son propre restaurant. Utilisez des constructions impersonnelles.
accepter des horaires de travail difficiles – être résistant physiquement – aimer le contact avec les gens – être un bon gestionnaire – considérer la cuisine comme une passion – savoir diriger une équipe – bien connaître les règles d'hygiène
Exemple : *D'abord, il faut...*

4 Les jolies colonies de vacances.

Lisez les problèmes observés dans un centre de vacances par un inspecteur puis imaginez les recommandations destinées au directeur du centre.
a Le système d'aération ne fonctionne pas bien dans les cuisines. **b** Il manque une poubelle pour le carton et le plastique. **c** La chambre froide n'est pas aux normes. **d** Il n'y a pas de lave-mains dans les toilettes. **e** Le personnel de service ne porte pas de gants.

GRAMMAIRE

Les constructions impersonnelles

Elles permettent d'exprimer un conseil, une recommandation ou une obligation.

Il faut / faudrait / vaut mieux que + subjonctif, *il est* + adjectif appréciatif + *que* + subjonctif
***Il faut que** vous soyez en conformité avec le règlement.*

Il faut / faudrait / vaut mieux + infinitif, *il est* + adjectif appréciatif + *de* + infinitif
***Il est important de** respecter les règles d'hygiène.*

! *il est* + adjectif appréciatif + *que* + subjonctif devient souvent à l'oral : *c'est* + adjectif + *que* + subjonctif

Pour exprimer un conseil, une recommandation ou une obligation, on peut également utiliser :
• *devoir* + infinitif
*Les locaux **doivent** toujours **rester** propres.*
• l'impératif
***Installez** des lave-mains à proximité des postes de travail.*
***Ne dépassez pas** la date limite.*

COMMUNIQUEZ

5 Rien ne va !

Vous êtes restaurateur et vous avez recruté un nouveau serveur/une nouvelle serveuse. Malheureusement, il/elle ne respecte pas les consignes d'hygiène, s'adresse familièrement aux clients et est très maladroit(e). Comme il/elle semble tout de même très motivé(e), vous lui faites des recommandations pour l'aider à progresser. Jouez la scène avec votre voisin(e).

6 Mon guide.

Sur le modèle du document 2, rédigez un petit guide avec quelques recommandations pour (au choix) : organiser une soirée d'anniversaire réussie / préparer un voyage à l'étranger / réussir un examen / trouver un emploi / (autre sujet de votre choix).

PRONONCEZ

1 **Écoutez et répétez, puis dites s'il s'agit d'un ordre ou d'une recommandation. Sur quelles phrases la voix descend-elle le plus à la fin ?**

2 **Écoutez et répétez, puis dites quand les mots « un », « une », « les », « leur », « ça » et « qui » sont accentués et quand ils ne le sont pas.**
Exemple : *a On prend **un** menu ? = non accentué*
*b On en prend **un** ? = accentué*

CD-Rom ▸ ACTIVITÉS 31 et 32

LEÇON 22 Jour de fête

Vin de fête

LE BEAUJOLAIS NOUVEAU
12cl 25cl 50cl 75cl
21 32 64 96
SERVICE COMPRIS 15%

Produce of France
Beaujolais Nouveau 2002
Appellation Beaujolais Contrôlée
BARONNE DU CHATELARD
12% vol. 75 cl
Mis en bouteille à la Propriété
Pour Baronne du Chatelard – Château du Chatelard – 69220 LANCIÉ

Jamais le beaujolais – surtout le nouveau – n'a été autant attaqué, alors qu'il est connu, bu et apprécié jusqu'à Tokyo, Vancouver, Johannesburg et Oulan-Bator.
Qu'un vin de bistrot, de jeu de boules, de copains, de famille ait conquis le monde et soit l'objet d'une fête presque universelle le troisième jeudi de novembre, a de quoi étonner. Mais c'est précisément parce que c'est un vin populaire qu'il connaît cette faveur exceptionnelle. C'est parce qu'il n'a pas d'autres prétentions que sa jeunesse et sa gaieté qu'il plaît tant.
Mais de vieux bougons[1], de jeunes prétentieux du journalisme, des sommeliers[2] qui ne s'expriment que sur du haut de gamme, tous n'ayant pas ou plus le sens de la fête, le goût des choses simples crient au scandale. On voit bien ce qui les énerve : la différence entre la qualité du beaujolais et sa renommée. Ils voudraient que le succès d'un vin soit à proportion de son mérite. De son vieillissement. Et de sa rareté.
Cela rappelle certains critiques littéraires qui, autrefois, soutenaient que les romans de Georges Simenon ne pouvaient être ni bons ni respectables, puisqu'il les écrivait en onze jours. Comparé à Proust, à Malraux, à Camus… Sauf que Simenon n'a jamais prétendu se comparer à Proust, à Malraux ou à Camus, de même

DÉCOUVREZ

1 À la vôtre !

1 Observez les documents 1, 2 et 3.
a Indiquez, pour chacun d'eux, de quel type de document il s'agit.
1 une carte postale 2 un message sur un tableau 3 une publicité 4 une étiquette 5 une carte de visite
b Relevez le point commun de ces trois documents.

2 Observez le document 1. Indiquez :
a ce qu'est le beaujolais nouveau. **b** l'ambiance associée à ce produit.

3 Observez à nouveau les documents 1, 2 et 3. Faites des hypothèses :
a Que se passe-t-il chaque année au moment de la mise en vente du beaujolais nouveau ? **b** Où et quand cela a-t-il lieu ? **c** Dans quel(s) type(s) d'établissements peut-on lire le message inscrit sur le document 2 ?

4 a Écoutez l'enregistrement ▸21 et indiquez :
1 dans quelle ville et à quelle occasion cet enregistrement a été effectué. 2 quel autre événement a lieu en France au moment du reportage.
b Écoutez à nouveau l'enregistrement et relevez ce qui caractérise :
1 cet événement. 2 le parfum du beaujolais nouveau 2007. 3 la qualité de ce vin, en général, selon la personne interviewée.

2 Maudit vin !

1 Lisez l'article. Relevez le jour de l'arrivée du beaujolais nouveau.

2 Choisissez parmi les adjectifs suivants ceux qui caractérisent le beaujolais nouveau. Justifiez vos réponses avec des éléments de l'article.
célèbre – exceptionnel – rare – jeune – simple – gai – populaire – critiqué – ancien – convivial – chic

3 Lisez à nouveau l'article et expliquez le point commun entre le beaujolais nouveau et l'écrivain Georges Simenon.

4 Repérez les mots et les expressions qui désignent ou qui remplacent :
– le beaujolais ;
– les ennemis du beaujolais.
Puis, classez-les selon leur nature grammaticale.

5 Résumez oralement ce que l'auteur pense des ennemis du beaujolais et de leurs critiques.

qu'il n'est jamais venu à l'esprit du beaujolais de convoiter[3] une place à la table des grands bordeaux et des grands bourgognes. On n'est pas et on ne sera jamais dans le même monde, la même culture, la même réputation... ◆

D'après un article de Bernard Pivot, paru dans la revue *Senso*.

1 Personnes toujours mécontentes. **2** Professionnels chargés des vins dans un restaurant. **3** Désirer (une chose qui appartient à quelqu'un d'autre).

GRAMMAIRE

Les procédés de substitution

Pour éviter les répétitions et permettre de maintenir le lien entre les différentes phrases d'un texte, il est nécessaire d'utiliser des termes de substitution :

- **lexicaux**

On utilise par exemple un synonyme ou un mot de sens plus général :
*Je suis allé dans deux **cafés** : c'est dans le premier **bistrot** qu'il y avait le plus d'ambiance.*

- **grammaticaux**

– les pronoms personnels sujets ou compléments :
*J'ai obtenu une invitation. **Elle** est réservée aux clients et je **l'**ai eue difficilement.*

– les pronoms relatifs :
*Voilà au moins un événement **qui** n'est pas perturbé par la grève !*

– les adjectifs possessifs et démonstratifs placés devant un nom de reprise :
*Il y a juste quelques invités et Frédéric fait partie de **ces** privilégiés : il vient de recevoir **son** invitation.*

– les pronoms possessifs et démonstratifs :
*Tous nos clients ont reçu leurs bouteilles ce matin. **Ceux** qui n'ont pas encore eu **les leurs** devraient recevoir tout **ça** dans l'après-midi.*

– les pronoms indéfinis :
*Les vieux bougons critiquent **tous** la qualité de ce vin.*

ENTRAÎNEZ-VOUS

3 La route des vins.

Lisez ce témoignage et relevez tous les mots qui désignent ou qui remplacent le mot *vin*.

Si la simple idée d'ouvrir une bonne bouteille suffit à me rendre heureux, c'est quand même le bordeaux que je préfère... Oh, je sais qu'il en existe d'autres, de grands millésimes même ! Mais rien n'égale le rouge ou le blanc de la région. À mon avis, c'est dans le Bordelais qu'on trouve les plus grands crus.

4 Un nom évocateur.

Complétez les phrases avec les mots suivants : *la sienne, il, ceux, son, le, ce rouge-là, ses, des autres, qui* (2 fois) et *vin*.

Le beaujolais reste un vin atypique ; ... nom et ... de ... dix crus, comme le Morgon ou le Saint-Amour, évoquent pour moi le plaisir et la fête. Déjà, quand on ... verse dans les verres, on sent que ... est très différent ... : ... a une couleur ... est vraiment ... et ... ne ressemble à aucune autre couleur de ... .

COMMUNIQUEZ

5 Une fête populaire.

Avec votre voisin(e), décrivez une fête populaire qui a lieu chaque année dans votre ville, votre région ou votre pays :
Comment s'appelle cette fête ? Où et quand a-t-elle lieu ? À quelle occasion se déroule-t-elle ? Qu'est-ce qui caractérise cet événement ? Cette fête est-elle accompagnée d'un aliment ou d'une boisson spécifique ?

6 J'y étais !

En voyage en France pendant le mois de novembre, vous avez été invité(e) à fêter l'arrivée du beaujolais nouveau dans un bistrot. Enthousiasmé(e) par cette fête, vous écrivez une lettre le lendemain à un(e) ami(e) pour lui raconter le principe de cette soirée et lui faire découvrir ce vin un peu particulier.

CD-Rom ▸ ACTIVITÉS 33 et 34

LEÇON 23

À table !

Les Français à table : le bonheur de manger en famille

Il paraît que les Français mangent mal, affalés devant leur télé. La photographe Stéphanie Lacombe, lauréate de la Fondation Lagardère, lève pourtant le voile[1] sur une autre réalité : les Français à table, une galerie de portraits.

En 2004, selon l'Institut national de prévention et d'éducation pour la santé, 50 % des Français mangeaient devant l'écran au dîner, 33,8 % au déjeuner et 17,4 % au petit déjeuner. Mais « la télévision suscite[2] souvent des commentaires sans trop nuire au dialogue » a pu constater Stéphanie Lacombe à travers un bilan qu'elle juge très positif. La tendance ? « Des repas pris et préparés ensemble dans le couple, une tradition qui persiste, une alimentation plutôt équilibrée et un vrai plaisir d'être à table ». Ce que l'Insee[3] a confirmé en 2007 avec cette conclusion : contrairement aux idées reçues, « les Français n'ont pas changé leurs habitudes alimentaires. Loin du plateau-télé, ils restent même fidèles au dîner traditionnel ». 90,8 % des Français déclaraient en 1997 que « bien manger fait partie des plaisirs de la vie ». En 2004, ils étaient 94,5 % à le penser.

Mais le temps consacré à manger se réduit. Pour Sylvie, mère de cinq enfants « les dîners de famille comme on les aime sont de plus en plus difficiles à concilier avec les rythmes de chacun. Mon mari rentre tard et les enfants se lèvent tôt pour l'école. En semaine, dîner tous ensemble sans expédier[4] le repas devient une prouesse[5] ! ». Sur la photo, ils sont radieux, surtout les enfants, rieurs, que certains jugeraient trop agités. Les Polonais, par exemple, qui, selon une étude pour Maisons de la France « déplorent[6] [chez nous] le manque d'ordre et de discipline ».

Les bonnes habitudes se perdent ? « Moi, j'ai trop connu les repas où les enfants n'avaient pas le droit de parler ou de bouger à table ! », dit Sylvie, de la Grande-Borne. « On a tellement de choses à se dire », s'exclame Angélique, dans la même cité. « C'est l'instant convivial par excellence[7] », confirme Karine d'Alsace. « Une vraie pause après le travail », résume Florence, dans le Lot.

Laurence Delpoux
VSD n° 1621 - du 17 au 23 septembre 2008

1 Montre (ce qui était caché). 2 Fait naître. 3 Institut national de la statistique et des études économiques. 4 (familier) Faire quelque chose très vite. 5 Quelque chose d'exceptionnel. 6 Regrettent. 7 Tout particulièrement.

DÉCOUVREZ

1 Le dîner est servi !

1 Avec votre voisin(e), répondez aux questions suivantes.

a Vers quelle heure dînez-vous le soir en général ? **b** Dans quelle pièce de la maison dînez-vous la plupart du temps ? **c** Dînez-vous seul(e), en couple, en compagnie de votre famille ou de vos ami(e)s ? **d** Regardez-vous la télé en mangeant ? **e** Combien de temps consacrez-vous au dîner en moyenne ? **f** Préférez-vous les dîners animés ou calmes ?

2 Observez les trois photos et faites, pour chacune d'elles, le portrait des personnes photographiées.

a Imaginez :

1 leur tranche d'âge. **2** leur situation de famille. **3** leur activité (étudiant(e) / salarié(e) / sans emploi / retraité(e)).

b À l'aide des questions de l'activité 1.1, décrivez leurs habitudes concernant le dîner.

3 Lisez le titre et l'introduction de l'article. Indiquez :

a le sujet de l'article. **b** la source principale d'informations de cet article.

4 Lisez l'article et dites si les affirmations suivantes sont vraies ou fausses. Justifiez vos réponses.

a Les habitudes alimentaires des Français ont considérablement changé. **b** En 2004, la moitié d'entre eux dînait devant la télé. **c** Dans la majorité des cas, le dîner est considéré comme un moment chaleureux et un temps d'échanges important. **d** Le temps consacré au dîner a augmenté depuis quelques années. **e** Pour les enfants observés par la photographe, les règles à tables sont souvent moins strictes qu'autrefois.

2 Habitudes alimentaires.

1 Écoutez l'introduction de l'enregistrement. ▸22
Indiquez :

a le temps consacré à l'alimentation dans une vie.
b la raison pour laquelle il est intéressant d'observer les habitudes alimentaires.

2 Écoutez l'enregistrement en entier et relevez :

a ce qui a changé dans les codes et habitudes alimentaires.
b ce qui continue à exister.

3 Lisez la transcription de l'enregistrement, p. 164.
a Relevez les mots ou les expressions qui structurent la chronique de manière logique.

b Classez-les selon qu'ils permettent :
1 de résumer une idée en quelques mots. **2** d'ajouter un argument. **3** d'exposer une conséquence. **4** d'apporter une preuve. **5** d'exprimer une idée opposée. **6** de conclure.

ENTRAÎNEZ-VOUS

3 Le bottin mondain.

Complétez le texte avec les mots suivants :
***de plus*, *bref*, *au contraire*, *en effet* et *donc*.**

Un dîner est en principe un moment agréable que la mauvaise tenue d'un invité peut transformer en spectacle d'horreur. Il est … indispensable de respecter un certain nombre de règles pour être agréable à ses voisins. Commencez par vous tenir bien droit sur votre chaise : …, le fait de rester affalé est extrêmement impoli. … , il est important d'attendre que la maîtresse de maison ait commencé à manger pour commencer soi-même. Ne croyez pas ceux qui vous disent qu'il faut saucer son assiette avec un morceau de pain, pour montrer que l'on a aimé le plat. … , cette attitude vous fera passer pour un invité très mal élevé. … , n'oubliez jamais que votre comportement à table en dit beaucoup sur vous !

4 Mauvaises habitudes.

Choisissez la bonne réponse.

1 Je n'ai pas le temps de faire la cuisine ; (d'ailleurs / au contraire) je déteste ça. **2** Les gens déjeunent trop rapidement (alors / de plus) ils ont souvent mal à l'estomac. **3** C'est pratique, les plats surgelés ! (Donc / De plus) certains produits sont très bons. **4** J'aime cuisiner vite (de plus / donc) je me sers d'un micro-ondes. **5** On n'aime pas attendre au restaurant, on va (au contraire / donc) de préférence dans les fast-foods.

GRAMMAIRE

Construire un discours

Les articulateurs permettent de hiérarchiser les faits et les idées, selon ce que l'on souhaite exprimer :
– ***en effet*** ou ***d'ailleurs*** permettent d'apporter une preuve ou d'illustrer une idée ;
– ***de plus*** sert à apporter un argument supplémentaire ;
– ***alors*** ou ***donc*** amènent une conséquence ;
– ***au contraire*** permet d'exprimer une idée opposée ;
– ***bref*** ou ***en résumé*** reprennent une idée en quelques mots ;
– ***finalement*** ou ***en définitive*** servent à conclure.

COMMUNIQUEZ

5 Échange.

Avec votre voisin(e), répondez aux questions.

1 Quelles sont, à table, les règles que vos parents vous ont apprises ? Les avez-vous conservées ? **2** Avez-vous transmis ou transmettriez-vous les mêmes règles à vos enfants ? **3** Les repas étaient-ils ou sont-ils encore, dans votre famille, un moment privilégié ? **4** Observe-t-on dans votre pays une évolution des pratiques alimentaires ?

6 Quelques règles de politesse.

Un magazine francophone vous demande de rédiger un texte de 150 à 200 mots sur les règles à respecter lorsque l'on est invité à dîner chez des gens, dans votre pays.

CD-Rom ▸ ACTIVITÉS 35 et 36

Arrêt sur...

La Semaine du goût

http://www.legout.com

la Semaine du
Goût
Edition 2009
20 ans

La Semaine du goût fêtera ses 20 ans

Du 10 au 18 octobre 2009

Qu'est-ce que la Semaine du goût ?

Les valeurs de la Semaine du goût

- Développer l'éducation et l'apprentissage du consommateur, notamment du jeune consommateur.
- Proposer goût et saveurs pour le plus grand nombre de consommateurs sous toutes les formes de consommations alimentaires.
- Produire des aliments sûrs.
- Offrir une information transparente et pédagogique auprès du grand public sur l'origine des aliments concernés, leurs modes de production et leur qualité.
- Mettre en avant des comportements alimentaires dans le cadre d'un mode de vie équilibré.

L'histoire de la Semaine du goût

1990 Initiée par Jean-Luc Petitrenaud et la Collective du Sucre, la première Journée du goût a lieu le lundi 15 octobre 1990, place du Trocadéro à Paris. 350 chefs donnent leurs premières Leçons de goût aux élèves de CM1-CM2 des écoles parisiennes.

1992 La Journée du goût devient Semaine du goût. 1 200 chefs donnent leurs Leçons de goût à 30 000 élèves.

2002 Le cap des 5 000 Leçons de goût est dépassé.

2007 La Semaine du goût est devenue en 18 ans un événement national qui réunit les initiatives locales, régionales et nationales destinées au grand public autour du goût, du patrimoine culinaire et des métiers de bouche.

REPÉREZ

1 Le club du goût.

1 **Lisez le titre du document. Imaginez de quel type de manifestation il s'agit et quel est son objectif.**

2 **Lisez la partie du document consacrée à l'histoire de la Semaine du goût. Relevez :**
a la date de création de la Journée du goût. **b** le principe de départ de cet événement. **c** le public visé. **d** les évolutions qui ont eu lieu depuis sa création. **e** les éléments qui montrent le succès de cette initiative.

3 **Lisez la partie du document consacrée aux valeurs de la Semaine du goût. Associez chacune des valeurs à un des objectifs ci-dessous.**
a informer les consommateurs sur ce qu'ils mangent **b** apprendre à bien manger **c** offrir des produits alimentaires sains **d** encourager un mode d'alimentation équilibré **e** faire découvrir des goûts extrêmement divers

2 Saveurs fruitées.

1 **Lisez la recette de cuisine et associez les différentes parties aux titres des rubriques ci-dessous.**
Ingrédients / Minutage / Suggestion / Préparation

2 **Relevez les abréviations qui figurent dans la recette et indiquez ce qu'elles signifient.**

Gâteau au chocolat

Préparation : 20 min
Cuisson : 30 à 40 min

Pour 6 personnes :
- 125 g de farine
- 125 g de beurre
- 125 g de sucre
- 200 g de chocolat en tablette
- 4 œufs
- 1/2 sachet de levure

Préchauffez le four à 180°C (th. 6).
Séparer les blancs des jaunes d'œufs.
Faites fondre le chocolat dans une casserole avec un peu d'eau. Hors du feu, ajoutez le beurre, la farine et la levure.
Préparez une mousse avec les jaunes d'œufs, le sucre et un peu d'eau. Ajoutez-la à la préparation.
Battez les blancs en neige et incorporez-les dans la préparation tout doucement.
Versez le tout dans un moule beurré à bords hauts et mettez au four pendant environ 35 min.

Vous pouvez ajouter des éclats de chocolat ou du sucre glace pour décorer le dessus du gâteau.

RÉALISEZ

3 T'as pas une idée ?

Un(e) ami(e) organise un dîner et vous téléphone pour trouver une idée de dessert. Vous lui proposez la recette du gâteau au chocolat. Votre ami(e) vous pose des questions. Jouez la scène avec votre voisin(e).

4 La chronique des gastronomes.

Une radio francophone vous demande de présenter une chronique d'une minute autour de la Semaine du goût. À partir des informations que vous avez relevées et à la manière de la chronique radio p. 69, rédigez ce que vous souhaitez dire.

5 Radio France Internationale.

1 **Après avoir écrit votre chronique, il vous faut préparer votre passage à la radio. Répétez la lecture de votre texte en choisissant les phrases ou les mots sur lesquels vous souhaitez porter l'accent ou modifier l'intonation.**

2 **Le jour de la présentation de votre chronique à la radio est arrivé. Jouez la scène devant la classe.**

6 Saveurs d'ailleurs.

Avec votre voisin(e), vous avez gagné un concours qui vous offre la possibilité de participer à la Semaine du goût en France. Lors de cette semaine, vous collaborez à une rencontre intitulée *Saveurs d'ailleurs*, dont le principe consiste à présenter des recettes du monde entier. Rédigez une recette de votre pays.

Savoir-faire

1 Gourmandise.

Vous entendez une recette de cuisine à la radio. Vous prenez des notes pour préparer ce plat à vos amis samedi prochain.

Nom du plat :
Coût de la recette par personne :
Niveau de difficulté :
Temps de préparation :
Temps de cuisson :
Ingrédients :
Étapes de réalisation :

2 Courrier des lecteurs.

Vous travaillez pour *Astrapi*, un magazine destiné aux enfants de 7 à 11 ans, et vous êtes notamment chargé(e) de répondre au courrier des lecteurs. Lisez la lettre de Maxime et répondez-y.

Cher Astrapi,
Quand je serai grand, j'aimerais beaucoup devenir chef d'un très grand restaurant comme Alain Ducasse ou Paul Bocuse. Pourrais-tu me dire ce que je dois faire pour avoir la chance de réaliser un jour mon rêve ?
Merci beaucoup pour ton aide.
Maxime (9 ans)

3 Patrimoine ou Braderie de Lille ?

Avec un(e) ami(e), vous souhaitez aller passer un week-end en France en septembre mais votre ami(e) voudrait aller aux Journées du patrimoine et vous, vous préféreriez aller à la grande Braderie de Lille. Lisez les informations relatives à chaque événement, préparez vos arguments puis jouez la scène avec votre voisin(e).

Cette **26e édition des Journées européennes du patrimoine** vous permettra de découvrir plus de 15 000 sites publics ou privés (architecture civile ou religieuse, sites industriels ou agricoles, parcs et jardins, sites archéologiques, objets mobiliers, patrimoine littéraire, fluvial ou militaire), ouverts exceptionnellement ou proposant des animations particulières (visites guidées, démonstrations de savoir-faire, concerts, représentations théâtrales, circuits à thème).

Dates : 19 et 20 septembre

LA BRADERIE DE LILLE

5 et 6 septembre

L'événement européen de la rentrée de septembre

Chaque premier week-end de septembre, Lille se transforme en un immense vide-grenier : le plus grand marché aux puces d'Europe attire près de 2 millions de visiteurs de toutes nationalités pour deux jours et une nuit de folie !
La Braderie de Lille est certainement l'un des événements les plus connus en France et au-delà des frontières. Imaginez 10 000 « bradeux » exposant sur 100 km de trottoirs où, durant 33 heures non stop, tout s'achète et tout se vend ! Une foule venue du monde entier s'y presse pour dénicher la perle rare, faire sa récolte de bonnes affaires, mais aussi et surtout, pour se plonger dans une ambiance à l'image de la ville : conviviale et festive.

Évaluation 2

Compréhension de l'oral

Écoutez l'enregistrement puis répondez aux questions.

1 Quel est le thème de l'interview ?

2 Combien de personnes ont-elles été interrogées sur la question ?

a 2
b 3
c 4
d 5

3 Parmi les sentiments listés ci-dessous, quels sont ceux exprimés par les personnes interrogées ?

a la joie
b la sérénité
c la curiosité
d l'indifférence

4 Combien de personnes interrogées ont peur de cette période de la vie ? Comment ce sentiment est-il exprimé ? Relevez deux manières de l'exprimer.

5 Citez au moins trois choses qui font peur aux personnes interrogées.

6 Une des personnes interrogées attend cette période pour faire des choses nouvelles. Citez l'élément qui le confirme.

7 Une autre personne interrogée affirme que ce qui l'effraie c'est « la perspective de retourner au néant ». Expliquez cette idée avec vos propres mots.

8 Retrouvez la personne qui exprime un sentiment d'impuissance face à cette période de la vie. Comment le dit-elle ?

9 Quelles attitudes proposent les personnes interrogées face à cette période de la vie ? Citez-en deux.

10 La dernière personne interrogée compte rester très active : s'occuper de sa famille, faire du sport, voyager… Est-elle sûre de pouvoir le faire ? Justifiez votre réponse.

Compréhension des écrits

Lisez le document puis répondez aux questions.

Ne plus tenir la nature hors la ville

Les villes concentrent 48 millions de personnes. Aujourd'hui, quatre Français sur cinq habitent dans une ville. L'ancienne opposition ville-campagne disparaît progressivement au profit d'une nouvelle opposition entre « l'artificiel » et « le naturel ».

Vivre au contact de la nature

Dès la naissance du premier enfant, les jeunes ménages, les familles quittent les centres villes ou les banlieues fortement urbanisées pour des zones plus éloignées, vertes, calmes et aérées, afin d'occuper des logements plus spacieux et d'accéder à la maison individuelle dotée d'un jardin.

Insécurité, stress, pollution, prix du logement, anonymat sont les maux couramment évoqués par les anciens citadins qui manquent de verdure et qui décident de réaliser leur rêve et de vivre à la campagne. Trois motivations sont fréquemment évoquées par ces nouveaux migrants :

– la recherche d'une meilleure qualité de vie qu'ils ne trouvent plus en ville ;

– l'envie d'habiter une maison avec un jardin privatif, bien exposée, protégée des bruits extérieurs et des nuisances urbaines ;

– le souhait de vivre dans un village authentique bénéficiant de toutes les commodités, proche d'une ville rapidement accessible.

La nature antidote de l'artifice

Puisqu'ils ne peuvent pas disposer d'espaces verts en nombre suffisant, les citadins sont prêts à consacrer des budgets élevés, parcourir de longues distances, donner de leur temps pour se consacrer à la nature. Se « mettre au vert » est devenu un phénomène de société. D'où l'intérêt d'augmenter fortement la présence de nature en ville, – les arbres, les fleurs, les plans d'eau –, si l'on veut freiner les migrations.

La nature : une valeur sûre

Même si la prise de conscience est tardive, de plus en plus de responsables sont convaincus qu'un cadre de vie peu attrayant et un environnement dégradé sont des handicaps lourds pour le développement durable d'une ville. Le dernier recensement parle de lui-même : les villes vertes sont plébiscitées des Français et regagnent des habitants.

D'après un article paru dans la revue *Techni-Cités*, Emmanuel Boutefeu, 11/12/07.

Évaluation 2

1 **Citez le nombre total de personnes qui, en France, habitent en ville.**

2 **Que signifie la phrase « L'ancienne opposition ville-campagne disparaît progressivement au profit d'une nouvelle opposition entre "l'artificiel" et "le naturel" » ?**

a Il n'existe plus d'opposition entre la ville et la campagne.
b L'opposition « ville-campagne » est remplacée par l'opposition « artificiel-naturel ».
c Il faut faire entrer la campagne en ville.

3 **Les anciens citadins qui partent à la campagne :**

a recherchent une qualité de vie équivalente à celle qu'ils avaient en ville.
b pensent qu'à la campagne ils auront une meilleure qualité de vie.
c partent à la campagne pour éviter la monotonie.

4 **Les gens qui partent à la campagne recherchent en général :**

a un appartement.
b une résidence.
c une maison indépendante avec terrain.

5 **Ils ont envie de vivre :**

a dans une ville proche de la campagne.
b dans un village bien équipé pas très loin de la ville.
c en pleine campagne.

6 **Que doit-on faire pour empêcher les citadins de quitter les villes ?**

7 **Dites si les affirmations suivantes sont vraies ou fausses et citez les passages du texte qui justifient vos réponses.**

a Dès que les familles commencent à avoir des enfants, elles veulent quitter la ville.
b Les anciens citadins qui partent à la campagne n'avaient pas de problèmes particuliers en ville.
c De nombreux responsables pensent que le cadre de vie n'a rien à voir avec le développement durable d'une ville.
d Les Français sont d'accord pour retourner vivre en ville si des efforts sont faits pour que la nature soit présente dans l'espace urbain.

Production écrite

L'association Fête de la nature propose le concours « Recréer de la nature en ville ». Vous avez décidé de participer pour partager vos idées sur la question. Rédigez vos propositions sous la forme d'un projet argumenté (environ 250 mots).

Évaluation 2

Production orale

Identifiez le phénomène de société traité dans le document ci-dessous et présentez votre point de vue sur le sujet.

De nombreux facteurs montrent que manger local n'est pas une mode légère, mais qu'il s'agit bien d'une tendance de fond. Les débats se succèdent sur le sujet et la presse s'en est emparé. Le terme de « locavore » a fait son entrée dans la version 2008 du *New Oxford American Dictionary*. Le restaurant du siège de Google aux États-Unis a été baptisé Café 150 car tout ce qui est servi est produit dans un rayon de moins de 150 miles et on ne peut pas dire que Google soit dirigé par les illuminés écolos fanatiques. Enfin la grande distribution affiche désormais les émissions carbone de certains produits (étiquetage bientôt généralisé en France mais qui existe depuis déjà quelques années en Angleterre).

Source : *Le guide de l'écofood.*

UNITÉ 7

Métro, boulot... repos

Vous allez apprendre à...

- exprimer une opinion ou un sentiment
- parler de votre vie professionnelle
- exprimer des rapports temporels entre deux actions
- demander des renseignements

Pour

- donner votre point de vue sur un sujet de société
- apporter un témoignage sur votre situation professionnelle
- indiquer la marche à suivre pour réussir un entretien d'embauche
- rédiger une lettre pour obtenir des informations

Un monde idéal…

LA FAMILLE DU TRAVAIL

JE VOUS SOUHAITE LA BIENVENUE CHEZ NOUS ET JE SUIS SÛR QUE VOUS ALLEZ VOUS Y PLAIRE…

VOUS SAVEZ, NOTRE MAISON EST UNE GRANDE FAMILLE EN FAIT ET J'AI TOUT FAIT POUR CRÉER UN VRAI SENTIMENT DE COMMUNION ENTRE TOUS.

ON SE PARLE, ON SE DIT TOUT. AUCUNE CACHOTTERIE N'EST PERMISE…

DES CAMÉRAS SONT ADAPTÉES SUR CHAQUE ORDINATEUR ET NOUS POUVONS TOUS NOUS VOIR À TOUT MOMENT.

POUR LES VACANCES, NOUS FAISONS DES STAGES DE SAUT À L'ÉLASTIQUE OU DE PARACHUTISME AFIN DE RESSERRER LES LIENS ENTRE TOUS.

CELA SUIVI DE STAGE DE SOCIABILITÉ ET DE REMISE EN FORME…

ET PUIS ON PART CHAQUE WEEK-END ENSEMBLE.

ON FAIT UNE FÊTE POUR NOËL ET POUR PÂQUES.

AINSI QUE LES JOURS FÉRIÉS.

ET À LA TOUSSAINT NOUS ALLONS TOUS ENSEMBLE AU CIMETIÈRE VOIR LES CADRES ET LES EMPLOYÉS QUI SE SONT SUICIDÉS.

EH ! C'ÉTAIT UNE BLAGUE…

ON N'A JAMAIS FAIT DE PARACHUTISME…

LEWIS TRONDHEIM

LES AVENTURES DE L'UNIVERS ET LES FORMIDABLES AVENTURES DE LAPINOT DE LEWIS TRONDHEIM SONT PUBLIÉES DANS LA COLLECTION *POISSON PILOTE*

DÉCOUVREZ

1 Bienvenue dans l'entreprise.

1 **Écrivez cinq mots que le mot *travail* vous évoque puis comparez avec votre voisin(e).**

2 **Regardez et décrivez la 1re image de la bande dessinée. Identifiez la situation et dites quels commentaires vous inspire cette image.**

3 **Lisez la bande dessinée. Puis décrivez cette entreprise.**

a Indiquez quelle est la place accordée à l'individu et à la vie privée dans l'entreprise. Justifiez vos réponses.

b Relevez les actions mises en place pour « créer un sentiment de communion » et « resserrer les liens » entre salariés. Dites ce que vous pensez de ces actions.

4 **Décrivez les deux dernières images. Indiquez :**
a ce que l'on prend d'abord pour une blague. **b** sur quoi porte la blague en réalité.

5 **Indiquez quel adjectif caractérise le mieux, selon vous, la vision que le dessinateur donne de cette entreprise :** effrayante / amusante / réaliste / ridicule / idéale / caricaturale

2 Pour ou contre.

1 **Écoutez l'enregistrement ▸23 et relevez le sujet commun aux deux témoignages.**
a l'augmentation des bas salaires **b** les emplois temporaires **c** le non-respect du droit du travail

2 **Écoutez à nouveau l'enregistrement. Relevez les avantages et les inconvénients de la situation vécue par chacune des deux personnes.**

3 **Lisez les opinions suivantes et retrouvez, de mémoire, à quelles personnes elles correspondent.**
a Je trouve que cette situation a beaucoup d'avantages.
b J'ai l'impression d'être en dehors du système et que mes droits ne sont pas respectés. **c** Je ne crois pas que j'aie envie de rester dans cette situation toute ma vie.
d Je pense que ça empêche de se projeter dans l'avenir.

4 **a Observez les quatre opinions ci-dessus et relevez celle(s) qui exprime(nt) :**
1 un avis assez ferme. **2** un doute.

b Repérez les moyens lexicaux et grammaticaux utilisés pour formuler ces opinions et identifiez leur construction.

ENTRAÎNEZ-VOUS

3 Baisse des salaires.

Lisez le message suivant adressé à l'ensemble du personnel de la société Legras. Puis complétez les réactions de trois salariés de l'entreprise avec des formules d'expression de l'opinion. (Plusieurs réponses sont parfois possibles.)

En cette période de crise, la Direction propose à ses salariés une diminution de 10 % de tous les salaires afin d'éviter des licenciements.

1 Ça ne résoudra rien ! … , c'est seulement une façon de retarder un plan de licenciement. … ce soit une bonne idée ! **2** Moi, … c'est la seule manière de préserver les emplois mais … beaucoup de collègues ne voudront pas jouer la carte de la solidarité. **3** Et la Direction, elle a pensé à ceux qui ont un crédit immobilier à rembourser ? … être complètement manipulé !

4 Rumeur.

Des bruits courent dans les couloirs de l'entreprise : on dit que la Direction va accorder une prime exceptionnelle à tous les salariés. Imaginez les réactions de quelques salariés.

1 Je pense que… **2** J'ai l'impression de… **3** Je ne crois pas que… **4** Je trouve que… **5** J'ai l'impression que…

GRAMMAIRE

L'expression de l'opinion

Il existe différents moyens lexicaux et grammaticaux pour exprimer un point de vue.

- selon moi, à mon avis

*C'est une situation difficile à vivre, **selon moi.***

- *avoir l'impression de* + infinitif, *avoir l'impression que* + indicatif

*Elle **a l'impression de** ne pas **pouvoir** construire de projets.*
*J'**ai l'impression qu'**il **y a** de plus en plus de CDD.*

- *penser / trouver / croire que* + indicatif

***Je pense que** vous **avez** tout à fait raison.*

! Lorsque le point de vue est moins ferme et que l'on exprime un doute, on utilise le mode subjonctif :
***Je ne crois pas que** cela **puisse** durer des années.*

COMMUNIQUEZ

5 Réagir.

Avec votre voisin(e), donnez votre point de vue sur les affirmations suivantes.

1 La vie professionnelle passe avant la vie privée. **2** Il vaut mieux changer régulièrement d'emploi plutôt que de passer toute sa vie dans la même entreprise. **3** Il faut inciter les gens à travailler plus pour gagner plus.

6 Blog.

Un quotidien national invite ses lecteurs à participer au blog qu'il a créé sur Internet. Suite à la lecture d'un article consacré aux emplois précaires, vous apportez votre témoignage et exprimez vos sentiments sur votre situation personnelle. (150 à 200 mots)

PRONONCEZ 

1 **Écoutez et répétez, puis dites s'il s'agit de déception, d'indifférence ou de colère.**

2 **Écoutez et notez ces informations chiffrées puis identifiez les paires et répétez-les.**

CD-Rom ▸ ACTIVITÉS 37 et 38

Travailler autrement

http://www.teletravailler.com/japon-baisse-d-impot-pour-le-teletravail-200807041931.html

Télé Travailler

Au Japon : baisse d'impôt pour les entreprises qui télétravaillent

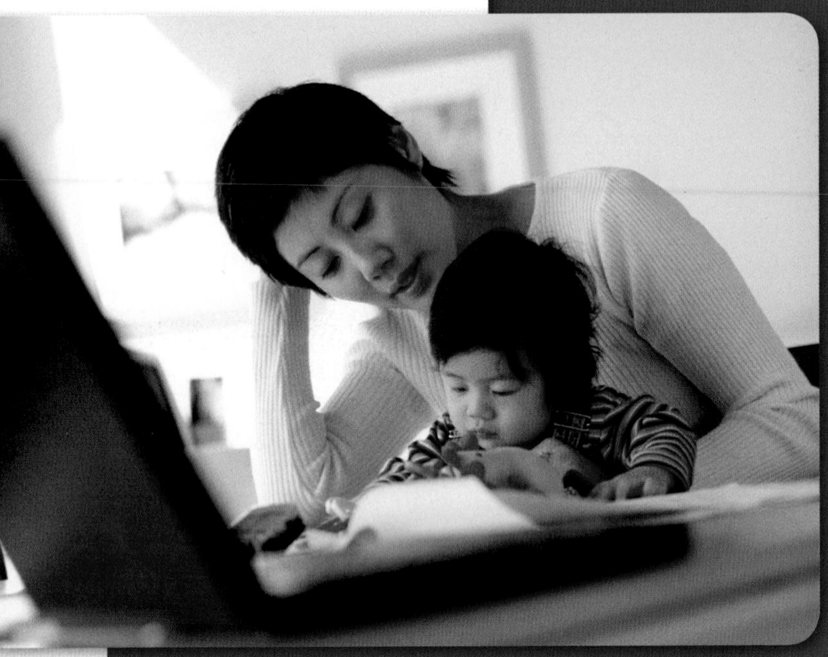

En permettant au télétravailleur de mieux équilibrer vie de famille et vie professionnelle, tout en évitant les trajets quotidiens domicile-travail, le gouvernement voit là une solution au manque d'infrastructures d'accueil pour les jeunes enfants et les personnes âgées. De plus, le trafic routier et les trains bondés, véritables problèmes de société au Japon, y trouveraient également un début de solution.

De grands groupes se sont déjà lancés à l'image du géant nippon Matsushita Electronic Industrial, qui proposera à 30 000 de ses 76 000 salariés japonais (principalement des cadres) de travailler un ou deux jours par semaine depuis leur domicile.

Vos réactions

Cécile C., Dijon

Depuis la naissance de mon troisième enfant l'année dernière, il fallait absolument que je concilie mon travail de traductrice et ma vie familiale. J'avais peur que mes enfants soient frustrés. J'ai donc demandé à mon employeur de travailler quelques jours par semaine à la maison. Et, à présent, je suis la plus heureuse des femmes.

Ahmed B., Bayonne

Depuis un certain temps, je souhaitais changer de rythme de vie et ne plus passer des heures dans les transports. Et, dernièrement, ma boîte m'a proposé de travailler moitié au bureau moitié à la maison. J'ai bien sûr sauté sur l'occasion. Mais voilà, aujourd'hui je ne suis pas sûr que ce choix soit le bon : en effet, mon employeur exige que je fournisse plus de travail qu'avant et je suis de plus en plus stressé.

DÉCOUVREZ

1 Télétravail.

1 **Observez la photo ci-dessus et imaginez ce qu'est le télétravail.**

2 **Avec votre voisin(e), imaginez quels sont les avantages et les inconvénients du travail à domicile pour les salariés.**

3 **Lisez la première partie de la page Internet et comparez les avantages évoqués avec ceux que vous avez imaginés dans l'activité 1.2.**

4 **Lisez à nouveau la première partie de la page Internet. Relevez :**

a le pays dont il est question. **b** le moyen utilisé par le gouvernement pour inciter les entreprises à développer le télétravail. **c** la catégorie de salariés majoritairement concernée par ce type de travail. **d** la répartition des jours de travail entre domicile et entreprise.

5 Écoutez la 1e partie de l'enregistrement ▸24. Relevez :

a les lieux où il est aujourd'hui possible de travailler.
b le moyen de communication indispensable pour cela.
c ce que cela change pour les interlocuteurs.

6 Écoutez la 2e partie de l'enregistrement ▸25 et indiquez quel énoncé la résume.

a On a longtemps pensé que les Français n'allaient plus se déplacer au bureau pour travailler. En fait, ils y vont toujours et préfèrent séparer complètement leur vie privée de leur vie professionnelle.

b Contrairement aux prévisions, les gens ne travaillent pas uniquement à leur domicile. En revanche, les limites entre la vie privée et la vie professionnelle se sont modifiées.

2 Témoignages.

1 Lisez les témoignages de Cécile et Ahmed. Repérez pour chacun d'eux :

a les raisons qui ont motivé leur choix du travail à domicile. b l'impact de ce changement sur leur vie.

2 Lisez à nouveau les témoignages. Relevez les énoncés qui expriment :

a un désir. b une crainte. c un doute. d une nécessité.

3 Observez les modes et les temps utilisés pour exprimer ces sentiments. Justifiez leur usage.

ENTRAÎNEZ-VOUS

3 Entre nous.

Mettez les verbes aux temps et aux modes qui conviennent.

– Alors, tu es content de ton nouveau job, il te plaît ?
– Ben, je ne suis pas sûr que ce type de travail me (convenir).
– Mais si, tu vas voir, je suis sûre que ça te (plaire) !
– Oui, mais il va falloir que nous (s'organiser) différemment au quotidien.
– En tout cas, je suis persuadée qu'on (être) moins stressés loin de Paris.
– Hum, hum. Mais j'ai peur que nous (perdre) le contact avec nos amis.
– Oh ! là, là ! Quel pessimiste ! Il suffira juste qu'on les (voir) le week-end. Ça peut les intéresser, un week-end à la campagne, non ?

4 Messages.

À partir des notes ci-dessous, faites des phrases, comme dans l'exemple, en exprimant un doute, une obligation ou un souhait.

→ ***Exemple :*** *Il faudrait que tu achètes du pain.*

Acheter du pain.
Appeler M. Leduc avant 17 heures.
STP, peux-tu ranger la maison ? Mon chef vient dîner.
Le plombier passera demain... mais pas sûr.

GRAMMAIRE

Les valeurs du subjonctif

On utilise le mode subjonctif quand on exprime :

• une obligation, une nécessité
*Il faut absolument que nous **choisissions** un autre mode de travail.*

• un souhait, un désir
*Il aimerait bien que vous **fassiez** tout ça chez vous ce week-end.*

• un doute
*Je ne pense pas qu'il **puisse** travailler de cette façon.*

• une crainte
*Elle a peur que ce **soit** difficile à gérer.*

! Au subjonctif, les deux sujets de la phrase doivent être différents :
***Je** ne pense pas pouvoir venir.*
***Je** ne pense pas qu'**il** vienne.*

COMMUNIQUEZ

5 Hésitations.

Vous êtes salarié(e) dans une entreprise et vous souhaiteriez changer de rythme de travail. Vous n'êtes pas convaincu(e) par les avantages du télétravail. Vous téléphonez à un(e) ami(e) qui travaille ainsi depuis quelques mois. Jouez la scène avec votre voisin(e).

CD-Rom ▸ ACTIVITÉS 39 et 40

Pause

Et si vous décidiez de faire une pause ?

Vous souhaitez prendre un congé sabbatique ?
Après avoir mûrement réfléchi, vous avez décidé de prendre un congé sabbatique pour réaliser un projet qui vous tient à cœur depuis de nombreuses années. Renseignez-vous d'abord sur les différentes conditions.

1. Il vous permet de stopper provisoirement votre activité professionnelle régulière pour réaliser un projet personnel (par exemple, un tour du monde, la construction de votre maison, etc.). Contrairement à la démission, il vous permet de retrouver votre emploi après votre congé.

2. Vous pouvez prendre un congé pendant 6 mois minimum et 11 mois maximum.

3. Avant de faire votre demande à votre employeur, vérifiez que :
- vous avez une ancienneté dans l'entreprise de 36 mois minimum lors de votre départ en congé ;
- vous n'avez pas pris dans l'entreprise de congé sabbatique ou de congé individuel de formation de 6 mois au moins, au cours des 6 dernières années.

4. Vous devez informer votre employeur par lettre recommandée avec avis de réception au moins trois mois avant le début du congé. Cette lettre doit mentionner la date de départ et la durée du congé. L'employeur doit vous répondre dans les 30 jours suivants la demande. Si l'employeur ne répond pas dans ce délai, vous pouvez considérer que votre congé est accepté.

5. Non, sauf si votre convention collective prévoit le maintien de votre salaire pendant que vous êtes en congé.

DÉCOUVREZ

1 Les accros du boulot…

1 Écoutez l'enregistrement ▸26 et relevez le thème du reportage.
a les métiers du tourisme **b** les sites consacrés au voyage **c** les congés **d** les nouvelles technologies

2 Écoutez à nouveau le reportage. Repérez le nombre de personnes interviewées et pourquoi chacune de ces personnes est interrogée.

3 Écoutez à nouveau le reportage. Indiquez :
a la raison pour laquelle les trois premières personnes continuent à travailler pendant leurs vacances. **b** comment la dernière personne interviewée justifie ce type d'attitude.

2 … et les autres.

1 Lisez le début du document ci-dessus et indiquez :
a de quel type de document il s'agit. **b** à qui il s'adresse. **c** le but de ce document.

2 Lisez le document et associez les questions suivantes aux réponses correspondantes dans le document.
a Quelle peut être la durée de votre congé sabbatique ? **b** Continuez-vous à être rémunéré(e) pendant votre congé sabbatique ? **c** Quelles conditions devez-vous remplir ? **d** En quoi consiste le congé sabbatique ? **e** Comment effectuer votre demande ?

3 Lisez à nouveau ce document et dites si les affirmations suivantes sont vraies, fausses ou si on ne sait pas.
a Une demande de congé sabbatique se fait lors d'un entretien avec son employeur. **b** Vous devez expliquer à votre employeur quelles sont vos motivations. **c** Tous les salariés de l'entreprise peuvent bénéficier d'un congé sabbatique. **d** La durée de ce congé est limitée. **e** Après avoir terminé votre congé sabbatique, vous n'êtes pas sûr(e) de retrouver votre travail.

4 Repérez les énoncés qui permettent de répondre aux questions suivantes :
a Quelle est la différence entre une démission et un congé sabbatique ? (Anne, Bordeaux) **b** Est-ce que je continue à recevoir mon salaire pendant mon absence ? (Thomas, Reims) **c** Combien de temps avant dois-je informer mon employeur ? (Estelle, Nice) **d** J'ai déjà pris un congé individuel de formation, il y a deux ans. Puis-je demander un congé sabbatique à mon employeur ? (Antoine, Lyon)

5 Observez les énoncés relevés dans l'activité 2.4.
a Identifiez les constructions qui expriment : l'antériorité / la simultanéité / la postériorité.

b Lisez à nouveau le document et relevez d'autres constructions de ce type.

ENTRAÎNEZ-VOUS

3 Congé sabbatique.

Patricia M. est partie avec l'association Voyagez autrement. À son retour, un journaliste l'interroge sur son expérience. Complétez le dialogue avec des propositions temporelles. (Plusieurs réponses sont parfois possibles.)

– Vous êtes partie plusieurs mois en Afrique pendant votre congé sabbatique. Pouvez-vous nous raconter ?

– Oui, … partir, j'ai dû adhérer à l'association et faire quelques vaccins. Ils se sont occupés du reste.

– Et ensuite, que s'est-il passé ?

– … je suis arrivée au Botswana, ils m'ont assistée. Et je dois dire qu'ils ont vraiment été présents … je reparte.

– Est-ce que, … vous étiez là-bas, vous avez, à un moment ou à un autre, regretté d'être partie ?

– Jamais ! … avoir partagé une telle expérience, ce n'est pas possible.

– … vous avez fait cette expérience, est-ce que votre vie a changé ?

– Je crois que oui. On ne peut pas être aussi indifférent aux autres … avoir constaté à quel point nous sommes privilégiés ici !

– Pour conclure, que pourriez-vous dire ?

– … partir, ma vie était triste, maintenant, elle a changé. En mieux !

GRAMMAIRE

Les propositions temporelles

• Pour exprimer **l'antériorité** de l'action principale sur une autre action, on utilise *avant de* + infinitif ou *avant* + nom :
Nous en avons beaucoup parlé ***avant de prendre*** *une décision.*

• Pour exprimer **la simultanéité** entre deux actions, on utilise *pendant que* / *quand* + indicatif ou *pendant* / *au cours de* + nom :
Pendant que *vous* ***serez*** *là-bas, débranchez vos portables !*
Je n'ai pas eu de congés ***au cours des deux dernières années****.*

• Pour exprimer **la postériorité** de l'action principale sur une autre action, on utilise *après* + infinitif passé ou *après* + nom :
Après avoir passé *un an sans travailler, la reprise a été difficile.*

• Pour indiquer **l'origine ou la limite** d'une action dans le temps, on utilise :

– *depuis que* + indicatif ou *depuis* + nom
Elle a réalisé un projet qui lui tenait à cœur ***depuis de*** *nombreuses* ***années****.*

– *jusqu'à ce que* + subjonctif
Je le remplacerai ***jusqu'à ce qu'il revienne*** *de son congé sabbatique.*

COMMUNIQUEZ

4 Échange.

Avec votre voisin(e), répondez aux questions suivantes.

1 Dans votre pays, quelle est la durée des congés payés ? **2** Continuer à travailler pendant les vacances vous semble-t-il normal ? **3** Si vous aviez plus de temps libre, que feriez-vous ? **4** Si vous pouviez bénéficier d'une année sabbatique, à quoi emploieriez-vous ce temps ?

5 Conseils d'ami.

Un(e) de vos ami(e)s doit passer un entretien d'embauche et vous demande des conseils. Vous lui envoyez un e-mail pour lui suggérer ce qu'il/elle doit faire avant, pendant et après l'entretien.

CD-Rom ► ACTIVITÉS 41 et 42

LEÇON 28

Arrêt sur...

Le Futuroscope

futuroscope
Faites-vous plaisir !
futuroscope, un monde d'expériences
c.e., collectivités, associations 2009

Comités d'entreprises, organisez votre visite en groupes

Jour 1

- L'entrée au Futuroscope à partir de 10 h.
- L'accompagnement par un guide (sur demande à la réservation) de l'arrivée du groupe et jusqu'à 18 h.
- Le déjeuner dans un restaurant du parc.
- Le dîner servi à l'hôtel ou dans le parc (selon disponibilités).
- La nuit à l'hôtel.

Jour 2

- Le petit déjeuner à l'hôtel.
- La visite libre du Futuroscope à partir de 10 h.
- Le déjeuner dans un restaurant du Parc.

Options de visites 20 personnes et plus

Atelier « Les secrets de l'image »
Module 1 : Présentation des techniques de projection (1h30)
Tarif : 5 € par personne
Module 2 : Visite de la régie de l'une de nos attractions (20 min)
Tarif : 6 € par personne

Pour organiser votre séjour et vos circuits dans la Vienne,
contactez Vienne Loisirs au 05 49 37 48 58.
Vienne Loisirs - 33 place Charles de Gaulle - BP 287
86007 POITIERS CEDEX
Fax : 05 49 37 48 58 - e-mail : vienne-loisirs@tourisme-vienne.com
Site : tourisme-vienne.com

REPÉREZ

1 Correspondance.

1 Lisez la lettre et identifiez les différentes parties du courrier :

a la formule d'appel (à qui on s'adresse). **b** le corps de la lettre (le développement). **c** le nom et les coordonnées de l'expéditeur. **d** la signature de l'expéditeur et son titre. **e** le nom et les coordonnées du destinataire. **f** la formule de politesse. **g** le motif de la lettre. **h** le lieu et la date d'expédition de la lettre.

2 Relevez dans la lettre :

a le document qui a motivé ce courrier. **b** le rôle d'Edwige Journaux. **c** le type d'activités souhaitées par les participants.

2 Informations.

Lisez le dépliant touristique et répondez aux questions suivantes.

1 Qu'est-ce que le Futuroscope ? **2** À qui s'adresse ce dépliant ? **3** Dans quel hôtel les bénéficiaires du voyage pourront-ils séjourner ? Pourquoi ?

3 Formule tout compris ?

Lisez à nouveau le dépliant et indiquez ce qui est inclus dans la formule de deux jours destinée aux groupes :

1 le transfert de la gare à l'hôtel. **2** les billets d'entrée au parc d'attractions. **3** un apéritif de bienvenue. **4** une nuit d'hôtel. **5** deux nuits d'hôtel. **6** une visite guidée du parc. **7** un petit déjeuner, un déjeuner et un dîner. **8** un petit déjeuner, deux déjeuners et un dîner. **9** la participation à l'atelier « Les secrets de l'image ».

GroupeLEASanté
Comité d'Entreprise
3 rue Jean Jaurès – 45000 Orléans
Tél. : 02 38 87 54 65

Futuroscope Destination
Vienne Loisirs
33 place Charles de Gaulle - BP 287
86007 POITIERS CEDEX

Orléans, le 23 octobre 20…

Objet : demande d'informations

Madame, Monsieur,

Grâce à un article paru le 2 octobre dernier sur le site comite-dentreprise.com, j'ai pu découvrir l'intérêt touristique de votre parc d'attractions. Responsable du Comité d'Entreprise de mon entreprise, je suis chargée d'organiser un week-end de deux jours pour une partie de notre personnel. Je m'adresse donc à vous pour obtenir des informations supplémentaires.

Le groupe qui va pouvoir bénéficier de cette opportunité est composé d'une vingtaine de personnes (dont un handicapé). Il s'agit pour ces collègues de pouvoir se détendre dans un cadre agréable. Notre groupe souhaite bénéficier d'une visite guidée du parc. De plus, certains aimeraient également pouvoir participer à des ateliers sur le thème de l'image. Pensez-vous que cela soit possible ? Pourriez-vous nous proposer quelques activités culturelles autour du Futuroscope ?

Nous avons aussi besoin d'un hébergement à l'hôtel pour une nuit. Notre budget est de 140 € par personne pour les deux jours. Existe-t-il dans votre parc d'attractions des hôtels qui peuvent recevoir une vingtaine de personnes (les membres de notre groupe souhaitent rester ensemble) ? Un hôtel avec des possibilités de détente serait le bienvenu. Pourriez-vous m'envoyer un dépliant ainsi qu'une lettre précisant les points ci-dessus ?

Dans l'attente de votre réponse, je vous prie, Madame, Monsieur, d'agréer mes salutations distinguées.

La secrétaire du Comité d'Entreprise,
Edwige Journaux

À partir de 135 €, Séjour tout compris.

Comfort Hôtel Altéora**
Ouvert 24h/24. 200 chambres insonorisées et climatisées avec salle de bains et toilettes. Pour votre séjour, TV écran plat avec radio et TNT, salle de fitness, salle de jeux, piscine chauffée. Hôtel labellisé tourisme et handicap.

Hôtel Mercure Futuroscope Aquatis***
Un accueil chaleureux dans un cadre confortable. Restaurant *La Rôtisserie* dans un décor méridional. 140 chambres insonorisées et climatisées avec bain et toilettes.

RÉALISEZ

4 Précisions.

Vous êtes employé(e) au Service Groupes du Futuroscope. Mme Journaux a laissé un message à l'un(e) de vos collègues pour confirmer son intention de venir au Futuroscope. Vous lui écrivez une lettre afin de lui demander les informations suivantes :

- le nom et le prénom des participants ;
- les dates du séjour ;
- le type de chambres requis (simple ou double) ;
- le nombre d'inscrits à l'atelier « Les secrets de l'image ».

Vous lui donnez également les coordonnées de Vienne Loisirs car elle souhaite connaître les activités culturelles possibles autour du Futuroscope.

5 L'heure du bilan.

Après le séjour au Futuroscope, le Comité d'Entreprise organise une réunion pour que chacun puisse donner son avis. Choisissez un rôle ci-dessous. Donnez votre opinion et proposez des améliorations pour le prochain séjour. Réagissez aux propos de vos collègues.

A **Edwige Journaux,** 35 ans, secrétaire du CE. Elle est satisfaite du week-end et pense qu'il est plus facile de critiquer que d'organiser quelque chose.

B **Théophile Marceau,** 56 ans. Il a gardé un souvenir inoubliable de ce week-end.

C **Mireille Moisain,** 48 ans, trésorière. Elle trouve que le séjour a coûté trop cher cette année et n'a pas aimé le parc d'attractions.

D **Félix Gardeau,** 28 ans. Il est très critique sur l'organisation du voyage en général.

Savoir-faire

1 Notre objectif : répondre à vos besoins.

Vous travaillez dans une société d'événementiel. Votre mission consiste à relever dans les journaux et sur Internet les appels à propositions qui peuvent concerner votre entreprise. Dans le journal de ce matin, vous lisez cette annonce.

Le Comité d'entreprise de la société GELCOM lance un appel à propositions pour l'organisation de sa fête de fin d'année destinée aux enfants de son personnel. La proposition commerciale doit inclure un arbre de noël, des cadeaux et des animations (200 personnes environ dont 120 enfants).
À adresser à : ce.noel@gelcom.fr
sous 10 jours.
Référence SN2009.

Vous pensez qu'elle correspond bien à ce que propose votre entreprise mais que vous avez besoin d'informations complémentaires pour y répondre. Rédigez un e-mail de demande de précisions (cadeaux, animations, publics…).

3 Travailler gratuitement ?

Lors d'une promenade en ville avec un(e) ami(e), votre attention est attirée par cette affiche.

De nombreuses personnes donnent de l'argent aux associations humanitaires.

Mais n'y a-t-il pas un moyen plus direct, plus chaleureux de soulager les petites et grandes souffrances de nos « frères humains » ?

Les enfants à l'hôpital, les personnes âgées délaissées par leurs enfants trop occupés, les détenus dont on sait que la vie en prison est si difficile, les ados en échec scolaire, les chômeurs…

Alors, rejoignez-nous !
www.francebenevolat.org

A Vous trouvez là une occasion de vous investir dans le bénévolat et vous justifiez votre choix.

B Vous pensez que les temps de repos ne sont pas assez nombreux pour les consacrer à un travail supplémentaire, même si c'est pour « la bonne cause ».

Choisissez un rôle, préparez vos arguments et jouez la scène avec votre voisin(e).

2 Entretien d'embauche, mode d'emploi.

Vous participez à la mise en place du nouveau site du Pôle Emploi. Votre rôle consiste à répondre aux questions les plus fréquentes. Lisez les questions répertoriées et repérez dans le document ci-dessous les informations qui vont vous aider à répondre à ces questions.

AVANT L'ENTRETIEN D'EMBAUCHE
- Comment puis-je me préparer ?

PENDANT L'ENTRETIEN
- Quelle attitude faut-il avoir ?
- Sur quoi dois-je insister ?
- Puis-je parler de mon salaire ?

Étape 1 Pour préparer votre entretien d'embauche, vous pouvez faire des **simulations d'entretien** dans certaines structures (Pôle Emploi, Cité des métiers…). Dans tous les cas, sachez que vous devez être décontracté(e). **Sourire, poignée de main ferme et politesse sont les clés de la présentation.**

Étape 2 Lors de l'entretien d'embauche, vous devez faire passer votre motivation, votre connaissance de l'entreprise et votre professionnalisme. **Soyez naturel.** Appuyez votre propos d'exemples de vos réalisations et de vos réussites antérieures.

Étape 3 Avant l'entretien, analysez les questions qui peuvent vous poser un problème. Habituez-vous à y répondre. **Renseignez-vous sur les salaires pratiqués dans le secteur.** Attendez que le recruteur parle salaire en premier. S'il vous demande vos prétentions salariales, donnez-lui une fourchette et non un chiffre précis.

UNITÉ 8

Question d'argent

Vous allez apprendre à...

- présenter les avantages d'un produit
- décrire des pratiques culturelles
- mettre une information en relief
- argumenter

Pour

- répondre à une enquête
- convaincre une personne de changer d'habitude
- participer à un débat
- rédiger une lettre commerciale

Cyberacheteurs

DÉCOUVREZ

1 Enquête.

1 Observez ces logos et indiquez de quoi il s'agit.

zoneachat
Meilleures boutiques en ligne

2 Avec votre voisin(e) :

a Faites la liste des avantages et des inconvénients des achats :

1 dans les magasins. **2** sur Internet.

b Comparez vos réponses avec les propositions formulées dans la question 3 de l'enquête ci-contre.

c Lisez les trois questions de l'enquête et répondez-y.

3 Écoutez le début du document 1 ▸27 et relevez :

a le sujet de la chronique radio. **b** la source d'information à l'origine de cette chronique.

4 Écoutez l'enregistrement en entier et notez :

a le nombre de Français qui ont déjà effectué des achats sur Internet. **b** l'évolution du profil des acheteurs en ligne. **c** le taux de satisfaction de ces acheteurs. **d** les raisons pour lesquelles ceux-ci apprécient les achats sur Internet. **e** le type de commerce qui se développe sur Internet.

❶ Achetez-vous sur Internet ?

○ Très souvent (au moins une fois par mois)
○ Souvent (plusieurs fois par an)
○ Rarement (une ou deux fois par an)
○ Jamais

❷ Quel(s) produit(s) ou service(s) avez-vous déjà achetés sur Internet ? Quels sont ceux que vous préférez acheter en magasin ?

	Oui, j'ai déjà acheté ce produit sur Internet	Non, je préfère les acheter en magasin
CD, DVD, livres, jeux vidéo		
Informatique, hi-fi, télés, vidéo		
Électroménager		
Alimentation		
Voyages		
Vêtements		
Voitures		
Immobilier		

❸ Quels sont selon vous les avantages de l'achat en ligne ?

○ C'est moins cher.
○ Cela permet de gagner du temps.
○ C'est facile de trouver des informations.
○ On peut comparer les produits.
○ On peut avoir l'avis d'autres internautes sur les produits ou les services.
○ On peut faire ses achats 24h/24.

2 L'avis des consommateurs.

1 Écoutez le document 2 ▸28. Relevez, dans l'enquête, la question à laquelle répondent les personnes interrogées.

2 Écoutez à nouveau l'enregistrement.

a Indiquez, parmi les réponses proposées dans l'enquête, celles qui sont évoquées par les personnes interrogées. **b** Relevez les inconvénients que l'on peut rencontrer sur Internet.

3 a Associez les énoncés suivants à chacune des personnes interrogées.

1 J'ai lu plusieurs fiches techniques <u>grâce auxquelles</u> j'ai trouvé le produit qu'il me fallait. **2** Il existe de nombreux sites <u>sur lesquels</u> il est possible de comparer les prix. **3** Vu l'heure <u>à laquelle</u> je termine, c'est vraiment pratique pour faire mes achats. **4** Le site <u>par lequel</u> je suis passé pour acheter mon écran de télé m'a permis de faire une grosse économie.

b Observez les pronoms relatifs soulignés dans les énoncés ci-dessus et expliquez leur formation et leur usage.

ENTRAÎNEZ-VOUS

3 Paroles d'internautes.

Transformez pour obtenir une seule phrase.

Exemple : *Je viens de découvrir un site. On peut essayer virtuellement des vêtements sur ce site.* → *Je viens de découvrir un site sur lequel on peut essayer virtuellement des vêtements.*

1 C'est une agence de voyages en ligne. Je commande tous mes billets d'avion auprès de cette agence.

2 Ce site d'articles électroménagers dispose d'un service après-vente. On peut faire confiance à ce service.

3 Demandez votre code de client privilégié. Vous pourrez bénéficier de tarifs promotionnels très intéressants grâce à ce code.

4 Je choisis uniquement certains sites. Je peux effectuer des paiements sécurisés sur ces sites.

4 Réclamations.

Lisez les réclamations de clients ayant effectué des achats sur des sites Internet. Complétez avec les pronoms relatifs composés qui conviennent.

1 Je viens de recevoir ma commande mais le colis ... se trouvaient mes deux robes était abîmé.

2 Le service après-vente ... je me suis adressé n'a pas été en mesure de m'aider.

3 J'avais commandé quatre billets de train mais je reçois aujourd'hui une enveloppe ... il n'y a que trois billets.

4 Je viens de découvrir que le compte bancaire ... a été effectué le règlement en ligne a été débité deux fois.

GRAMMAIRE

Les pronoms relatifs composés

Ils se construisent avec une préposition (*dans, sur, avec, chez*, etc.) suivie de :

• *lequel, laquelle, lesquels, lesquelles*
C'est le site ***sur lequel*** *j'ai réservé mon séjour en Égypte.*

À l'exception du féminin singulier, il y a contraction entre le pronom relatif et les prépositions :
– *à* → *auquel, à laquelle, auxquels, auxquelles*
– *de* (*à côté, à partir*...) → *duquel, de laquelle, desquels, desquelles*

• Pour les personnes, on peut utiliser *qui* :
La personne ***à qui*** *j'ai parlé était incompétente.*

COMMUNIQUEZ

5 www.cadeauxdenoel.com.

Un(e) de vos ami(e)s essaie de vous convaincre d'acheter tous vos cadeaux de Noël sur Internet mais vous êtes sceptique et lui posez de nombreuses questions. Jouez la scène avec votre voisin(e).

CD-Rom ▸ ACTIVITÉS 43 et 44

LEÇON 30

Service compris

http://www.linternaute.com

linternaute.com | ACTUALITÉ | MAGAZINES | ENCYCLOPÉDIE | SERVICES | BOUTIQUES

Petite histoire du pourboire

Largement pratiqué dans le monde entier, le pourboire ou « tip », en anglais, date de plus de trois siècles.

Le pourboire trouve, semble-t-il, ses origines dans un restaurant outre-manche dont le patron, au 18e siècle, a mis en place une pratique originale. Il a installé sur son comptoir un pot comportant les inscriptions *To Insure Promptness* (pour assurer la rapidité). Ce pot était destiné à recevoir quelques pièces des clients pressés qui désiraient être servis plus vite. Les initiales de cette expression sont restées et forment le mot tip, signifiant désormais « pourboire » en anglais.

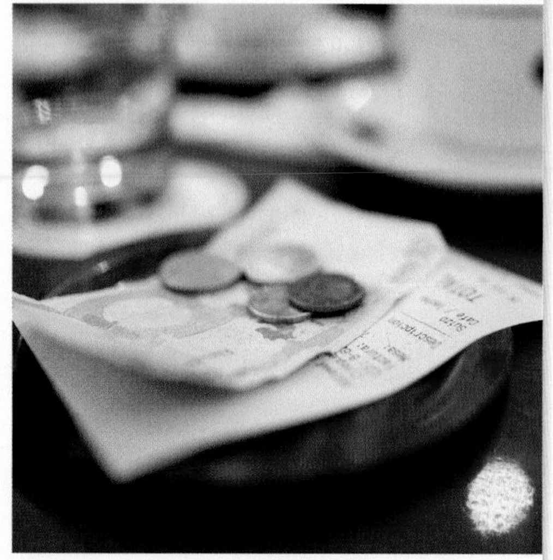

En France, cette pratique s'est développée plus tard, au 19e siècle, pour récompenser les cafetiers et restaurateurs d'un service de qualité. Le pourboire signifiait comme son nom l'indique un verre qu'on offrait en remerciement d'un service rendu ou une pièce pour s'offrir ce verre.

Au fil du temps, cette habitude s'est diversifiée et le pourboire s'est vu versé comme une faveur accordée par un client reconnaissant aux ouvreurs de cinéma et de théâtre, aux coiffeurs, aux chauffeurs de taxis, au personnel hôtelier et plus largement à de nombreux prestataires de services quotidiens ou ponctuels (livreur à domicile, dépanneur, guide touristique, déménageur, bagagiste, coursier, etc.).

Pays	Particularité
Autriche (usage : courant)	Le pourboire constitue le seul revenu des pompistes, chauffeurs de taxi et employés de toilettes publiques.
Danemark (...)	Donner ou recevoir un pourboire n'est pas une coutume et ne se pratique jamais.
Hongrie (...)	Les serveurs, chauffeurs, pompistes et même les dentistes et médecins sont habituellement gratifiés d'un billet. Ne laissez pas d'argent sur la table ou au comptoir, prévenez la personne intéressée que vous lui réservez un peu de monnaie.
Australie (...)	Le pourboire est une pratique peu répandue, les Australiens ne s'attendent pas à en recevoir.
Royaume-Uni (...)	Les serveurs perçoivent des salaires si bas qu'il est impératif d'ajouter 10 à 15 % au montant de l'addition. Ceci est valable dans les restaurants mais jamais dans les pubs, où les clients se servent directement au bar.

DÉCOUVREZ

1 Origine.

1 Écoutez le reportage ▶29 et dites quel en est le sujet.

2 Écoutez à nouveau le reportage.

a Indiquez quelles sont les personnes qui témoignent.

b Relevez le lieu et le moment de l'année où ces personnes sont interrogées.

3 Écoutez à nouveau le reportage et répondez aux questions.

a Quelle est aujourd'hui, pour François, la moyenne des pourboires par jour ? **b** À combien se montait-elle auparavant ? **c** Comment cette baisse est-elle justifiée ? **d** Quels sont les petits gestes que fait le serveur pour inciter les clients à donner plus ? **e** Quels sont, selon le client, les critères qui déterminent le montant du pourboire qu'il laisse ? **f** Quelle proportion du salaire les pourboires peuvent-ils représenter pour un serveur ?

4 Lisez la première partie de la page Internet et dites si les affirmations suivantes sont vraies ou fausses.

a On pense que la pratique du pourboire est née en Angleterre. **b** L'objectif initial était d'encourager l'amabilité des serveurs. **c** Cette pratique est arrivée plus tardivement en France. **d** Au tout début, les clients français offraient un verre « pour boire », jamais d'argent. **e** Cette habitude est devenue une obligation, en France, non seulement pour les serveurs mais aussi pour de nombreuses autres professions.

Pourboires dans les restaurants en France

Pierre-Luc Québec (Canada)	Bonjour, Est-ce que le pourboire est inclus dans la facture dans les restaurants en France ? **Répondre**
Alice Bruges (Belgique)	Oui, le pourboire est inclus par les restaurateurs dans l'addition. Mais on laisse quand même quelques pièces au serveur. Le montant dépend du standing, du service et du sourire. **Répondre**
Milou Marseille (France)	Tu confonds pourboire et service. Ce qui est toujours inclus, c'est le service. Mais, ce que l'on fait également si on est content du serveur ou de la serveuse, c'est laisser un pourboire. **Répondre**

2 Usages.

1 Lisez la deuxième partie de la page Internet et indiquez, pour chaque pays cité, si l'usage du pourboire est :

a inexistant. **b** rare. **c** courant. **d** recommandé. **e** obligatoire.

2 Lisez le forum de discussion.

a Indiquez si le pourboire est inclus dans l'addition en France.

b Relevez les deux énoncés qui expliquent la différence entre *service* et *pourboire*.

c Observez ces énoncés et repérez les structures qui permettent de mettre en relief l'explication de Milou.

3 a Dites si l'affirmation suivante est vraie ou fausse :

Les restaurateurs incluent le pourboire dans l'addition.

b Repérez, dans le forum, un énoncé de sens équivalent. Indiquez ce qui distingue ces deux énoncés.

ENTRAÎNEZ-VOUS

3 À propos des pourboires.

Complétez avec l'un des verbes suivants à la forme passive : *ne plus donner / mettre en place / redistribuer / autoriser / pratiquer*.

1 Donner un pourboire à un médecin ou un dentiste n'... pas ... en France. **2** Dans mon bar, tous les pourboires ... à parts égales entre tous les serveurs en fin de journée. **3** La pratique du pourboire est une vieille tradition qui ... au 18e siècle mais à présent le pourboire ... systématiquement. **4** Moi, je constate que la clientèle n'a pas changé ses habitudes : la pratique du pourboire ... toujours ... dans le secteur de la restauration.

4 C'est normal ?

Transformez les phrases selon l'exemple.

Exemple : *Payer l'addition, c'est normal !*

→ *Ce qui est normal, c'est de payer l'addition.*

→ *Ce que je trouve normal, c'est de payer l'addition !*

1 Je trouve que le montant des pourboires en France est ridicule ! **2** L'attitude des Français avec l'argent est bizarre. **3** Toutes ces taxes, ça me surprend et ça m'énerve ! **4** C'est étrange, cette façon de tout payer par carte de crédit.

GRAMMAIRE

La mise en relief d'une information

• **La forme passive**

Elle se forme avec l'auxiliaire *être* conjugué suivi du participe passé du verbe.

Le complément d'objet direct devient le sujet de la phrase.

La forme passive met en évidence le résultat d'une action :

*En Hongrie, les patients **gratifient** le dentiste d'un pourboire.*

→ *En Hongrie, le dentiste **est gratifié** d'un pourboire par les patients.*

*On **a mis** en place cette pratique au 18e siècle.*

→ *Cette pratique **a été mise** en place au 18e siècle.*

• **La focalisation :** *ce qui / que… c'est / ce sont…*

Elle permet de mettre un élément en relief, de lui donner de l'importance. Elle provoque un effet d'attente :

***Ce qui** m'étonne, **c'est** de laisser un pourboire à un médecin.*

***Ce que** je n'aime pas, **c'est** payer l'addition pour tout le monde.*

COMMUNIQUEZ

5 Débat.

Vous participez à une émission de radio consacrée à la pratique du pourboire en France. Choisissez un des rôles ci-dessous. Préparez vos questions ou vos arguments. Puis jouez la scène.

A Vous êtes l'animateur/trice de l'émission. Vous interrogez les invités.

B Invité 1 : Vous donnez systématiquement un pourboire.

C Invité 2 : Vous ne laissez jamais de pourboire.

D Invité 3 : Vous êtes chauffeur de taxi et vous vous plaignez de la baisse des pourboires.

CD-Rom ▸ ACTIVITÉS 45 et 46

LEÇON 31

Moins c'est cher, plus on dépense !

Anne-Dominique Toussaint présente
VINCENT LINDON
LORÀNT DEUTSCH
FABRICE LUCHINI
ISILD LE BESCO
GÉRALDINE PAILHAS
et avec CLAUDE RICH
LE COÛT DE LA VIE
UN FILM DE PHILIPPE LE GUAY
www.lecoutdelavie.com

Dès l'ouverture, Parisiens et touristes à la recherche de bonnes affaires se sont précipités dans les célèbres magasins du boulevard Haussmann.

Havre-Caumartin. 10 h 20. La station de métro du IXe arrondissement de Paris qui dessert les grands magasins (Printemps, Galeries Lafayette) est très empruntée en ce premier jour de soldes.

Les grands panneaux publicitaires jaunes affichant « – 20 %, – 30 %, – 40 % » font de l'œil[1] aux usagers des transports en commun parisien. Et ça marche. Les clients – et clientes car les femmes sont largement majoritaires – se pressent dans les grands magasins. Malgré l'heure matinale, certains ressortent déjà les bras chargés de paquets. Il faut dire que les célèbres enseignes ont ouvert à l'aube[2] pour l'occasion. Beaucoup ont choisi de venir dès l'ouverture « *pour trouver ma taille de chaussure* », raconte Anne-Laure, accro[3] de shopping. « *J'ai un budget de 300 euros pour la journée. J'ai séché[4] un cours pour venir dès l'ouverture et je reviendrai la semaine prochaine* », poursuit cette jolie blonde de 15 ans venue avec une camarade de classe.

Ceux qui sont venus tôt pour éviter la foule seront déçus. Les grands boulevards sont bondés[5]. Les boutiques le sont encore plus. Au Printemps et aux Galeries Lafayette, des vigiles sont postés devant les enseignes des mar-

DÉCOUVREZ

1 Dépenser sans compter ?

1 Observez l'affiche. Associez chaque personnage à l'un des adjectifs suivants.

avare ≠ dépensier ; fauché ≠ riche ; désintéressé ≠ avide

2 Écoutez la bande-annonce du film ▸30 et imaginez quel personnage prononce chacune des phrases.

3 Indiquez quelle pourrait être la devise de chacun des personnages du film parmi les phrases suivantes.

a Il n'y a pas de petites économies. **b** Quand on aime, on ne compte pas. **c** Tout travail mérite salaire. **d** Vivre d'amour et d'eau fraîche. **e** L'argent ne fait pas le bonheur.

2 La folie des achats.

1 a Lisez le chapeau de l'article et imaginez de quel événement il est question.

b Lisez le premier paragraphe de l'article et vérifiez votre hypothèse.

2 Lisez l'article et dites quel personnage du film, *Le Coût de la vie*, représente le mieux le comportement des Français face aux soldes.

3 Lisez à nouveau l'article. Relevez :

a les phrases qui montrent que le début des soldes attire beaucoup de monde. **b** la raison pour laquelle les client(e)s viennent dès l'ouverture des soldes. **c** ce que les gens sont prêts à faire pour être présents à

ques de luxe qui sont plébiscitées[6]. Une file d'une vingtaine de mètres se forme devant eux. Parisiens et touristes étrangers attendent patiemment que vienne leur tour. « *Certains se sont découragés en voyant le monde devant les enseignes de luxe. Ils reviendront quand ce sera moins la ruée* », témoigne Hak Hien, 33 ans, agent de sécurité au Printemps. Mais la plupart semblent avoir trouvé leur compte et profitent de promotions très avantageuses pour un premier jour de soldes. « *J'ai acheté plusieurs paires de chaussures et des sacs. J'aime les produits assez chers, de marque, et comme je suis étudiante, mieux vaut attendre les soldes. Dès le premier jour, il y a 50 % de réduction, c'est très intéressant. J'ai épuisé mon budget alors j'arrête là* », raconte Flore, 23 ans, qui reviendra quand même à la fin des soldes « quand les prix seront encore plus bas ».

Midi. Déjà, une nouvelle vague de clients arrive. Les salariés du quartier avalent leur sandwich avant de se ruer[7] à leur tour dans les grands magasins pendant leur pause déjeuner. Pendant ce temps, postés devant ces temples de la consommation, des militants syndicaux de Force ouvrière (FO) distribuent des tracts aux centaines de consommateurs qui fourmillent[8] sur les trottoirs. Ils ont profité de cette journée de forte affluence pour faire entendre leur protestation contre le travail le dimanche.

France-Soir, Marie Conquy, 24/06/09

1 Attirent. **2** Au lever du jour. **3** Dépendant. **4** (fam.) Je ne suis pas allé(e). **5** Remplis de personnes. **6** Choisies par une large majorité. **7** Se précipiter. **8** Se déplacent en grand nombre.

l'ouverture. **d** le type de boutique qui attire le plus de monde. **e** le profil des clients cités. **f** les seules personnes que ces soldes ne semblent pas intéresser.

4 a Lisez à nouveau l'article et sélectionnez, parmi les titres proposés, ceux qui pourraient résumer chaque paragraphe.

1 Lancement des soldes : plus que deux jours ! **2** Ouverture matinale des grands magasins. **3** Distribution de tracts. **4** Soldes d'été : démarrage difficile. **5** Augmentation des prix = baisse des dépenses. **6** Bousculade devant les enseignes de luxe.

b Retrouvez les verbes qui ont permis de former les noms soulignés dans les titres ci-dessus. Dites quel est le but de cette forme d'énoncé.

ENTRAÎNEZ-VOUS

3 À la une.

Voici le début de plusieurs articles de presse. Imaginez un ou deux titres possibles.

Exemple : *Les mentalités évoluent face aux chefs d'entreprise qui s'enrichissent considérablement.*
→ *Évolution des mentalités.*
→ *Enrichissement des chefs d'entreprise : les mentalités évoluent.*

1 Le commerce électronique change progressivement les habitudes de consommation, principalement chez les plus jeunes. **2** Depuis que la France est passée à l'euro, les prix ont augmenté dans presque tous les secteurs d'activité. **3** Le gouvernement signe cet après-midi un accord afin de revaloriser le salaire de base dans la fonction publique. **4** Le pouvoir d'achat de l'ensemble des Français a fortement diminué au cours des douze derniers mois.

GRAMMAIRE

La nominalisation

Pour condenser et mettre en valeur une information, notamment dans la presse, on utilise souvent des phrases nominales :
Lancement *des soldes : plus que deux jours.*

Dans ce cas, on nominalise le verbe afin de mettre en avant :
• **l'action du verbe**
– grâce aux suffixes *-ment* et *-age* (au masculin), *-tion* et *-ade* (au féminin)
Démarrage *difficile.* ***Augmentation*** *des prix.*
– sans ajouter de suffixe
Baisse *des prix.* ***Coût*** *de la vie en hausse.*
• **le résultat de l'action du verbe grâce au suffixe *-ure***
Ouverture *des soldes.*

COMMUNIQUEZ

4 Argent de poche.

Vous êtes étudiant(e) et vous venez de dépenser une somme importante pendant les soldes. Votre père/mère vous demande ce que vous avez acheté et combien vous avez dépensé. Il/Elle menace de ne plus vous donner d'argent. Jouez la scène avec votre voisin(e).

PRONONCEZ 

Lisez la transcription p. 166-167 et repérez la lettre (x) puis dites si elle se prononce [s], [z], [ks], [gz] ou si elle ne se prononce pas tout. Puis écoutez et vérifiez vos réponses.

CD-Rom ▸ ACTIVITÉS 47 et 48

LEÇON 32

Arrêt sur...

Vendre à tout prix

L'EXPRESS

Pour vous, Monsieur Pascutto, une offre irrésistible avec 363 € de réduction

Cher Monsieur Pascutto,

Vous l'avez sûrement déjà compris : l'offre d'abonnement que vous fait aujourd'hui L'EXPRESS est véritablement exceptionnelle. **Et j'ai tenu à ce que vous soyez parmi ceux qui auront le privilège d'en profiter.**

Vous qui habitez la Charente-Maritime, c'est sans doute le moment ou jamais de bénéficier d'une offre qui ne se renouvellera peut-être pas à l'avenir **en réalisant une économie de 363 €.**

9€ toutes les 4 semaines

104 numéros de L'EXPRESS avec L'EXPRESS Styles et Réussir (valeur 364 €)
+ le téléviseur LCD avec tuner TNT intégré (valeur 233 €)
+ l'ouvrage *Venise, les plus beaux chefs-d'œuvre*
Pour 9 € seulement toutes les 4 semaines.

Profitez de cette facilité de paiement très agréable, vous aurez ainsi le plaisir de recevoir chez vous, chaque semaine, L'EXPRESS sans déséquilibrer votre budget. **Vous réglez chaque mois 9 € par prélèvement bancaire** et, bien sûr, au terme des 104 numéros, soit 26 prélèvements, **vous resterez libre d'interrompre votre abonnement quand vous le souhaitez**, par simple courrier.

Allez-vous saisir cette chance unique de découvrir L'EXPRESS, le premier magazine français d'information, en profitant de ces conditions tout à fait privilégiées ?

J'en suis persuadée, d'autant que cette offre d'abonnement est avant tout l'occasion de vous faire découvrir un magazine qui réunit chaque semaine tout ce qui vous intéresse, tout ce qui vous passionne, tout ce qui vous concerne !

Très sincèrement.

Directrice des Abonnements

P.S. Si vous répondez sous **7 jours**, vous recevrez de plus la **pendulette radio contrôlée.** Profitez-en vite !

REPÉREZ

1 Convaincre à tout prix.

1 **Lisez la lettre ci-contre. Indiquez de quel type de lettre il s'agit et quel est son objectif.**

2 **Lisez à nouveau cette lettre. Retrouvez l'objectif des différentes parties en indiquant les numéros de paragraphes correspondants.**

a Rassurer le client sur sa liberté. **b** Rappeler les composantes de l'offre. **c** Présenter l'offre commerciale en insistant sur le caractère exceptionnel. **d** Exprimer la certitude que cette offre correspond au profil du client et terminer par une formule de politesse. **e** Encourager à répondre au plus vite à cette offre. **f** Demander au client si cette offre l'intéresse.

3 **Repérez les phrases, les mots ou les expressions qui donnent le sentiment que :**

a le destinataire est unique. **b** l'offre est inhabituelle et limitée dans le temps.

4 **Repérez les phrases en gras. Indiquez pourquoi elles sont mises en évidence.**

2 *Bling bling*.

1 **Avec votre voisin(e), observez les objets ci-dessous et faites le portrait des personnes susceptibles d'être intéressées par ce type de produits.**

2 **a** **Indiquez ce que signifie *bling bling* selon vous.**

b **Lisez la définition de *bling bling* et comparez avec votre propre définition.**

3 **Observez à nouveau les objets ci-dessous et, pour chacun d'eux, relevez :**

a son nom. **b** ses caractéristiques. **c** son prix.

RÉALISEZ

3 Arguments de vente.

Choisissez l'un des produits *bling-bling*.
Puis, avec votre voisin(e) :

a Faites la liste des arguments susceptibles de convaincre des gens de l'acheter. **b** Imaginez les offres que vous pouvez faire en complément de ce produit (exemple : une clé USB en strass avec la souris d'ordinateur).

4 Lettre commerciale.

Avec votre voisin(e), rédigez à votre tour une lettre commerciale sur le modèle de celle de *L'Express* afin de convaincre des gens d'acheter votre produit.

5 Cadeaux *bling bling*.

1 **Imaginez d'autres types de produits *bling bling*.**
Exemple : *des lunettes de soleil entourées de faux diamants.*

2 **Vous êtes chef d'entreprise et vous recherchez des idées de cadeaux à offrir à vos meilleurs clients. Vous rencontrez un(e) commercial(e) qui vous propose divers objets. Posez-lui des questions sur les caractéristiques des produits, leur prix, les personnes à qui ils s'adressent. Jouez la scène avec votre voisin(e).**

BLING BLING

Qui porte une tenue ostentatoire destinée à montrer la richesse de celui qui la porte (souvent des bijoux, bagues et colliers, très voyants), expression inspirée des rappeurs américains.

www.wiktionary.org

BLING BLING ATTITUDE

Stylo Élégance
orné de diamants artificiels
Encre noire - Garanti 2 ans - 625 €

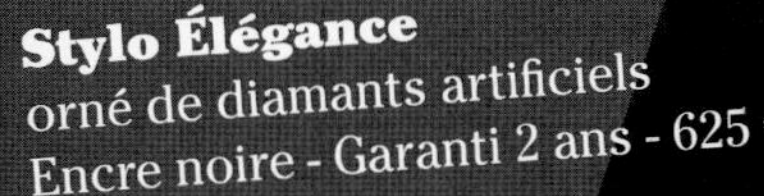

Souris d'ordinateur
avec câble USB intégré,
conçue pour droitiers
et gauchers - 77 €

Valise 2 roues - 540 €
Largeur : 57,5 cm – Hauteur : 84 cm
Épaisseur : 34 cm
Poids : 7,5 Kg - Garantie 5 ans

Cuvette de toilettes
en cristal de Swarovski
Garantie 1 an
52 000 €

Savoir-faire

1 Des solutions contre la crise.

Vous avez des amis qui habitent dans le sud de la France. Vous savez qu'ils sont intéressés par la possibilité d'acheter moins cher des produits de consommation courante. Vous entendez une émission de radio à ce sujet. Prenez des notes pour communiquer l'information à vos amis.

Où ? Bonne adresse ? Produits que l'on peut acheter moins cher ? Différence de prix entre l'Espagne et la France ? Possibilité de restauration sur place ? Possibilité de tourisme sur place ?

2 Offre commerciale

Vous travaillez pour Orange. Votre rôle consiste à répondre aux questions concernant les offres commerciales. Trouvez dans le document ci-dessous les réponses aux questions suivantes.

1 Mario : Mes parents veulent que je trouve le forfait le moins cher possible. Qu'est-ce que vous me conseillez ? Et quelles sont les conditions ? Je voudrais une formule sans surprise, où tout est compris. Laquelle dois-je choisir ?

2 Véronique : Je cherche un forfait sans engagement pour ma fille de 15 ans. Est-ce que c'est possible ?

3 Sébastien : Moi, je veux pouvoir envoyer autant de messages que je veux, quand je veux. Quels forfaits proposez-vous pour cela ?

4. Gérard : J'ai vu sur votre site que vous aviez un forfait d'une heure à 18 € par mois. En quoi consiste ce forfait ?

3 Je passe à la télé.

Vous participez à l'émission télévisée *Ça se discute*. Choisissez un des rôles ci-dessous. Puis jouez la scène avec d'autres personnes de la classe.

L'argent fait-il le bonheur ?

Ce mercredi, dans l'émission ÇA SE DISCUTE, Jean-Luc Delarue recevra des invités qui tenteront de répondre à cette question et nous raconteront quelle place l'argent occupe dans leur vie.

A Vous avez quitté un travail très bien rémunéré pour vous investir dans l'action humanitaire, à l'étranger. Racontez pourquoi vous avez fait ce choix.

B Vous avez gagné 100 millions d'euros au Loto il y a quelques années. Racontez ce que cela a changé dans votre vie.

C Vous êtes l'animateur de l'émission. Préparez vos questions afin d'interroger les invités.

D Vous êtes au chômage depuis deux ans et vous avez de grosses difficultés financières. Parlez des conséquences que cela a pour vous et votre famille.

Forfaits bloqués Zap

Les forfaits qui s'adaptent aux besoins des ados

	40 min ou 150 SMS	1 h ou 180 SMS	1 h 30 ou 220 SMS	1 h 30
Tarifs mensuels avec engagement de 24 mois (engagement minimum de 12 mois)	15€	18€	22€	26€
12 mois	18€	21€	25€	29€
Messages illimités* après les cours de 16h à 20h		✓	✓	
Messages illimités* 24h/24 pendant vos vacances scolaires			✓	
Messages illimités* 24h/24 7j/7				✓

***Messages en France métropolitaine :** SMS/MMS vers tous les opérateurs et Orange Messenger by Windows Live

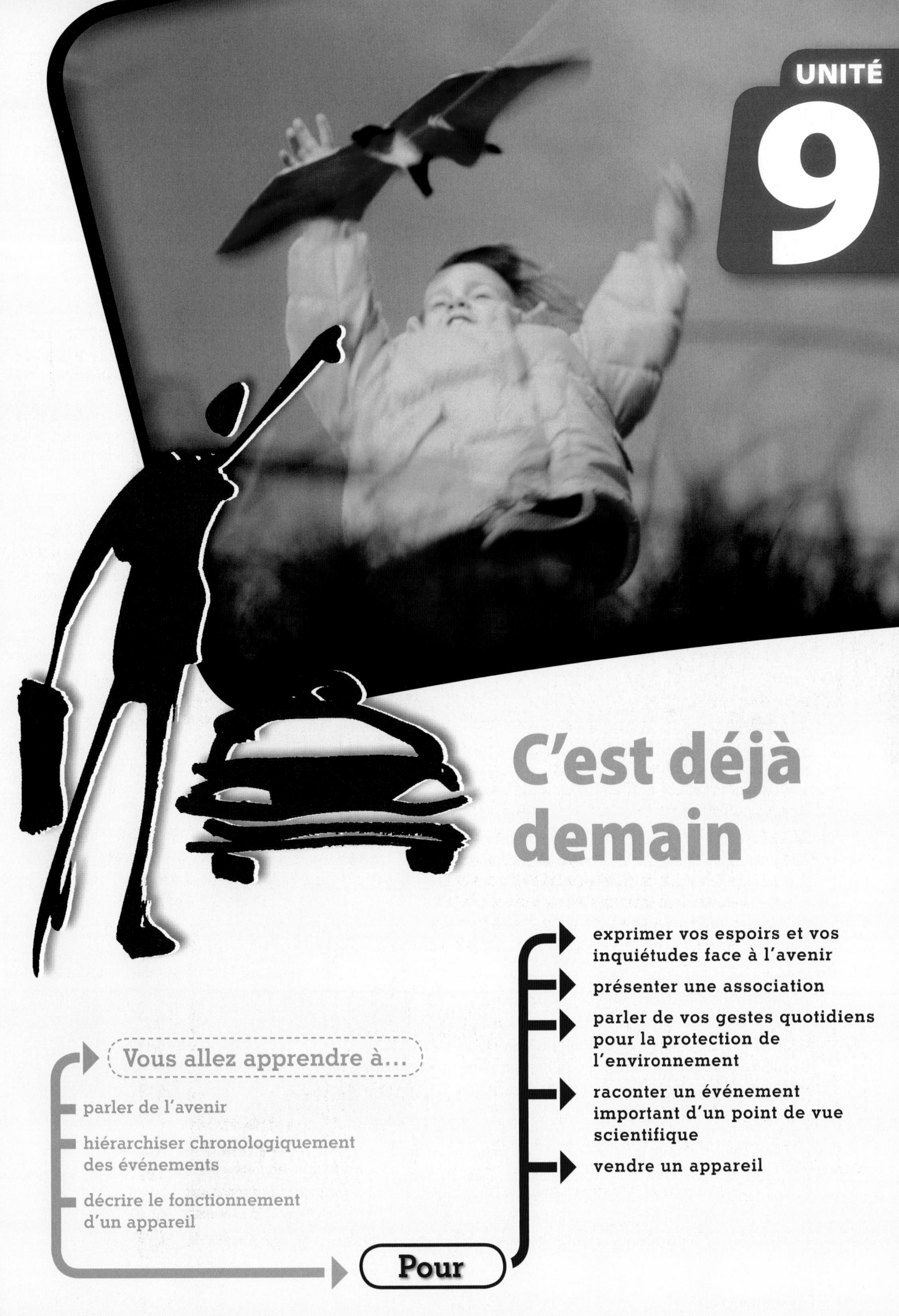

UNITÉ 9

C'est déjà demain

Vous allez apprendre à...

- parler de l'avenir
- hiérarchiser chronologiquement des événements
- décrire le fonctionnement d'un appareil

Pour

- exprimer vos espoirs et vos inquiétudes face à l'avenir
- présenter une association
- parler de vos gestes quotidiens pour la protection de l'environnement
- raconter un événement important d'un point de vue scientifique
- vendre un appareil

Vie privée, vie publique

DÉCOUVREZ

1 Qu'en pensent-ils ?

1 Avec votre voisin(e), lisez les deux questions suivantes et donnez votre point de vue.

a Selon vous, en quoi les téléphones mobiles ou les ordinateurs vont-ils changer nos modes de vie ? **b** La généralisation de ces moyens de communication est-elle dangereuse pour notre vie privée ?

2 Écoutez les deux parties de l'enregistrement ▶31-32 et relevez les aspects positifs et négatifs évoqués par les personnes interrogées sur ces sujets.

2 Tous connectés.

1 Lisez l'article et relevez parmi les phrases ci-dessous celle qui le résume le mieux.

a Le développement de téléphones mobiles extrêmement puissants va certainement entraîner la disparition des ordinateurs. **b** La nouvelle génération de téléphones mobiles, capables de se connecter à Internet, aura très bientôt des conséquences politiques, économiques et sociales importantes pour l'individu. **c** Grâce au téléphone mobile, il sera bientôt possible de savoir à tout moment où sont les personnes que nous connaissons, même sans les appeler.

2 Lisez à nouveau l'article et relevez les énoncés qui permettent de dire si les affirmations suivantes sont vraies ou fausses.

a Les nouveaux moyens de communication vont permettre à l'État et aux entreprises d'obtenir de plus en plus d'informations précises sur nous. **b** L'ensemble des citoyens acceptera ce phénomène sans problème. **c** Grâce aux nouvelles technologies, chacun sera capable de s'introduire dans la vie privée des autres. **d** Partout, il sera possible d'entrer en contact avec des personnes qui partagent des centres d'intérêt avec nous. **e** Le développement des innovations technologiques va permettre un rapprochement des générations.

L'écrivain américain Howard Rheingold observe les effets politiques, sociaux et économiques des nouvelles technologies.

Dans dix ans, la vie privée telle qu'on la définit n'existera plus

En 2015, la planète sera-t-elle totalement connectée grâce au téléphone mobile ?

On peut le supposer. La plupart des gens disposeront d'appareils nomades – entre le téléphone mobile actuel et l'ordinateur – capables de se connecter à Internet. La puissance de ces appareils sera immense. Déjà, les PDA (Personal Digital Assistant, ou assistant personnel numérique, comme Palm ou BlackBerry) sont 10 000 fois plus puissants que les premiers Macintosh, apparus dans les années 1980, pour un prix cinq fois inférieur. Imaginez les actions collectives, politiques, économiques et sociales que pourront mener, dans un proche avenir, plusieurs milliards d'individus connectés grâce à des appareils mobiles plus puissants que nos ordinateurs actuels.

[...]

Le pouvoir des États et des multinationales va également s'accroître car les nouvelles technologies vont leur permettre de connaître plus finement nos comportements et nos croyances. Déjà sur Internet, les entreprises surveillent nos habitudes pour nous proposer des offres commerciales en adéquation avec nos centres d'intérêt. Regardez ce que fait Google qui scanne nos courriels pour nous envoyer des propositions publicitaires ciblées. Cependant,

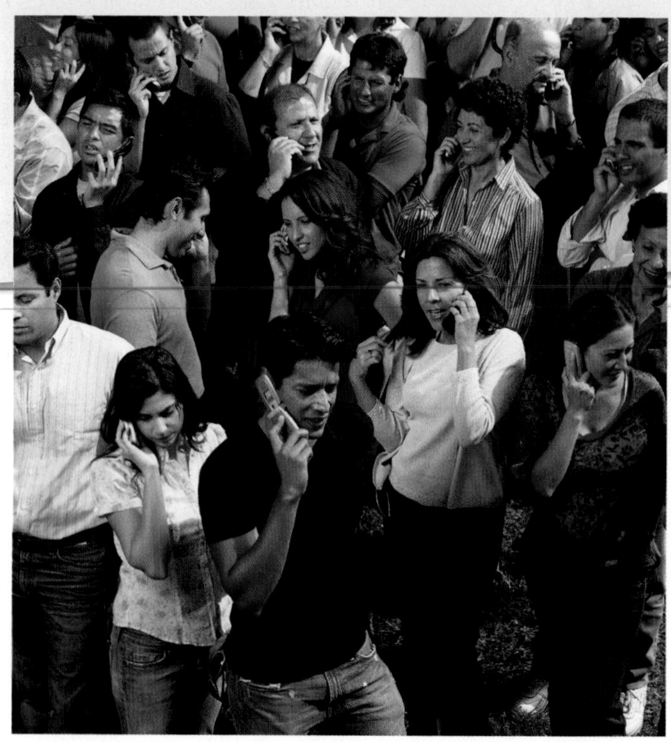

3 Observez les énoncés relevés.

a Indiquez s'ils expriment :

1 une promesse. **2** un ordre. **3** une prédiction.

b Relevez les temps utilisés et justifiez leur emploi.

je reste persuadé que les citoyens découvriront de nouvelles façons de se réunir et de résister.

Selon vous, les foules ayant accès aux technologies seront donc de plus en plus vertueuses...

Ne soyons pas naïfs. Dans l'avenir, tout le monde aura le pouvoir d'espionner, de surveiller son voisin. Déjà, les téléphones mobiles de nouvelle génération sont dotés de petites caméras et les séquences vidéo peuvent être publiées sur Internet... Dans dix ans, la notion de vie privée telle que nous la définissons n'existera plus.

Comment nos vies vont-elles changer ?

Où que nous soyons, nous aurons des appareils mobiles qui nous connecteront en permanence avec des gens que nous ne connaissons pas, mais avec qui nous partagerons un intérêt commun. Que ce soit parce que nous nous trouvons dans le même aéroport, que nous voulons aller dans la même direction, que l'un de nous cherche à vendre un vélo que l'autre veut acheter...

La société est-elle prête à tant de bouleversements ?

L'accélération des innovations technologiques va accroître le fossé entre générations. Grâce à ces nouveaux outils, les jeunes qui ont entre 15 et 20 ans peuvent pour la première fois échanger avec leurs pairs sans que leurs aînés aient la moindre connaissance de ce qu'ils font. À l'avenir, tout cela va changer profondément les relations entre générations dans la société.

Propos recueillis par Laure Belot et Stéphane Foucart
LE MONDE | 27.11.05 |

GRAMMAIRE

L'expression de l'avenir

Les temps de l'indicatif qui présentent un événement futur varient selon le contexte.

- Le **présent de l'indicatif** a une valeur de futur immédiat ou perçu comme très proche :
*Ce nouvel appareil **sort** demain sur le marché des téléphones mobiles.*
- Le **futur proche** situe l'événement dans un avenir très proche :
*Cela **va** profondément **changer** notre mode de vie.*
- Le **futur simple** place l'événement dans un avenir plus lointain.
Il peut également exprimer une prédiction, une prévision, une promesse ou un ordre :
*Dans l'avenir, tout le monde **aura** le pouvoir d'espionner son voisin.*

ENTRAÎNEZ-VOUS

3 Connexion.

Conjuguez les verbes aux temps qui conviennent. Justifiez à chaque fois le temps que vous choisissez. Plusieurs réponses sont parfois possibles.

1 Ne vous inquiétez pas, vous (recevoir) notre nouveau modem dans les semaines qui viennent. **2** Je lui (envoyer) tout de suite un SMS pour lui annoncer la nouvelle. **3** Un jour, grâce à Internet, on (pouvoir) pratiquement tout faire sans sortir de chez soi. **4** Vous n'(oublier) pas de rappeler le fournisseur d'accès pour modifier votre forfait. **5** Un de nos informaticiens (s'occuper) très bientôt de votre problème.

4 Sur le vif.

Imaginez les réactions de plusieurs internautes, suite au vote d'une loi contre les téléchargements illégaux.

Exemple : *Bonne nouvelle ! On **va** enfin **protéger** le travail des artistes !*

COMMUNIQUEZ

5 Forum.

Vous venez de découvrir l'article du *Monde* dans les archives du site du journal. Vous décidez de laisser un message sur le forum du journal afin d'exprimer si, selon vous, les prédictions politiques, économiques et sociales formulées par H. Rheingold en 2005 se sont déjà réalisées ou si elles se réaliseront très vraisemblablement. Donnez des exemples.

6 Militons.

Vous militez pour l'association Un Autre Monde. Vous essayez de sensibiliser les gens aux dangers que représentent les nouveaux moyens de communication dans le cadre de la vie privée. Vous rencontrez un(e) accro des nouveaux moyens de communication qui ont, selon lui/elle, des avantages énormes dans notre vie quotidienne. Jouez la scène avec votre voisin(e).

CD-Rom ▸ ACTIVITÉS 49 et 50

Un défi à relever

DEFI POUR LA TERRE
vous avez plus de pouvoir
que vous ne le pensez
www.defipourlaterre.org

http://www.defipourlaterre.org
Je relève le Défi pour la Terre
Comme nous, vous avez conscience qu'il faut réduire votre impact sur l'environnement : le Défi pour la Terre est fait pour vous ! À travers des gestes simples et concrets, au quotidien, vous pouvez préserver la planète.
1 Je trie mes déchets et j'évite les emballages inutiles.
2 Je préfère les produits respectueux de l'environnement et j'évite les produits jetables.
3 J'éteins les appareils électriques au lieu de les laisser en veille.
4 Je choisis des appareils économes en énergie (lampes basse consommation...).
5 Je préfère une douche rapide au bain.
6 Je ne surchauffe pas mon logement et je l'isole le mieux possible.
7 J'installe un chauffe-eau solaire ou un chauffage au bois chez moi.
8 J'utilise moins la voiture pour aller travailler et je fais les petits déplacements à pied.
9 Je conduis en douceur et moins vite.
10 Pour mes voyages, je préfère prendre le train.

DÉCOUVREZ

1 Ensemble, tout devient possible.

1 Avec votre voisin(e), observez l'affiche.

a Repérez le nom de l'association et son slogan.
b Décrivez le dessin qui illustre l'affiche et dites quel en est le message.
c Imaginez quel est l'objectif de cette association.
d Dites à qui s'adresse le slogan, selon vous.

2 a Écoutez le document 1 ▸33 et relevez le nom et la fonction de la personne interviewée.

b Indiquez quel est le but de l'association.

1 Aider les gens à développer des gestes quotidiens qui préservent l'environnement. **2** Encourager les entreprises à changer leurs modes de production afin de réduire leurs déchets.

3 Écoutez à nouveau cet enregistrement et répondez aux questions.

a De quoi les personnes que rencontre Nicolas Hulot ont-elles pris conscience ? **b** Quelle question ces personnes lui posent-elles régulièrement ? **c** Quel nombre de gestes quotidiens l'association propose-t-elle pour préserver l'environnement ? **d** Que reproche Nicolas Hulot à notre civilisation ? **e** De quoi faut-il que nous prenions conscience selon lui ? **f** Un individu, à lui seul, peut-il faire suffisamment de choses pour préserver les ressources naturelles ? **g** Quelles conséquences positives le fait de protéger l'environnement peut-il avoir sur nous ?

4 a Avec votre voisin(e), faites une liste de dix gestes quotidiens qui peuvent avoir un impact positif sur l'environnement.

b Comparez votre liste avec celle proposée par l'association Défi pour la Terre.

2 Habitat écolo.

1 Écoutez l'introduction du document 2. ▸34

a Repérez de quels types d'emploi il est question.
b Indiquez quel est l'exemple cité dans le reportage.

2 Écoutez l'enregistrement en entier et dites si les affirmations suivantes sont vraies ou fausses.

a L'entreprise GreenFace est spécialisée dans la construction et la rénovation écologique. **b** Elle vient de terminer le recrutement de nouveaux employés. **c** Elle a du travail assuré jusqu'à la fin du mois de janvier. **d** La formation pour connaître les principes de construction écologiques est assez longue et très différente des formations classiques. **e** Il est plus agréable de travailler avec des matériaux écologiques pour les salariés de l'entreprise.

3 Écoutez à nouveau le reportage et identifiez ci-dessous l'énoncé qui résume la conclusion de M. Akaaboun.

a Une fois que ses employés auront terminé leur formation, l'entreprise les embauchera définitivement. **b** Quand la construction écologique aura atteint une situation financière stable, les emplois temporaires deviendront sans doute des emplois à durée indéterminée.

4 a Observez les énoncés ci-dessus et relevez, pour chacun d'eux, quelle est, dans l'ordre chronologique :
1 la 1re action. **2** la 2e action.

b Indiquez de quelle manière on exprime la différence chronologique entre les deux actions.

GRAMMAIRE

Le futur antérieur

Formation

On forme le futur antérieur avec l'auxiliaire *être* ou *avoir* au futur simple suivi du participe passé.

	singulier	pluriel
1re personne	*J'**aurai fini***	*Nous **aurons fini***
2e personne	*Tu **auras fini***	*Vous **aurez fini***
3e personne	*Il/Elle **aura fini***	*Ils/Elles **auront fini***

Emploi

Il permet d'exprimer une action future antérieure à une autre action future.
*Quand elle **aura fini** sa formation, elle pourra faire de la construction écolo.*
*Est-ce que vous **aurez terminé** ce travail avant ce soir ?*

ENTRAÎNEZ-VOUS

3 Image de marque.

Conjuguez les verbes au futur simple ou au futur antérieur.

Nous (étudier) votre projet dans la semaine avec mes collaborateurs. Vous (recevoir) une réponse quand nous (se réunir) et que nous (prendre) notre décision. Quand nos experts (terminer) l'analyse des projets, les candidats retenus (devoir) venir passer un entretien. Nous cherchons un projet qui (permettre) à l'entreprise d'avoir une meilleure image. Lorsque notre marque (intensifier) ses efforts pour préserver l'environnement, nos clients (être) satisfaits.

4 Notez bien…

Le patron de l'entreprise GreenFace donne des consignes à son assistante. Reformulez selon l'exemple.

Exemple : *Tapez d'abord cette lettre et donnez-moi, ensuite, les dates du stage.*
→ Quand vous aurez tapé cette lettre, vous me donnerez les dates du stage.

1 Mettez toutes ces informations sur ordinateur et, ensuite, envoyez-les à la mairie. **2** Avant de quitter le bureau, téléphonez à monsieur Aldemar. **3** Vous pourrez prendre vos vacances après avoir suivi cette formation. **4** Après avoir envoyé cette lettre, vous réserverez mon billet de train. **5** Classez d'abord tous ces documents ; puis, fixez une heure de rendez-vous avec les maçons.

COMMUNIQUEZ

5 Parrainage.

L'association Défi pour la Terre propose à ses membres de parrainer quelqu'un. Pour cela, il faut convaincre une ou plusieurs personnes de s'engager à faire trois gestes quotidiens pour la protection de l'environnement. Vous écrivez un e-mail à un(e) ami(e) afin de le/la convaincre de s'engager. Vous lui présentez l'association, lui rappelez l'importance du rôle de chacun et lui suggérez des gestes qu'il/elle pourra sans doute réaliser sans trop de problèmes.

PRONONCEZ

1 Écoutez et dites quel mot vous entendez.

1 a Parisiennes **b** Parisiens **2 a** peine **b** pain **3 a** bonne **b** bon **4 a** ancienne **b** ancien **5 a** pleine **b** plein **6 a** plane **b** plan **7 a** sienne **b** sien

2 Écoutez et dites si vous entendez « plein » ou « pleine », « bon » ou « bonne », « ancien » ou « ancienne ». Ce sont des masculins ou des féminins ?

a Vive le plein emploi ! **b** Bon appétit ! **c** Voilà leur ancien appartement.

3 Écoutez et répétez puis dites si vous entendez [R] ou [RR] dans la forme verbale.

CD-Rom ▸ ACTIVITÉS 51 et 52

Révolutions

OGM
J'EN VEUX PAS
NI DANS MON ASSIETTE
NI DANS LES CHAMPS
2008 - VOTE DE LA LOI SUR LES OGM
J'exige que cette loi garantisse mon droit et ma liberté
à produire et à consommer sans OGM.
WWW.OGMDANGERS.ORG
Pétitions, modèle de lettre aux parlementaires et affiche à télécharger

QUI CONNAÎT VRAIMENT
LES CONSÉQUENCES DES OGM?
www.eat-better.org
AVEC LES VERTS
UNE INFORMATION CLAIRE POUR POUVOIR DIRE NON
Les Verts | ALE
au Parlement européen
DE BONNES RECETTES
POUR L'EUROPE

DÉCOUVREZ

1 La génétique, c'est fantastique ?

1 Avec votre voisin(e), comparez les affiches ci-dessus.
a Repérez par qui elles ont été réalisées. **b** Relevez les slogans. **c** Décrivez la photo et le dessin. **d** Expliquez ce que ces illustrations et ces slogans veulent exprimer.

2 Écoutez l'enregistrement ▸35 **et relevez :**
a l'événement dont il est question. **b** le pays où cet événement s'est produit. **c** les interrogations que ce phénomène a soulevées.

3 Indiquez le point commun entre les affiches et l'enregistrement.

2 Il y a 30 ans…

1 Avec votre voisin(e), essayez de vous souvenir pourquoi le nom de Louise Brown est soudain devenu célèbre, à la fin des années soixante-dix.

2 Lisez le titre et le premier paragraphe de l'article, et vérifiez votre hypothèse.

3 Lisez l'article. Relevez :
a à quelle occasion cet article a été écrit. **b** l'attitude de Louise Brown vis-à-vis de sa célébrité. **c** sa situation de famille aujourd'hui. **d** le type de relation qu'elle a conservé avec l'un des scientifiques qui a rendu sa naissance possible.

4 Lisez à nouveau l'article.
a Relevez les dates et plus largement toutes les informations d'ordre temporel.
b Observez la liste des informations d'ordre temporel que vous avez relevées. Puis, dites quelles informations permettent de :
1 situer un événement dans le temps. **2** indiquer l'origine ou les limites d'une action. **3** exprimer l'antériorité ou la postériorité.

ENTRAÎNEZ-VOUS

3 Interview.

Voici quelques questions posées à un scientifique au sujet de ses expériences en génétique. Imaginez ses réponses.

Exemple : *Quand avez-vous commencé vos toutes premières expériences en génétique ?*
→ J'ai commencé ***dès*** *1950, mais* ***à cette époque*** *on n'avait pas beaucoup de moyens.*

À 30 ans, Louise Brown, premier «bébé éprouvette», aspire à la quiétude

Le 25 juillet 1978, la naissance de Louise Brown, le premier «bébé éprouvette», avait fait la Une de l'actualité dans le monde entier. Mais la Britannique, désormais mariée et mère d'un enfant, entend fêter dans la discrétion vendredi son 30e anniversaire. Si sa naissance a révolutionné le traitement de la stérilité, permettant à des millions de couples dans le monde de procréer par fécondation in vitro (FIV), la jeune femme est réticente à célébrer l'événement de manière trop ostensible.

Louise Joy Brown est née par césarienne le 25 juillet 1978 à l'hôpital d'Oldham, au nord-ouest de l'Angleterre. Elle pesait 2,61 kg. Depuis neuf ans, ses parents Lesley et John essayaient d'avoir un enfant. Mais toutes leurs tentatives avaient jusque-là échoué. Ils entendent alors parler des travaux de deux médecins de l'université de Cambridge, le physiologiste Robert Edwards et le gynécologue Patrick Steptoe, qui depuis près de dix ans tentent de perfectionner la technique de la fécondation in vitro. Les deux chercheurs réunissent en éprouvette des ovules et spermatozoïdes de Lesley et John Brown, obtenant un embryon qui est réimplanté dans l'utérus maternel pour donner naissance au premier «bébé éprouvette».

Louise Brown n'a appris comment elle avait été conçue qu'à l'âge de 4 ans, avant d'entrer à l'école. «Papa et maman m'ont montré la vidéo de ma naissance et ont essayé de m'expliquer», se remémore-t-elle. Sa sœur Natalie est également née d'une FIV, quatre ans plus tard.

Natalie Brown est ensuite devenue en 1999 le premier «bébé éprouvette» à donner naissance – par voies naturelles – à un enfant. Louise n'a pas tardé à imiter sa sœur. Après avoir épousé Mullinder, un videur de boîte de nuit en 2004, elle a eu Cameron en 2006, sans assistance scientifique non plus.

Robert Edwards, l'un de ses deux «pères» scientifiques – Patrick Steptoe est décédé en 1988 –, est resté proche de la famille Brown, assistant même au mariage de Louise. Ils se sont retrouvés il y a quelques jours pour une cérémonie célébrant les 30 ans de la fécondation in vitro au Bourn Hall Clinic, un centre médical de l'est de l'Angleterre cofondé par Edwards et Steptoe. «Bob (Edwards) est toujours très occupé, mais nous adorons le voir», a souri Louise Brown. «C'est bien d'avoir une relation aussi proche. Il est comme un grand-père pour moi.»

LE POINT, Katherine HADDON, le 24/07/2008

1 À cette époque justement, est-ce que vous étiez le seul à travailler dans ce domaine ? **2** Vos premiers résultats datent de quelle année ? **3** Vous vous souvenez comment le public a réagi à l'annonce de ces premiers résultats ? **4** Est-ce que le ministère de la Santé vous demande des rapports sur vos recherches ? **5** Vous pensez rester encore longtemps à la tête de l'INRA* ?

*Institut national de la recherche agronomique.

GRAMMAIRE

Les expressions temporelles

Elles permettent de :

- **situer un événement dans le temps** : *autrefois, à cette époque, alors, en 1995, début / fin février 1997, le 25 juillet, la même année, l'année suivante, aujourd'hui, quatre ans plus tard, il y a…*
*Les premières expériences ont commencé **la même année**.*
- **indiquer l'origine d'une action** : *dès 1950, à partir de…, désormais…, cela fait… que…, il y a… que…, depuis…*
***Cela fait** neuf ans **qu'**ils essaient d'avoir un enfant.*
- **préciser les limites d'une action** : *de… à…, jusqu'à / en…*
*Elle n'a rien su **jusqu'à** l'âge de 4 ans.*
- **exprimer la succession** : *d'abord, ensuite, puis…*
*Les cellules forment **d'abord** un embryon **puis** un fœtus.*
- **exprimer l'antériorité, la simultanéité ou la postériorité** : *avant de…, au même moment, après avoir…*
***Au même moment**, des chercheurs britanniques tentent de perfectionner les techniques de la FIV.*

COMMUNIQUEZ

4 Point de vue.

Avec votre voisin(e), répondez aux questions.

1 Que pensez-vous des OGM, du clonage et de la fécondation in vitro ? Ces progrès scientifiques constituent-ils, selon vous, un progrès pour l'humanité ?

2 Si un jour la science permettait de faire les choses suivantes, selon vous, faudrait-il les interdire ou les autoriser ? Programmer le sexe de son enfant / Créer des intelligences artificielles supérieures à celle de l'homme / Être enceinte à l'âge de 70 ans

3 Selon vous, dans les trente prochaines années, quelles devraient être les deux plus grandes priorités de la recherche scientifique ?

5 À la Une.

Rédigez, à partir du titre ci-dessous, un article de 200 mots environ dans lequel vous racontez les faits de manière chronologique.
« Une Américaine de 62 ans a accouché la semaine dernière de son 2e enfant, un garçon de 2,3 kg. »

CD-Rom ▸ ACTIVITÉS 53 et 54

LEÇON 36

Arrêt sur...

L'ère du numérique

1

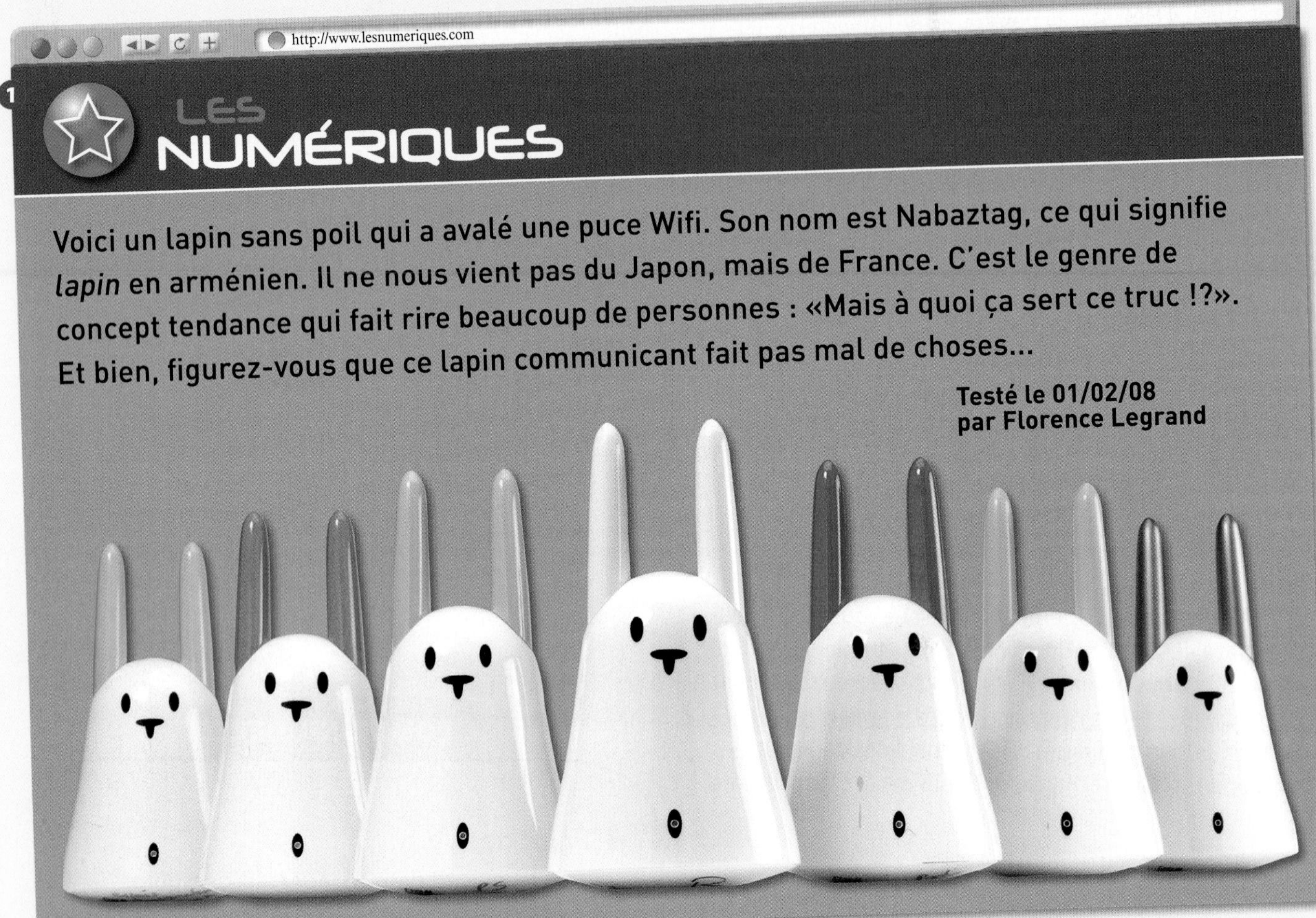

Voici un lapin sans poil qui a avalé une puce Wifi. Son nom est Nabaztag, ce qui signifie *lapin* en arménien. Il ne nous vient pas du Japon, mais de France. C'est le genre de concept tendance qui fait rire beaucoup de personnes : «Mais à quoi ça sert ce truc !?». Et bien, figurez-vous que ce lapin communicant fait pas mal de choses...

Testé le 01/02/08
par Florence Legrand

REPÉREZ

1 Un robot pas comme les autres.

1 Lisez le document 1 et repérez ce que ce lapin a de particulier.

2 Lisez à nouveau le document 1 et relevez :

a le nom de ce lapin. **b** l'origine de ce nom. **c** le pays où il a été conçu. **d** les réactions que ce genre de produits provoque en général. **e** l'avis de la journaliste sur ce produit. **f** la manière dont elle a pu se faire une opinion.

3 Avec votre voisin(e), dites :

a ce que vous pensez de ce genre de produits. **b** si vous avez déjà acheté quelque chose de similaire.

2 En vente.

1 Observez le document 2. Dites de quel type de document il s'agit et quel est son objectif.

2 Lisez le document 2.

a Relevez :

1 la référence du produit. **2** les caractéristiques physiques du robot. **3** la « personnalité » de ce robot. **4** l'apparence et le nom du robot. **5** le tarif. **6** l'accessoire qui l'accompagne. **7** les capacités de ce robot de compagnie. **8** le caractère évolutif de ce produit. **9** la manière de le programmer.

b Faites la liste des capacités de ce robot de compagnie.

http://www.robopolis.com

119,00 €

ajouter à mon panier

Coucou, je suis un lapin et je m'appelle Nabaztag Tag

Je mesure 23 cm, je bouge mes oreilles, je chante et mon corps s'illumine de belles couleurs. J'ai maintenant un drôle de petit nombril avec lequel je peux vous écouter et enregistrer des voix ou des ordres.
Le Nanoztag, le mini-lapin qui m'accompagne, est équipé d'une puce, le Ztamp, que je suis capable de reconnaître. Accrochez-le au porte-clés de vos enfants et je vous enverrai un e-mail quand ils rentrent de l'école. Accrochez-le sur votre parapluie et quand vous me le présenterez, je vous donnerai la météo.
Je suis votre compagnon personnel au quotidien. Je vous alerte lorsque vous recevez un e-mail, je vous informe de la météo, du trafic, de la pollution ou bien même des hausses de la bourse. Je sais le faire discrètement juste avec des couleurs et des mouvements d'oreilles. Je sais aussi le faire en musique ou en paroles. Je peux diffuser des webradio et des podcasts et même renifler ! Je peux aussi être un vrai lien avec vos amis : je reçois des messages parlés ou musicaux depuis le Web, blogs, e-mail, sms et je vous lis leurs messages à haute voix.
Bien sûr, vous choisissez vous-même les infos qui vous intéressent grâce à la diffusion programmée. Je lis n'importe quelle information écrite sur Internet (flux RSS).
Je suis un lapin rigolo et malicieux : quelquefois je me laisse aller à faire mes exercices de tai-chi ou à me prendre pour une horloge parlante...
Je ne demande qu'à évoluer. À vous de créer vos propres programmes.

Code produit ROB_222
Éditeur / Marque VIOLET
Source : www.robopolis.com

RÉALISEZ

3 À vendre, d'occasion...

Vous avez acheté, il y a un mois, un Nabaztag Tag sur le site du magasin Robopolis. Malheureusement, vous êtes déçu(e) de ses capacités. Vous décidez donc de le revendre, un peu moins cher que le prix public, en passant une annonce dans le magazine *Cybernaute*. Une personne intéressée par cet achat vous téléphone. Jouez la scène avec votre voisin(e).

4 On n'arrête pas le progrès.

Votre voisin(e) et vous venez de mettre au point un nouveau type de robot. Imaginez quelles sont ses capacités. Puis, sur le modèle du document 2, rédigez une présentation de votre innovation.

5 Débat radiophonique.

Une station de radio profite de la mise sur le marché du dernier robot imaginé par la marque Violet pour organiser un débat sur le rôle que joueront bientôt les robots dans notre société. Choisissez une identité. Puis, défendez vos idées.

- **A Édouard Revel,** chef de produit chez Violet. Il a participé au lancement du Nabaztag Tag dans le monde entier.
- **B Marina Valga,** licenciée d'une entreprise qui a décidé de robotiser sa chaîne de production.
- **C L'animateur de l'émission.** Il pose des questions aux invités et les fait réagir sur ce que disent les autres.

Savoir-faire

1 C'est déjà demain !

Vous faites partie d'une association de consommateurs dont la mission est de répertorier les nouveaux appareils qui sortent sur le marché. À chaque fois que vous repérez une nouveauté, vous rédigez une fiche et vous la postez sur le site de l'association. Vous venez d'entendre cette nouvelle à la radio. Rédigez votre fiche et mettez-la en ligne.

Thème :
Définition de l'appareil :
Nom de l'appareil :
Type d'appareil :
Fonctionnalités (3 caractéristiques) :
Particularités :
Prix :
Nouveauté du concept :

3 Forum.

Vous lisez le sujet de discussion proposé sur le forum ci-dessous et vous décidez de participer au débat. Répondez aux questions qui sont soulevées.

Souriez, on vous surveille !

Sommes-nous tous trop surveillés ?

En Angleterre, le gouvernement a mis en place depuis plusieurs années un système de vidéosurveillance extrêmement massif qui filme chaque jour des millions de citoyens. À Londres, par exemple, un simple piéton est filmé en moyenne 8 fois en une seule journée ! Notre liberté individuelle est-elle menacée ? La sécurité publique passe-t-elle par une surveillance quasi individuelle ?

PARTICIPEZ AU FORUM ➡

2 10 idées reçues sur l'environnement.

Avec votre voisin(e), vous décidez de participer à un quiz organisé par l'*Internaute Magazine* pour tester vos connaissances sur la protection de l'environnement. Lisez les affirmations et, après discussion, choisissez la réponse qui vous semble correcte. Puis, regardez les réponses.

	Vrai	Faux	Vrai et faux
1. Le papier décime la forêt (tue les arbres).			
2. L'eau en bouteilles est plus écologique.			
3. Le trou dans la couche d'ozone est dû aux gaz à effet de serre.			
4. Les énergies renouvelables vont remplacer le pétrole.			
5. Le pétrole est le seul responsable de l'effet de serre.			
6. Les OGM sont dangereux pour la santé.			
7. Les OGM sont nuisibles pour l'environnement.			
8. L'agriculture biologique est meilleure pour l'environnement.			
9. Les sacs de supermarchés en plastique biodégradables sont une bonne solution.			
10. L'industrie est la première cause de pollution.			

Réponses

1 FAUX. L'industrie papetière n'utilise, pour sa production, que les sous-produits de la forêt, comme les branches des arbres, par exemple. **2 FAUX.** L'eau en bouteille n'est pas meilleure pour la santé et les bouteilles en plastique génèrent 135 000 tonnes de déchets par an en France. **3 VRAI et FAUX.** Pas uniquement. **4 VRAI et FAUX.** Elles ne suffiront pas. **5 FAUX.** Le protocole de Kyoto a désigné 6 gaz responsables de l'effet de serre. **6 VRAI et FAUX.** Aucune étude n'a démontré un quelconque effet des OGM (organismes génétiquement modifiés) sur la santé et on reste plutôt dans le flou. **7 VRAI et FAUX.** Le risque principal des OGM est la contamination des cultures environnantes. **8 VRAI. 9 FAUX.** Ils ne constituent pas une solution durable. Le fait d'encourager les consommateurs à utiliser des produits jetables n'est certainement pas une politique durable. **10 VRAI.** Les industriels sont les premiers pollueurs (mais pas les seuls…).

Évaluation 3

Compréhension de l'oral

Écoutez l'enregistrement puis répondez aux questions.

1 Il s'agit :

a d'une publicité pour l'équipement d'une cuisine.

b d'une présentation d'appareils écologiques dans une cuisine.

c de conseils pour utiliser moins d'eau et moins d'électricité dans la cuisine.

2 La cuisine du futur sera :

a de couleur verte.

b écologique.

c sans électricité.

3 Cette nouvelle cuisine permet de faire :

a 60% d'économie d'énergie.

b 70% d'économie d'énergie.

c 80% d'économie d'énergie.

4 Pourquoi cette cuisine est-elle étonnante ?

5 L'eau du lave-vaisselle est chauffée par le moteur de quel autre appareil ?

6 Le réfrigérateur comprend :

a une grande porte transparente.

b des tiroirs transparents.

c un compartiment congélateur et un compartiment réfrigérateur.

7 L'eau du lave-vaisselle permet d'arroser les plantes.

Vrai ou faux ? Justifiez votre réponse.

8 La hotte se déclenche automatiquement.

Vrai ou faux ? Justifiez votre réponse.

9 La vapeur récupérée par la hotte permet de :

a faire pousser des plantes dans une serre.

b faire chauffer la plaque de cuisson.

c ne sert à rien.

10 On peut déjà acheter cette cuisine écologique.

Vrai ou faux ? Justifiez votre réponse.

11 Quel est l'intérêt de cette cuisine écologique ?

Compréhension des écrits

Lisez le document puis répondez aux questions.

Télétravail :
les avantages et inconvénients pour les entreprises.

Le télétravail étant encore peu développé, les interrogations qu'il suscite sont nombreuses, preuve de l'intérêt que lui portent les entreprises comme les salariés. Cependant, les impacts précis du télétravail restent encore mal connus, faute de recul. Mais au petit jeu des avantages et inconvénients, quelques pistes se dessinent.

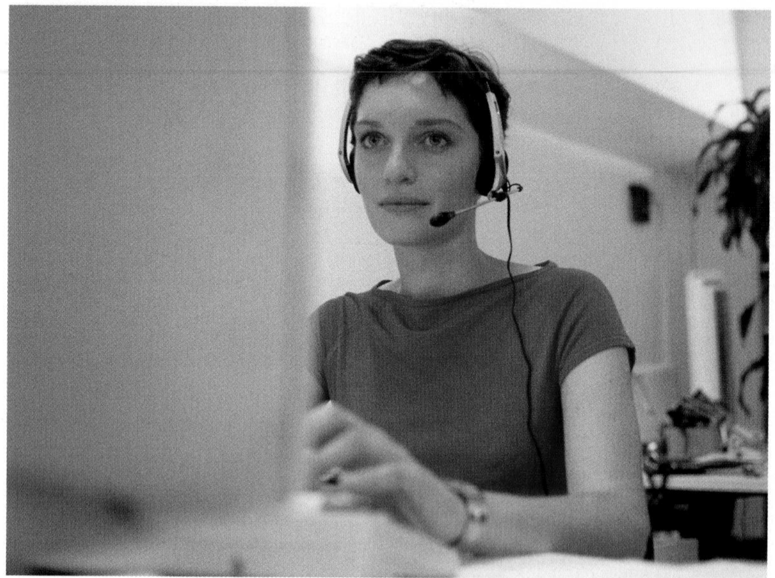

Les avantages

1 Le télétravail permettrait aux salariés d'être plus efficaces. Ce mode d'organisation engendrerait moins de stress, notamment du fait de l'absence de trajet, et favoriserait un meilleur équilibre entre vie privée et vie professionnelle.

2 Le travail à domicile permet d'éviter la location ou l'achat de bureau. Cependant, ce mode d'organisation demande de très bons outils informatiques et de communication. Les économies escomptées sont souvent surévaluées.

3 Lorsque le télétravail se pratique sur la base du volontariat, il peut constituer un atout incontestable pour satisfaire ses salariés ou attirer de nouveaux profils. Les cadres peuvent par exemple envisager de « se mettre au vert » comme beaucoup le souhaitent. Un avantage pour fidéliser ses salariés.

4 Le télétravail est une alternative idéale en cas de grève des transports, de rendez-vous de dernière minute ou de déplacement à l'étranger, par exemple. Toujours équipé, le télétravailleur a accès à toutes les applications et informations nécessaires, où qu'il soit. Une souplesse et une réactivité qui permettent aux petites entreprises de concurrencer de plus grandes.

5 Pour rester en contact avec l'entreprise et poursuivre les objectifs qui lui sont attribués, le télétravailleur doit communiquer et échanger des informations sur l'évolution de son propre travail et celui de ses collaborateurs.

Les inconvénients

1 Le télétravail pose de nombreuses questions concernant l'application des dispositions relatives aux accidents du travail, au contrôle du temps de travail, à la fourniture et à l'utilisation de l'équipement.

2 Le télétravail limite les contacts entre les collaborateurs, ce qui peut se traduire par une absence de culture d'entreprise. Cependant, le fait de travailler selon un mode d'organisation différent crée en soi une culture.

3 Sans connexion ADSL et en accès illimité au réseau, la mise en place du télétravail sera sans doute plus que hasardeuse. Des paramètres à prendre en compte avant de se lancer dans un projet de télétravail pouvant isoler des salariés dans des régions géographiquement diverses où l'aménagement numérique est inégal.

4 Le télétravail nécessite un système informatique adapté, avec des règles de confidentialité et un accès sécurisé au réseau de l'entreprise.

5 L'employeur ne peut exercer le même contrôle sur ses salariés lorsqu'ils travaillent chez eux. Le télétravail suppose donc une relation de confiance forte et une attention particulière au fait que des collaborateurs risquent de s'isoler sans que personne ne s'en aperçoive.

Source : journaldunet.com, 19/01/05

Évaluation 3

1 **Dites si les affirmations suivantes sont vraies ou fausses et citez les passages du texte qui justifient vos réponses.**

a La pratique du télétravail augmente progressivement.
b On se pose beaucoup de questions sur le télétravail.
c Le télétravail n'intéresse ni les salariés, ni les entreprises.
d On ne connaît pas encore très bien les effets du télétravail.

2 **Associez les titres suivants aux paragraphes correspondants de la partie sur les avantages.**

a Partage **b** Efficacité **c** Fidélisation **d** Flexibilité **e** Économie

3 **Associez les titres suivants aux paragraphes correspondants de la partie sur les inconvénients.**

a Équipement **b** Isolement **c** Juridique **d** Solidarité **e** Sécurité

4 **Relevez dans le texte le ou les arguments qui justifie(nt) chaque avantage.**

Efficacité	Économie	Fidélisation	Flexibilité	Partage
– *moins de stress*	–	–	– *alternative en cas de grève, de déplacement*	–
–		–	–	
–			–	

5 **Le télétravail :**

a permet de développer des contacts au sein de l'entreprise.
b favorise la culture d'entreprise.
c limite la solidarité au sein de l'entreprise.

6 **Le télétravail :**

a ne demande aucun équipement particulier.
b suppose d'être dans une région très bien équipée du point de vue numérique.
c n'est pas lié à l'accès à une connexion Internet.

7 **Pour l'entreprise :**

a il n'y a pas de différence entre un salarié normal et un télétravailleur.
b le télétravail ne requiert pas d'attention particulière.
c le télétravail représente un effort supplémentaire d'attention envers ses collaborateurs.

Production écrite

Un magazine littéraire propose à ses lecteurs de réagir à des citations d'auteurs célèbres.
Gustave Flaubert, écrivain français, a écrit dans son *Dictionnaire des idées reçues* cette définition : « Argent : cause de tout le mal. »
Rédigez un texte de 250 mots environ pour donner votre opinion au magazine.

Évaluation 3

Production orale

Identifiez le thème soulevé par le document ci-dessous et présentez votre point de vue sur le sujet.

Vous ressentez le besoin de donner plus de sens à votre carrière ?

Le géant de l'informatique IBM a décidé de soutenir – matériellement ou financièrement – des associations dans lesquelles s'impliquent les salariés du groupe. « C'est une façon de reconnaître l'action de nos salariés qui s'engagent dans le bénévolat », explique Céline Marie-Audras, responsable du mécénat chez IBM France. La multinationale semble avoir compris que des personnes qui ont une activité autre que professionnelle sont des salariés plus épanouis.

L'Express, Marie-Pierre Noguès-Ledru, le 15/11/2004.

UNITÉ

10

Et si on sortait ?

Vous allez apprendre à...

- rapporter des propos
- présenter les conséquences d'un phénomène
- exprimer un objectif

Pour

- faire le compte-rendu d'une petite enquête
- donner votre point de vue sur un sujet de société
- présenter un guide et un magazine culturel
- réaliser une affiche publicitaire

Du rire aux larmes

La Fédération Nationale des Cinémas Français et BNP PARIBAS présentent
LA RENTREE DU CINEMA
4 JOURS = 4€ LA SÉANCE
du DIMANCHE 13 au MERCREDI 16 SEPTEMBRE 2009
TARIF UNIQUE DE 4€ DANS TOUTES LES SALLES DE CINÉMA PARTICIPANT À L'OPÉRATION ET À TOUTES LES SÉANCES DU 13 AU 16 SEPTEMBRE 2009
www.rentreeducinema.com
Virgin RADIO
FEDERATION CINEMAS
BNP PARIBAS

La larme à l'œil

Alain, 38 ans, employé de banque

Le film qui m'a le plus bouleversé, au cinéma, c'est *L'Incompris* de Luigi Comencini. Un de mes collègues m'avait raconté qu'il avait vu ce film et que c'était vraiment très triste. Mais, je me souviens, je lui avais répondu que je ne pleurais jamais au cinéma. Ce qui m'a le plus marqué, c'est la fin du film. Lorsque le père lit la rédaction de son fils mourant : " décrivez votre meilleur ami " ; le petit garçon avait écrit : " mon meilleur ami, c'est mon père. Et, lorsqu'il me prend dans ses bras... " " Pourquoi n'as-tu pas terminé ta rédaction ? ", lui demande son père. Et l'enfant lui répond : " Parce que tu ne m'as jamais pris dans tes bras "... J'ai pleuré en voyant le film, j'ai pleuré en le racontant et je pleure en vous en parlant. C'est terrible !

Elsa, 51 ans, peintre

Au cinéma, j'ai très facilement les larmes aux yeux. Une musique, une image suffisent à me faire pleurer. Daniel Toscan du Plantier a dit un jour que l'émotion, c'était la critique du spectateur. Je suis tout à fait d'accord avec lui. Mais il y a tellement de films qui m'ont fait pleurer ! Comment les citer tous ?

Clémence, 22 ans, étudiante

Moi, c'est *Fiona* d'Amos Kollek, l'auteur qui a fait aussi *Sue perdue dans Manhattan*. J'étais avec des amis et on s'était dit qu'on irait dîner en ville, après la séance. Mais je n'ai pas pu aller avec eux : j'ai pleuré pendant une heure après la fin du film. Et je n'ai pas pu parler pendant deux jours.

DÉCOUVREZ

1 Le cinéma fait sa rentrée.

1 a Observez l'affiche et relevez :

1 le nom de la manifestation. **2** les dates et la durée de cette manifestation. **3** les endroits où elle a lieu. **4** le tarif d'entrée. **5** les organismes qui financent cette opération.

b Indiquez quel est, selon vous, l'objectif de cette manifestation.

2 Écoutez l'enregistrement ▸36 et relevez les deux thèmes abordés, en rapport avec le cinéma.

a l'augmentation des tarifs d'entrée dans les salles **b** l'évolution de la fréquentation des salles **c** la Rentrée du Cinéma **d** le plus gros succès commercial de l'année

3 Écoutez à nouveau l'enregistrement et dites si les affirmations suivantes sont vraies ou fausses.

a Les résultats annoncés portent sur l'ensemble de l'année. **b** Ces résultats montrent une hausse du taux de fréquentation des salles de cinéma. **c** Le mois de juillet a été exceptionnel grâce à trois films américains. **d** Les jeunes ont été plus nombreux que d'habitude à aller au cinéma. **e** La Rentrée du Cinéma propose des films qui sont tous déjà sortis en salles.

2 Séquence émotion.

1 Lisez l'article et retrouvez parmi les chapeaux ci-dessous celui qui lui correspond. Justifiez votre choix.

a Ils s'appellent Alain, Elsa ou Clémence. Ils ont entre 20 et 70 ans. *Ciné Mag* leur a demandé s'ils pleuraient ou riaient facilement au cinéma. **b** Pour la Fête du Cinéma, *Ciné Mag* est allé à la rencontre des spectateurs pour leur demander de parler des films qui les avaient marqués. **c** Notre magazine fête ses dix ans. Pour marquer cet événement, nous vous avons demandé quel film vous choisiriez si vous deviez n'en retenir qu'un seul.

2 Lisez à nouveau l'article et indiquez quelle personne :
a pleure très souvent au cinéma. **b** ne pleure pratiquement jamais. **c** ne précise pas si elle pleure souvent ou non.

3 a Lisez à nouveau l'article et les trois chapeaux proposés dans l'activité 2.1. Notez comment les paroles suivantes sont rapportées.
Exemple : *« Est-ce que vous pleurez ou riez facilement au cinéma ? » → On leur a demandé **s'ils pleuraient** ou **riaient** facilement au cinéma.*
1 « J'ai vu ce film. C'est vraiment triste ! » **2** « L'émotion, c'est la critique du spectateur. » **3** « On ira dîner en ville, après la séance. » **4** « Parlez-nous des films qui vous ont marqués. » **5** « Quel film choisiriez-vous si vous deviez n'en retenir qu'un seul ? »

b Puis indiquez quels sont les changements.

GRAMMAIRE

Le discours rapporté au passé : concordance des temps

	Paroles d'origine	Paroles rapportées avec un verbe introducteur au passé
Fait réel	au présent *Je **pleure** facilement au cinéma.*	à l'imparfait *Il a expliqué qu'il **pleurait** facilement au cinéma.*
	au passé composé *Ça m'**a bouleversée** !*	au plus-que-parfait *Elle a dit que ça l'**avait bouleversée**.*
	au futur simple *On **ira** au cinéma plus tard.*	au conditionnel présent *Je me suis dit qu'on **irait** au cinéma plus tard.*
Fait fictif	au conditionnel présent *Nous **aimerions** voir un film d'action.*	au conditionnel présent *Nous avons précisé que nous **aimerions** voir un film d'action.*

ENTRAÎNEZ-VOUS

3 Vous n'êtes pas d'accord.

Un ami vous a recommandé un film dont vous êtes très déçu(e). Lisez ses commentaires puis continuez à réagir à chacun d'entre eux comme dans l'exemple. Changez le temps des verbes, si nécessaire.
« Va voir ce film, il est excellent ! L'histoire de ce petit garçon m'a absolument bouleversé ; je n'ai pas arrêté de pleurer. Ça m'a vraiment procuré une très grosse émotion ! Je pense qu'il aura un prix à Cannes. En tout cas, j'aimerais bien qu'il en ait un. »
→ Alors là, vraiment, je ne comprends pas ! Tu m'avais dit d'aller voir ce film, qu'il était excellent. Je l'ai trouvé nul…

4 Associations.

Indiquez toutes les combinaisons possibles.
1 C'est toi qui m'as appris que…
2 *Ciné Mag* dit que…

a cet acteur jouerait bientôt au théâtre.
b c'est le meilleur film de l'année dernière.
c la Fête du Cinéma avait eu du succès.
d l'actrice principale aura un prix à Cannes.
e le film passait demain au cinéma.
f le prix du billet d'entrée pourrait augmenter.

COMMUNIQUEZ

5 Et si on parlait de cinéma ?

1 Choisissez une des questions ci-dessous et posez-la à un maximum de personnes dans la classe.
a Allez-vous souvent au cinéma ? Pourquoi ? **b** Quand préférez-vous y aller, en général ? **c** Qu'est-ce qui vous aide à choisir un film : la publicité, les acteurs, l'opinion de vos amis, la critique… ? **d** Pleurez-vous et riez-vous facilement pendant un film ? Est-ce que vous vous souvenez d'un film qui vous a fait beaucoup rire ou pleurer ? **e** Comment préférez-vous regarder un film ? Seul ou en famille / avec des amis ? Au cinéma ou à la télévision ? Pourquoi ? **f** Est-ce que vous vous souvenez du premier film que vous avez vu au cinéma ? Si oui, de quel film s'agit-il ?

2 Faites un compte-rendu des réponses que vous avez obtenues.
Exemple : *J'ai demandé à cinq personnes de la classe si elles pleuraient ou riaient facilement au cinéma. Trois personnes m'ont répondu que…*

CD-Rom ▸ ACTIVITÉS 55 et 56

LEÇON 38

Un monde à part

❶

Les musées trahissent, dans les moindres détails de leur morphologie et de leur organisation, leur fonction véritable, qui est de renforcer, chez les uns, le sentiment de l'appartenance et, chez les autres, le sentiment de l'exclusion. Tout en ces lieux saints de l'art [...] concourt à indiquer que le monde de l'art s'oppose au monde de la vie quotidienne comme le sacré au profane : l'intouchabilité des objets, le silence religieux qui s'impose aux visiteurs, [...] les équipements, toujours rares et peu confortables, le refus quasi systématique de toute didactique, la solennité* grandiose du décor...

L'Amour de l'art, P. Bourdieu et A. Dardel, sociologues, Éd. de Minuit, 1969.

*L'aspect très formel.

❷

Arrêtons de nous mentir : la pratique culturelle de la plupart des Français exclut la visite des musées. Cela se comprend : je pense comme tous les millions de non-visiteurs que les musées distillent[1] l'ennui et prétendent faire passer des messages sur l'esthétique ou sur l'histoire de l'art qui échappent à la quasi-totalité de la population. [...]
L'absence de [...] réflexion des conservateurs de musées a donné lieu à trop d'expositions distillant un ennui tel qu'elles en deviennent répulsives[2]. Les visiter, c'est infliger[3] aux visiteurs une punition, c'est dégoûter les scolaires qu'on y traîne de force...

Hubert Bari, muséologue, novembre 1999, © ensib.fr/biblionumérique.

1. Provoquent. 2. Repoussantes. 3. Imposer quelque chose de pénible.

© Jean-Jacques Sempé

DÉCOUVREZ

1 Point de vue.

1 Avec votre voisin(e), dites quel est le lieu qui évoque le plus un musée selon vous.
une bibliothèque / une salle de cours / une église / un grand magasin / un cimetière / un salon

2 Lisez le texte 1 et indiquez, parmi les lieux proposés ci-dessus, celui que les auteurs comparent à un musée.

3 Lisez à nouveau le texte 1.
a Reformulez avec vos propres termes les cinq raisons pour lesquelles les musées s'opposent au monde de la vie quotidienne. **b** Indiquez quelle est la conséquence de ce phénomène selon les auteurs.

4 Lisez le texte 2 et dites si les affirmations suivantes sont vraies ou fausses.
a La majorité des Français ne va jamais dans les musées. **b** La plupart des expositions sont tellement ennuyeuses que plus personne n'a envie de les voir. **c** Le fait d'obliger les enfants à visiter ces musées entraîne inévitablement un rejet de leur part.

5 Repérez la date de parution et la profession des auteurs des textes et dites si, selon vous, l'idée que l'on se fait des musées a évolué.

Le blog de Sandra

Il y a des choses qui ne s'avouent pas en société si l'on souhaite être respecté.

Dernièrement, à l'anniversaire de mon amie Marie-Odile, quand j'ai dit bien fort : « Les musées, c'est chiant », j'ai immédiatement senti dans les regards que je passais pour une imbécile. Après cet incident, j'ai donc décidé non pas de faire mon mea culpa, mais d'argumenter mes propos :

1. **Je ne supporte personne.** Dans les musées, il y a toujours une telle affluence qu'on est sans cesse bousculé ou gêné par les autres.
2. **Je ne peux pas toucher.** Et moi, j'adore toucher.
3. **Je n'arrive pas à m'extasier devant le service de mariage de Madame René Coty*.** Je n'ai rien contre cette dame. Mais franchement, son service à vaisselle est tellement moche que ça ne m'étonne pas qu'elle l'ait donné au musée du Louvre.
4. **Je finis toujours ma visite par la boutique du musée,** si bien que je ressors avec des objets super chers qui finissent toujours dans le fond d'un tiroir.

*Femme d'un ancien président de la République française (1954-1959).

2 Avec humour.

1 Observez le dessin.

a Faites la description physique du personnage central. Puis, imaginez son portrait.

b Dites quelle vision des musées est commune aux auteurs du dessin et des deux textes. Donnez des exemples.

2 Lisez la première partie du blog de Sandra.

a Dites quelle réaction provoque sa remarque sur les musées.

b Précisez quelle décision elle a prise en conséquence :

1 elle s'excuse pour ce qu'elle a dit. **2** elle décide d'expliquer les raisons de son jugement.

c Repérez le terme grammatical utilisé pour exprimer cette conséquence.

3 Lisez la suite du blog et, parmi les raisons évoquées, relevez d'autres manières d'exprimer des conséquences.

ENTRAÎNEZ-VOUS

3 Enquête.

Reformulez les phrases pour exprimer autrement la conséquence.

Exemple : *On nous montre tout ça sans aucune explication ! Alors, c'est difficile de comprendre. (donc) → On nous montre tout ça sans aucune explication ! C'est* ***donc*** *difficile de comprendre.*

1 C'est tellement grand qu'on ne peut pas tout visiter en une seule fois. (si bien que) **2** Il y a trop de bruit ! Alors, c'est difficile de se concentrer sur une œuvre. (tellement de… que) **3** Certains préfèrent les visites solitaires. Il faudrait donc systématiquement proposer des audioguides. (c'est pourquoi) **4** Le prix d'entrée reste élevé ; c'est pour ça qu'il y a une baisse de fréquentation. (entraîner) **5** Les visites sont beaucoup trop rapides, si bien qu'on ne voit rien ! (si… que)

GRAMMAIRE

L'expression de la conséquence

Pour exprimer une conséquence avec une nuance d'intensité, on peut utiliser :

- ***si*** + adjectif + ***que***, ***tellement*** + adjectif + ***que***
  Les explications étaient ***tellement*** *confuses* ***qu'****on n'a rien compris.*
- ***tellement de*** + nom + ***que***
  Ils faisaient ***tellement de*** *bruit* ***que*** *tout le monde les regardait.*
- ***un(e)*** + nom + ***tel(le) que*** ou ***un(e) tel(le)*** + nom + ***que***
  *La présentation des œuvres est d'****une telle*** *pauvreté* ***que*** *l'expo n'a aucun intérêt.*
- ***si bien que*** + indicatif
  Le guide était ennuyeux, ***si bien qu'****on ne l'a pas écouté.*
- des verbes ou des expressions comme ***provoquer*** ou ***entraîner***
  Le sujet de l'exposition ***a provoqué*** *une vague de protestations.*
- ***donc, alors, c'est pourquoi, c'est pour ça que***
  La visite du palais coûtait trop cher ; ***alors****, nous n'avons visité que les jardins.*

COMMUNIQUEZ

4 Réactions.

Avec votre voisin(e), répondez aux questions suivantes.

1 Trouvez-vous l'opinion du muséologue et des deux sociologues exagérée ? **2** Allez-vous dans les musées (souvent / rarement / jamais) ? Pour quelle raison ?

5 Débat.

À l'occasion de *La Nuit des musées*, un journaliste vous reçoit dans son émission de radio pour connaître votre avis sur le sujet. Choisissez un des rôles puis jouez la scène à trois.

A Vous trouvez que beaucoup d'efforts ont été faits depuis quelques années pour intéresser les visiteurs.

B Vous allez rarement dans les musées car vous les trouvez trop souvent ennuyeux.

C Vous êtes l'animateur de l'émission. Vous posez des questions aux invités.

CD-Rom ▸ ACTIVITÉS 57 et 58

Journées portes ouvertes

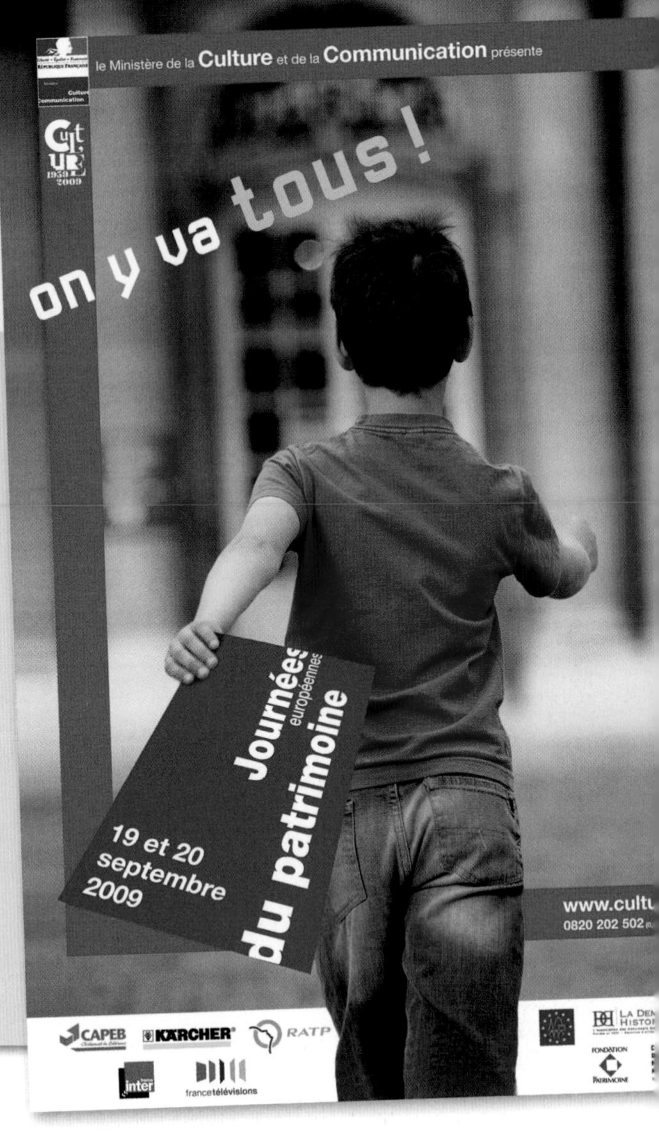

1

Les 26e Journées du patrimoine, organisées ce week-end en France sur le thème d'un patrimoine « accessible à tous », proposaient des initiatives inédites comme la visite du Moulin rouge à Paris. Au total, 15 000 églises, châteaux, parcs, usines devaient ouvrir leurs portes pour ces Journées, organisées dans 49 pays européens.

Elles ont été ouvertes samedi par le ministre de la Culture qui a fait visiter son ministère et montré son bureau. Le président de la République est venu saluer la foule qui, comme tous les ans, se pressait à l'Elysée. « Ici, c'est la maison de la République », a-t-il dit. Il a salué à cette occasion la « très très bonne idée » de Jack Lang qui, lorsqu'il était ministre de la Culture, avait lancé ces journées, en 1984.

Des visites guidées « sensorielles », « tactiles » ou en langue des signes ont été organisées dans plusieurs régions de France. Ainsi le musée du Vin et du Négoce de Bordeaux a organisé des visites guidées dans ses caves voûtées pour aveugles et malvoyants, qu'ils découvrent à travers un parcours tactile. [...]

L'Express.fr – 20/09/09

DÉCOUVREZ

1 Accessible à tous.

1 a Décrivez l'affiche et relevez :

1 le nom de la manifestation. 2 les dates de cette manifestation. 3 le nom de l'organisateur. 4 le slogan.

b Repérez quel mot du slogan est mis en évidence.

c Imaginez quel est l'objectif de cette manifestation.

2 Lisez le document 1 et relevez :

a l'année de création de cette manifestation. **b** le nom et la fonction de la personne à l'origine de cette manifestation. **c** les lieux ouverts au public à cette occasion. **d** le nombre de pays associés à ce projet. **e** les actions mises en place pour rendre la culture accessible à tous.

2 Objectifs.

1 Lisez le document 2. Dites quel personnage parmi les suivants a le plus de chance de visiter la cathédrale Saint-Jean à Lyon, selon Jack Lang.

a Giovanna Baldi, 36 ans, femme de ménage, Milan (Italie) **b** Émile Sedan, 71 ans, retraité, Lyon (France) **c** Alison Jones, 42 ans, architecte, Cambridge (Angleterre) **d** Caroline Évin-Baulieu, 29 ans, chef d'entreprise, Bruxelles (Belgique)

2 Lisez à nouveau le document 2. Relevez les énoncés qui permettent de répondre aux questions suivantes.

a Dans quel but Jack Lang a-t-il créé les Journées du patrimoine ? **b** Quel est aujourd'hui encore l'objectif de ces Journées ?

3 Repérez, dans les énoncés relevés précédemment, les termes et les modes utilisés pour exprimer le but.

4 Écoutez l'interview de Jack Lang ▸37 et indiquez :

a quels sont les trois autres objectifs de cette Journée du patrimoine. **b** quelle mesure il aurait aimé prendre lorsqu'il était ministre de la Culture.

20 minutes

2

Savez-vous que le public qui visite le patrimoine culturel tout au long de l'année n'augmente pas, mais stagne ou décroît ? Et savez-vous que ce public – les statistiques sont hélas formelles – est davantage riche que pauvre, vieux que jeune, étranger que français ? C'est pourquoi j'ai créé les Journées du patrimoine lorsque j'étais ministre de la Culture. Pour que nos monuments soient une fois par an portes ouvertes, gratuitement, à tous, quels que soient leur âge et leur condition.

L'objectif, c'était – et c'est encore – que les Français s'approprient ou se réapproprient un patrimoine qui est en définitive le leur. Et qu'ils prennent l'habitude d'y revenir ! Le public de proximité, c'est seulement 3% des visiteurs actuels. Les Parisiens ne visitent pas l'Arc de triomphe, pas plus que les Angevins le château d'Angers. C'est cela qu'il faut changer.

Jack Lang, *20 minutes*, n° 355 (2003)

GRAMMAIRE

L'expression du but

Pour exprimer un objectif, un but, une finalité, on peut utiliser :

- *pour* + infinitif, *afin de* + infinitif
  *C'est l'occasion idéale **pour** découvrir des lieux habituellement fermés au public.*
- *pour que* + subjonctif, *afin que* + subjonctif
  *Ces journées sont gratuites **afin que** toutes les classes sociales puissent en profiter.*
- *le but / l'objectif est de* + infinitif, *l'objectif / le but, c'est que* + subjonctif
  ***L'objectif** de cette année, **c'est que** le patrimoine spirituel soit redécouvert.*

ENTRAÎNEZ-VOUS

3 On y va tous.

Complétez les phrases suivantes à l'aide d'une expression de but.

Chaque année, un ou plusieurs thèmes nationaux sont sélectionnés, d'une part, ... un aspect particulier du patrimoine soit mis en lumière et, d'autre part, ... structurer la communication autour de cet événement. ... de ces thèmes ... favoriser également les ouvertures de lieux insolites et les animations particulières. En 2009, le thème national retenu est la culture « accessible à tous ».

4 À chaque année, son thème.

Voici les thèmes des Journées du patrimoine des années précédentes. Choisissez-en deux ou trois et imaginez leur(s) objectif(s).

Exemple : *En 1997, **l'objectif était d'**ouvrir de grandes entreprises industrielles aux visiteurs.*
→ *En 1997, on a ouvert d'anciennes usines au public **pour que** chacun puisse découvrir ou redécouvrir le patrimoine industriel de sa région.*

1 Patrimoine et cinéma / Parcs et jardins (1995) **2** Patrimoine et littérature / Patrimoine et lumière (1996) **3** Patrimoine, fêtes et jeux / Patrimoine industriel (1997) **4** Patrimoine spirituel (2003) **5** Patrimoine, science et technique (2004)

COMMUNIQUEZ

5 Et vous, qu'en pensez-vous ?

Avec votre voisin(e), répondez aux questions suivantes. Justifiez vos réponses.

1 Existe-t-il, dans votre pays, des manifestations de ce type ? Si oui, y avez-vous déjà participé ? **2** L'idée d'ouvrir des sites habituellement fermés au public vous paraît-elle intéressante ? **3** L'accès aux monuments, musées ou autres sites culturels devrait-il être gratuit toute l'année, selon vous ? **4** Comme les Français, avez-vous tendance à visiter en priorité les sites éloignés de votre domicile ?

6 Découvrir en s'amusant.

Vous êtes chargé(e) de faire une présentation du livre ci-contre sur l'Espace Jeunes du site du ministère de la Culture. Rédigez un texte (de 150 mots environ) dans lequel vous présentez le titre, l'auteur et l'objectif de ce guide.

PRONONCEZ

1 Écoutez et repérez où la voix monte ou descend, puis répétez ces phrases.

2 Écoutez et répétez. Puis repérez les sons [j], [ɥ] et [w] et classez les mots dans le tableau.

lui – citoyen – passion – moins – gratuit – je crois – ailleurs – travail – patrimoine – puisse – Louis – mieux – actuel – qu'ils soient – famille – oui

[j]	[ɥ]	[w]
mieux	*gratuit*	*je crois, oui*

CD-Rom ▸ ACTIVITÉS 59 et 60

LEÇON 40

Arrêt sur...

De l'art pour le Petit Léonard

DÉCOUVRE LE PLUS PETIT CIRQUE DU MONDE

Le magazine d'initiation à l'art

Mensuel - France métro 5,00 € - Belgique 6,00 € - CH 10,00 FS - LUX 6,00 € - ITA 6,00 € - AND 5,00 € GR 6,00 € - CAN 8,40 $CAN - PORT.CONT 6,00 € - DOM 6,00 € - TOM 740 XPF - MAROC 70 MAD

N°136 - mai 2009

Beaubourg
Kandinsky
et l'art abstrait

Calder sculpteur

Grand Palais
Joue à cache-cache avec la peinture !

1

Le magazine d'art qui passionne les enfants... et les parents !

Chaque mois, Léonard et Joconde vous font découvrir...

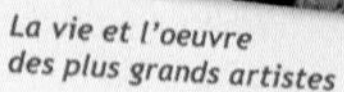

La vie et l'oeuvre des plus grands artistes

Un monument célèbre

Le style d'une époque

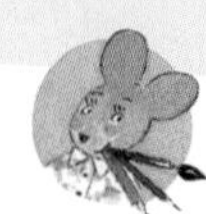

et aussi...

Des fiches pédagogiques sur la mythologie, la Bible et les saints, les allégories, symboles et attributs, les ornements...

Des jeux Sherlock'Art : une énigme à résoudre sur une oeuvre, 7 erreurs, mots mystérieux...

S'amuser au musée : des visites d'expositions et d'ateliers d'enfants

Une bande dessinée sur un personnage illustre ou sur un mouvement important de l'histoire de l'art

COMITÉ SCIENTIFIQUE
Jean-Pierre CUZIN, Conservateur général chargé du département des Peintures au musée du Louvre ;
Danièle GIRAUDY, Laboratoire de Recherche des Musées de France ;
Amaury LEFÉBURE, Conservateur en chef au Musée national du château de Fontainebleau ;
Elisabeth TABURET-DELAHAYE, Conservateur en chef au département des Objets d'art du musée du Louvre.

COMITÉ PÉDAGOGIQUE
Violaine BOUVET, Chargée de publication au service culturel du Louvre ;
Manon POTEVIN, Chargée des relations avec l'enseignement élémentaire et pré-élémentaire au musée du Louvre ;
Sylvie GIRARDET, Directrice du musée en Herbe à Paris ;
Adèle ROBERT, responsable du service "Art Déco Jeunes" de l'Union centrale des Arts décoratifs

REPÉREZ

1 *Le Petit Léonard*, c'est quoi ?

1 Observez la couverture du magazine et répondez aux questions suivantes.

a De quel type de magazine s'agit-il ? **b** À qui est-il destiné, selon vous ? **c** Quelle est sa périodicité ?

2 Avec votre voisin(e), faites des hypothèses sur les objectifs de ce magazine.

3 Lisez les documents 1 et 2. Relevez :

a l'année de création du magazine. **b** les lecteurs à qui il s'adresse en priorité. **c** les thèmes abordés. **d** quelques exemples de rubriques. **e** l'objectif du magazine.

2 Rubriques.

Associez les titres de rubriques à leur descriptif.

a Apollon
b Il était une fois…
c Sherloch'art
d Au fil du costume
e Les 7 erreurs
f Récré art
g Courrier

1 Une page pour apprendre à peindre et dessiner.
2 Un dossier pour tout savoir sur la mode.
3 L'histoire des chefs-d'œuvre dévoilée.
4 Une énigme à résoudre et des numéros du *Petit Léonard* à gagner.
5 Les lettres et dessins des lecteurs du magazine.
6 Un jeu pour découvrir les différences entre deux tableaux.
7 La vie des grands artistes ou héros de la mythologie en BD.

2

Le magazine d'art qui passionne les enfants... et les parents

Créé en 1997. Guidé par un conseil scientifique et pédagogique, *Le Petit Léonard* a pour but d'éveiller les enfants de 6 à 13 ans à l'histoire de l'art et au patrimoine, de la Préhistoire à nos jours. Au travers des dossiers de fond consacrés à la peinture ancienne et moderne, aux monuments, à l'architecture, aux grandes inventions, et des rubriques d'actualité, visites de musées, d'ateliers et présentation d'expositions, *Le Petit Léonard* constitue une véritable approche du monde de l'art.

40 pages - Mensuel

RÉALISEZ

3 Interview.

Vous êtes journaliste à la radio, et vous interviewez le rédacteur/la rédactrice en chef du *Petit Léonard*. Jouez la scène avec votre voisin(e).

4 Réponse à tout.

Vous êtes chargé(e) de répondre aux enfants, dans la rubrique *Courrier*. Répondez à la question de Sébastien, 8 ans (en 70 mots environ) : « Comment fait-on pour devenir un artiste ? ».

5 Pub.

Le magazine *Le Petit Léonard* a décidé de réaliser une affiche publicitaire destinée aux enfants des écoles primaires françaises. Avec votre voisin(e), réalisez cette affiche.

1 Imaginez un slogan. **2** Indiquez un ou deux objectifs du *Petit Léonard*. **3** Présentez quelques rubriques du magazine. **4** Donnez des informations pratiques (prix, périodicité…).

Attention ! N'oubliez pas que vous vous adressez à des enfants : votre message doit être clair.

Savoir-faire

1 Au pays d'Astérix et Obélix.

Un de vos collègues de travail est allé au Parc Astérix et vous en a parlé avec enthousiasme. Vous essayez de convaincre votre mari/femme d'y passer un week-end avec vos enfants. Il/Elle n'est pas très motivé(e). Jouez la scène avec votre voisin(e).

Parc Astérix

À 30km au nord de Paris, **le Parc Astérix**, propose 31 attractions et des grands spectacles !
C'est aussi un festival de spectacles vivants avec le ballet aquatique des dauphins et des otaries, sans oublier les irréductibles Gaulois qui animent le Village.
Et pour prolonger l'aventure, rien de tel qu'un séjour au Parc à l'Hôtel des Trois Hiboux.

2 Quels magazines pour quels publics ?

Vous avez été recruté(e) pour un job d'été dans une bibliothèque d'une grande ville. Le public est plutôt familial : enfants, adolescents, femmes au foyer, personnes âgées. Vous êtes chargé(e) de préparer la commande de magazines pour le mois de septembre. Choisissez les abonnements qui conviennent et justifiez votre choix.

3 Petite enquête sur la lecture.

Un appel à candidatures a été lancé par la FNAC pour réaliser et analyser une petite enquête sur la lecture auprès de 285 enfants de 8 à 12 ans. Vous y avez participé et devez présenter vos résultats par écrit, en ajoutant ce que les enfants vous ont raconté.

1 Aimes-tu la lecture ?
beaucoup : 68,8% modérément : 26% pas du tout : 5,3%

2 Où lis-tu de préférence ?
dans ma chambre : 70% dans le salon : 21%
hors de ma maison : 3,5% autre : 5,5%

3 Quand lis-tu de préférence ?
n'importe quand : 70,4% le WE : 8,3%
pendant les vacances : 2,6% autre moment : 18,7%

4 Pourquoi lis-tu habituellement ?
pour m'évader : 15,5% pour rire : 21%
pour apprendre : 33,7% autre : 29,8%

5 Quel genre de livres préfères-tu ?
histoire d'animaux : 13% histoires policières : 9,7%
aventures inventées : 18,1% histoires comiques : 49,1%
histoires vraies : 10,1%

6 Qu'examines-tu en premier quand tu choisis un livre ?
le nombre de pages : 5,6% les illustrations : 22,4%
les caractères d'imprimerie : 5,6% autre chose : 19,2 %
le résumé sur la couverture : 47,2%

Chaque mois **ELLE Décoration** met le style au cœur de votre vie... Bastide en Provence, appartement à New York ou cabane de bois au bord de l'Atlantique, ELLE Décoration ne connaît pas de frontières !

Le Nouvel Observateur ne cache pas ses ambitions : analyser en profondeur les événements nationaux et internationaux, mener des enquêtes, offrir des dossiers approfondis, informer des tendances culturelles et de l'air du temps.

AGROLIGNE : l'essentiel de l'actualité agricole et agro-alimentaire en Méditerranée.

Cuisine et vins de France : des recettes aussi délicates, originales que simples et bien expliquées et, région après région, une sélection de vins qui méritent le détour.

PC Expert vous accompagne au quotidien dans vos choix stratégiques et technologiques en entreprise et vous permet de choisir et d'appliquer les solutions technologiques les plus adaptées.

Abricot guide votre enfant dans son développement grâce à ses rubriques : des histoires pour rire, des jeux d'imitation et d'observation, des aventures extraordinaires.

GEO Ado, le magazine des ados curieux, des ados soucieux de préserver leur planète et de découvrir le monde qui les entoure : LE mensuel des ados tout simplement !

UNITÉ 11

Du coq à l'âme

Vous allez apprendre à...

- établir un constat en le nuançant
- indiquer un ordre de grandeur
- exprimer un accord ou un désaccord

Pour

- décrire le comportement des Français (au volant, en vacances...)
- faire le compte-rendu d'un sondage
- réagir lors d'une discussion sur un sujet à controverse

Restons zen !

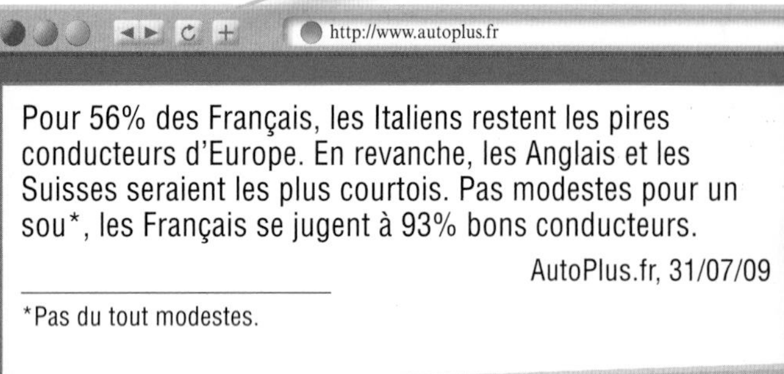

http://www.autoplus.fr

1 Pour 56% des Français, les Italiens restent les pires conducteurs d'Europe. En revanche, les Anglais et les Suisses seraient les plus courtois. Pas modestes pour un sou*, les Français se jugent à 93% bons conducteurs.

AutoPlus.fr, 31/07/09

*Pas du tout modestes.

http://www.lepoint.fr

Le Point **Les conducteurs français sont-ils de plus en plus des mauvais élèves de la route ?**

2 Doubler ou tourner sans mettre le clignotant, franchir une ligne blanche, rouler à vive allure à quelques mètres de la voiture qui est juste devant soi : autant d'infractions qui virent à l'habitude chez certains automobilistes, selon un sondage TNS Sofres pour Axa prévention, publié mardi matin. La multiplication des campagnes de prévention et l'implantation de nouveaux radars fixes n'y ont rien fait. Le mal est là : un conducteur sur deux roule à 65 km/h en ville (au lieu de 50 km/h) et près d'un automobiliste sur trois à 160-170 km/h sur autoroute (au lieu de 130 km/h). Pis*, le comportement des conducteurs s'est dégradé. En l'espace de deux ans, ils sont plus nombreux à prendre le volant après avoir bu deux verres d'alcool.

Le Point.fr, 08/04/2008

*Pire.

25 mars 2010

Campagne de prévention des comportements au volant

11e Journée de la Courtoisie sur la route

Sur la route, restons zen et courtois !

Journée Européenne

La rue, la route, un espace à partager

Journée de la courtoisie sur la route

Campagne initiée et organisée par l'AFPC, Association Française de Prévention des Comportements au volant

www.courtoisie.org

3 Lisez le document 2 et relevez :

a les informations qui contredisent l'opinion que les conducteurs français ont d'eux-mêmes. **b** l'impact des campagnes de prévention sur leur comportement au volant. **c** l'évolution globale de leur comportement.

DÉCOUVREZ

1 Courtois ou pas ?

1 Observez l'affiche ci-dessus et répondez aux questions.

a Pour quelle occasion cette affiche a-t-elle été réalisée ? **b** De quel type de campagne s'agit-il ? **c** Où a-t-elle lieu ? **d** Quels sont les deux slogans de cette campagne ?

2 Lisez le document 1.

a Relevez quels sont, selon les Français :

1 les Européens les plus polis au volant. **2** ceux qui conduisent le plus mal.

b Repérez l'opinion que les Français ont d'eux-mêmes.

2 Un peu, beaucoup… follement.

1 Lisez le document 3. Indiquez quel rapport entretiennent les piétons et les automobilistes français.

2 Lisez à nouveau le document 3. Relevez les énoncés qui comparent :

a la façon de conduire des Anglais et des Français. **b** le nombre d'accidents de la route en France et en Grande-Bretagne. **c** les rapports que les Anglo-Saxons et les Latins entretiennent avec la vitesse.

3 Observez les énoncés relevés et repérez les adverbes qui apportent une information sur :

a la manière. **b** la quantité ou l'intensité. **c** le temps ou la fréquence.

3

Il faut se méfier des Français en général, mais sur la route en particulier. Pour un Anglais qui arrive en France, il est indispensable de savoir d'abord qu'il existe deux sortes de Français : les à-pied et les en-voiture. Les à-pied exècrent* les en-voiture, et les en-voiture terrorisent les à-pied, les premiers passant instantanément dans le camp des seconds si on leur met un volant entre les mains. [...]

Les Anglais conduisent plutôt mal, mais prudemment. Les Français conduisent plutôt bien, mais follement. La proportion des accidents est à peu près la même dans les deux pays. Mais je me sens plus tranquille avec des gens qui font mal des choses bien qu'avec ceux qui font bien de mauvaises choses.

Les Anglais (et les Américains) sont depuis longtemps convaincus que la voiture va moins vite que l'avion. Les Français (et la plupart des Latins) semblent encore vouloir prouver le contraire.

Pierre Daninos, *Les Carnets du major Thompson*, 1954, © Hachette.

*Détestent.

ENTRAÎNEZ-VOUS

3 Paroles d'automobilistes.

Nuancez les propos en utilisant des adverbes.

Exemple : *Avant j'avais des contraventions mais j'ai suivi un stage de prévention routière et ma conduite s'est améliorée.*
→ Avant j'avais ***souvent*** *des contraventions mais j'ai* ***récemment*** *suivi un stage de prévention routière et ma conduite s'est* ***bien / beaucoup*** *améliorée.*

1 Je conduisais quand un piéton a traversé, j'ai freiné pour l'éviter. J'ai eu peur ! **2** On critique les automobilistes mais que dire des deux-roues ? Ils ne font pas attention aux autres et ils se croient tout permis. **3** Une contravention de 11€ parce que j'ai dépassé l'heure, c'est cher ! Je vais écrire pour protester. **4** La route est dangereuse : les conducteurs roulent vite ; il y a un accident par semaine à cet endroit.

4 Suivez le guide.

Voici quelques notes prises par l'auteur d'un guide de voyage étranger au sujet des transports parisiens. Imaginez les commentaires qu'il va rédiger ensuite.

Exemple : *Attention ! Le trajet de l'aéroport de Roissy au centre de Paris est* ***assez*** *cher.*

Taxi : Trajet aéroport Roissy / Paris-centre : cher
Amabilité chauffeurs nulle !
Samedi soir : difficile trouver taxi.

Métro : Pas cher. Pratique mais stressant.

Bus : Pas cher. Idéal pour visiter.
Compliqué pour un étranger.

GRAMMAIRE

Les adverbes de manière, de degré et de temps

Pour nuancer le sens d'un verbe, d'un adjectif ou d'un adverbe, on utilise des adverbes :

- **de manière :** *bien, mal, plutôt...* et des adverbes en *-ment* : *lentement, immédiatement...*
  Les Français se déplacent ***rapidement****.*
- **de quantité et d'intensité :** *beaucoup, très, un peu, à peu près, assez, trop...*
  Les Latins roulent ***trop*** *vite pour un Anglais.*
- **de temps et de fréquence :** *soudain, toujours, souvent, parfois, quelquefois...*
  Depuis mon arrivée à Paris, je m'énerve ***souvent*** *contre les Français !*

On peut utiliser un adverbe pour nuancer le sens d'un autre adverbe : *plutôt, très, bien, beaucoup, un peu.*

La place de l'adverbe varie dans la phrase.
En général, on constate qu'il se place :
– après le verbe conjugué à un temps simple ;
– entre l'auxiliaire et le verbe quand il s'agit d'un temps composé ;
– avant l'adjectif ou l'adverbe dont il nuance le sens.

COMMUNIQUEZ

5 Comparaison.

Avec votre voisin(e), comparez le comportement des automobilistes français avec celui des conducteurs dans votre pays.

6 Attention !

L'un(e) de vos ami(e)s a décidé de traverser la France à vélo cet été. Vous lui écrivez un e-mail pour le/la mettre en garde : donnez-lui des informations sur le comportement des conducteurs français et insistez sur les dangers qu'il/elle va rencontrer.

CD-Rom ▸ ACTIVITÉS 61 et 62

Cliché ou réalité ?

Grand, froid et écolo.
Sans aucun doute, cet américain est allemand.

En consommant 20 % d'énergie de moins qu'un réfrigérateur de classe A, le réfrigérateur américain CoolSpace XXL est un grand économe en électricité.

L'américain **CoolSpace XXL** de Bosch a tout pour plaire. Le design éblouissant de ses portes en verre accroche tous les regards. Son ergonomie offre un agencement optimal pour tous vos aliments : multiples rangements, clayette exclusive ajustable d'une main. Ses 2 circuits indépendants garantissent un froid idéal, côté réfrigérateur comme congélateur. Enfin, l'américain **CoolSpace XXL** fait partie de la classe énergétique la plus économe de sa catégorie : A+. Intelligent et écologique, cet américain a vraiment tout d'un allemand.
www.bosch-electromenager.com ou **0 892 698 010** (0,34 € TTC/mn).

DÉCOUVREZ

1 Mauvaise réputation.

1 a Écrivez dix mots que la France et les Français vous évoquent. Puis, comparez avec votre voisin(e) en justifiant vos réponses.

b Observez la publicité ci-dessus et relevez les stéréotypes associés à chacune des deux nationalités évoquées.

c Indiquez quel(s) stéréotype(s) les étrangers ont sur votre pays et ses habitants, en général. Dites ce que vous pensez de ces idées reçues.

2 Écoutez l'enregistrement ▸38 et relevez :

a le thème de la chronique. **b** ce qui sert de point de départ à cette chronique. **c** les différentes nationalités citées. **d** le classement général des Français au moment de cette chronique.

3 Écoutez à nouveau l'enregistrement.

a Relevez les qualités et les défauts des touristes français à l'étranger. **b** Comparez-les à trois autres nationalités citées dans la chronique.

2 *Do you speak French ?*

1 Lisez l'article et relevez :

a les trois langues étrangères les plus pratiquées en France. **b** les raisons pour lesquelles les personnes interrogées apprennent peu de nouvelles langues.

2 Lisez à nouveau l'article et relevez les énoncés qui valident ou contredisent les affirmations suivantes.

a La moitié des Français qui parlent une langue étrangère sont capables d'avoir une conversation dans cette langue. **b** Une minorité de Français trouvent utile de maîtriser d'autres langues. **c** La plupart des Français ne profitent pas des opportunités qui existent près de chez eux pour

http://www.touteleurope.fr

Les Français et les langues

Un Français sur deux parle suffisamment bien une langue étrangère pour participer à une conversation dans cette même langue. Ce qui place la France légèrement en dessous de la moyenne européenne. L'anglais (36%), l'espagnol (13%) et l'allemand (8%) restent les langues les plus pratiquées par les Français.

Une large majorité des personnes interrogées en France considèrent, par ailleurs, que connaître d'autres langues pourrait leur être utile. La plupart estiment notamment que l'anglais, l'espagnol et l'allemand pourraient être utiles à leur développement personnel et leur carrière.

Toutefois, en France comme dans le reste des pays sondés, les répondants apparaissent peu disposés à apprendre de nouvelles langues. Un manque de motivation, de temps et d'argent semble à l'origine du faible engouement des Français pour les langues. Et si près d'un répondant sur deux considère qu'il y a de «bonnes possibilités d'apprendre les langues» près de chez lui, la majorité d'entre eux ne saisissent pas pour autant l'opportunité d'améliorer leurs compétences.

Il ressort que, pour près d'un Français sur deux, le système éducatif reste le meilleur moyen d'apprendre une langue. Les deux tiers des Français, comme la majorité des Européens, jugent en effet qu'apprendre des langues étrangères à l'école permet aux élèves d'accroître les opportunités professionnelles qui s'ouvrent à eux.

15/05/06
www.touteleurope.fr

améliorer leur niveau en langue. **d** Pour la quasi-totalité des personnes interrogées, l'école ne permet pas vraiment d'apprendre une langue étrangère. **e** Plus de la moitié des Européens pensent que l'apprentissage des langues à l'école augmente les chances de trouver un travail.

3 Observez les énoncés relevés et les affirmations. Puis, repérez les termes qui donnent un ordre de grandeur, une proportion.

GRAMMAIRE

L'expression de proportions

- *La plupart, les deux tiers, les trois quarts*
  ***La plupart** critiquent la nourriture étrangère.*
- *La majorité, la quasi-totalité, la moitié, une minorité*
  ***La quasi-totalité** ignore tout de notre pays.*
- *Un sur deux / trois, etc.*
  *Moins d'**un** Français **sur trois** part en vacances à l'étranger.*
- *Un million, un millier, une centaine*
  *Ses commentaires sur la France lui ont valu **une centaine** de lettres de protestation.*
- *D'une façon générale, en général*
  ***D'une façon générale**, les Français sont considérés comme chauvins et arrogants.*

Une proportion peut être renforcée ou amoindrie par un adjectif :
*Seule **une petite minorité** accepte d'écouter ses arguments.*

N.B. : voir l'accord du verbe avec les expressions de proportions dans le mémento grammatical p. 146-147.

ENTRAÎNEZ-VOUS

3 Enquête.

Remplacez les pourcentages par une expression de proportion.

60% des Français ont l'intention de voyager au moins une fois cet été et 26% des vacanciers comptent poser leurs valises à l'étranger. 70% des Français qui comptent partir à l'étranger en long séjour choisissent l'Europe. 40% des personnes avaient déjà réservé leur séjour au moment de l'enquête (mi-mai). Pour les départs à l'étranger, 32% comptent réserver sur Internet, alors que 19% envisagent de recourir à une agence de voyages. (BVA/Ministère du Tourisme/2007)

COMMUNIQUEZ

4 Sondage.

1 **Choisissez, avec votre voisin(e), un thème pour un sondage que vous souhaitez réaliser dans votre classe.**
2 **Rédigez cinq questions liées au thème que vous avez choisi.**
3 **Posez vos questions à un maximum de personnes.**
4 **Faites, devant la classe, un compte-rendu des réponses que vous avez obtenues.**

CD-Rom ▸ ACTIVITÉS 63 et 64

En grève

http://www.serviceminimum.com

1 serviceminimum.com

Forum

Donnez votre avis sur le service minimum, faites-nous part de votre expérience, racontez comment les grèves dans les transports en commun bouleversent votre vie quotidienne... Nous publierons des extraits de vos témoignages sur cette page. Écrivez-nous à : temoignages@serviceminimum.com

Philippe M

Mercredi 14 : arrivé à l'aéroport d'Orly à 11 h 50 avec un jour de retard (mon vol de la veille annulé sans indemnité ni compensation, ni logement à l'hôtel, perte de deux jours de travail pour « grève »). Je dois aller jusqu'à la gare de Lyon prendre un train (une réunion que je dois animer à Annecy à 15 heures).

→ **1** Un kilomètre de queue aux taxis : la honte devant les étrangers qui ne comprennent rien et se croient dans un pays de fous !

→ **2** Pas assez de bus Air France.

→ **3** Les employés d'Air France signalent le fonctionnement partiel de la ligne 7 du métro au départ de Villejuif.

→ **4** Un bus curieusement non chargé nous y conduit : pas de métro !

→ **5** Du stop sur la RN 7 : on avance moins vite qu'à pied (merci à ce monsieur portugais de m'avoir pris sur 800 m).

→ **6** Je descends et je vais à la gare de Lyon à pied (porte d'Italie, place d'Italie, gare de Lyon traînant ma valise à roulettes).

→ **7** Le train pour Annecy de 14 h 30 part à 15 h 15 (seul bénéfice de la grève : je peux y monter en arrivant vers 15 heures à la gare de Lyon : merci la grève !). Je m'aperçois que j'ai perdu un dossier.

→ **8** J'annule la réunion et ma journée est perdue.

http://www.serviceminimum.com

2 **Message pour Philippe M.**

Je réponds tout de suite à votre témoignage sur le site serviceminimum.com car mercredi dernier, pendant la grève, j'étais dans ma voiture, coincé dans un embouteillage sur la nationale 7. Et ça n'avançait pas...

Vous l'avez deviné, le monsieur portugais, c'est moi et l'auto-stoppeur, c'est vous ! Quand je vous ai pris en stop, vous aviez une valise et un dossier à la main. Vous êtes parti très vite avec la valise, mais votre dossier, vous me l'avez laissé ! Je dois pouvoir vous l'envoyer. Mais pour cela, j'ai besoin de votre adresse postale. Donnez-la-moi sur Internet à : manuels@wanadoo.fr. Je vous l'envoie dès que possible.

Cordialement, Manuel

PS : Si vous connaissez Philippe M. et que vous lisez ce message, pouvez-vous le lui transmettre ? Merci.

DÉCOUVREZ

1 Service minimum.

1 Lisez le document 1 et répondez aux questions.

a Quel est l'objectif de ce forum ?

b Quelle est la cause des problèmes évoqués ?

c Quels sont les différents moyens de transport utilisés par l'auteur du témoignage ?

d Est-il arrivé à destination ? Pourquoi ?

e Quels préjudices a-t-il subis ?

2 Écoutez l'enregistrement ▸39 et relevez si les personnes interrogées sont pour ou contre le service minimum.

3 Réécoutez l'enregistrement et relevez :

a les arguments apportés par ces personnes pour justifier leur point de vue.

b les propositions faites par les personnes favorables au projet évoqué.

2 Rien ne se perd !

1 Lisez le document 2 et indiquez :

a le destinataire et l'auteur de ce message. **b** l'objet du message et la proposition qui est faite.

2 Lisez à nouveau le document 2 et relevez les parties du texte où l'auteur :

a précise ce qu'est devenu le dossier. **b** formule une proposition. **c** demande au destinataire du message ses coordonnées. **d** invite les lecteurs à faire passer son message à l'intéressé.

3 Observez les énoncés relevés.

a Identifiez les pronoms COD et COI, dites quel est leur ordre respectif puis repérez la place de ces doubles pronoms par rapport aux verbes.

b Trouvez la règle :
– le COI précède toujours le COD / le COD précède toujours le COI / cela dépend
– les doubles pronoms se placent toujours avant le verbe / après le verbe / cela dépend

GRAMMAIRE

La place des doubles pronoms

sujet	COI	COD	verbe
il	me / te nous / vous	le / la / les	donne
sujet	**COD**	**COI**	**verbe**
il	le / la / les	lui / leur	donne

Ta voiture, tu ***me la*** *prêtes ?*
Philippe a oublié son dossier, vous pouvez ***le lui*** *donner ?*

• Les pronoms *y* et *en* sont **toujours en deuxième position** :
Pour la date du concert, il est au courant, je ***lui en*** *ai déjà parlé.*
Ne t'inquiète pas pour ton rendez-vous, je ***t'y*** *ferai penser.*

• Cas des doubles pronoms avec **des verbes pronominaux** :
Sujet + pronom réflexif + 2e pronom + verbe
Il ***se le*** *répète souvent. Je* ***m'en*** *occupe tout de suite. Ils* ***s'y*** *habituent peu à peu.*

• À **l'impératif affirmatif**, tous les pronoms se placent après le verbe et sont reliés par un trait d'union :
Verbe + *le, la, les* (+ *moi, lui, nous, leur*)
*Donnez-**la-moi**. Apporte-**les-lui**.*
Verbe + *m', t', nous, vous, lui, leur* (+ *en*)
*Donne-**nous-en**. Occupez-**vous-en**.*

ENTRAÎNEZ-VOUS

3 Râleurs en rollers.

Complétez avec un ou deux pronoms.

– C'est ce soir la manif contre le racisme. Tu viens, on … va ?
– Ah, ça ne va pas être possible pour moi. Désolé, j'ai oublié de … … dire.
– Comment ça ? Mais on devait … aller ensemble. Tu … … avais promis.
– Oui, mais tu sais où elle commence, cette manif ? À République ! Et il y a une grève des transports ! Alors, comment je fais, moi, pour … … rejoindre ? J'… vais à pied ? Hein, je … … demande !
– Tu viens en rollers. Bah oui ! Ma paire de rollers, tu … … souviens ? Je … … ai prêtée il y a trois mois. Tu … as oubliée au fond d'un placard ?

4 Jours de grève.

Imaginez les réponses aux questions.

Exemple : *Pardon, madame, vous ne m'avez pas donné les numéros des lignes qui circulent ?*
→ *Ah si, monsieur, je viens de* ***vous les*** *donner.*

1 Voulez-vous les horaires des trains qui sont maintenus, madame ? **2** Tu as demandé à ton père de te prêter sa voiture pour aller à la fac ? **3** Ils ont conseillé aux usagers de rester chez eux demain, non ? **4** Est-ce que la SNCF vous a communiqué la durée de la grève ? **5** Tu pourras me laisser le numéro de la société de taxis ?

COMMUNIQUEZ

5 Débat.

Vous êtes l'un des invités de l'émission *On refait le monde*. Choisissez un rôle ci-dessous et préparez vos arguments. Puis jouez la scène avec votre voisin(e).

A Gérard Legoff, 35 ans, conducteur de métro, délégué syndical, opposé au service minimum.

B Patrice Leroy, 29 ans, usager du métro, militant en faveur du service minimum.

PRONONCEZ

1 Écoutez et répétez. Puis lisez la transcription p. 170 et repérez quels (e) n'ont pas été prononcés.

2 Écoutez et répétez, puis repérez les consonnes doubles prononcées.

Exemple : ***a*** *Il l'a bu.* = [ll] ***b*** *Il a bu.* = [l]

1 a Je maîtrise bien… b Je me maîtrise bien…
2 a Elle l'a compris ? b Elle a compris ?
3 a Tu te tiens ? b Tu tiens ?
4 a Ils suivent… b Ils se suivent…

CD-Rom ▸ ACTIVITÉS 65 et 66

LEÇON 44

Arrêt sur...

Les vraies-fausses idées reçues

Idée reçue n°1

1 Vraiment cra-cra*, les Français ?

La question est posée dans le dernier numéro de la revue *Bien sûr santé*, le premier magazine de prévention diffusé gratuitement dans les salles d'attente des cabinets médicaux et dans les pharmacies. À en croire cet article, 90 % des Français ne se lavent pas les mains avant de passer à table et, parmi ceux qui font un détour par le lavabo, 25 % n'utilisent jamais le savon. Une récente enquête TNS réalisée dans 50 pays indique que nous nous lavons 13,5 fois par semaine le visage et/ou le corps, contre 15 fois pour les Anglais, les Allemands et les Espagnols et 19 fois pour les Italiens. Enfin, nous employons 1,7 brosse à dents par an, alors que les spécialistes recommandent d'en changer tous les 3 mois.

« Si tous les foyers français achètent au moins une fois dans l'année des produits pour se laver, ils ne sont que 84 % à investir dans les shampoings et 69 % dans les déodorants », peut-on lire dans la revue. Quant à la consommation de produits nettoyants, elle semble plus difficile à estimer, la vente des savons solides étant en chute libre depuis plusieurs années, alors que celle des savons liquides ou des produits bain-douche progresse. Mais l'essentiel reste de bien se frotter...

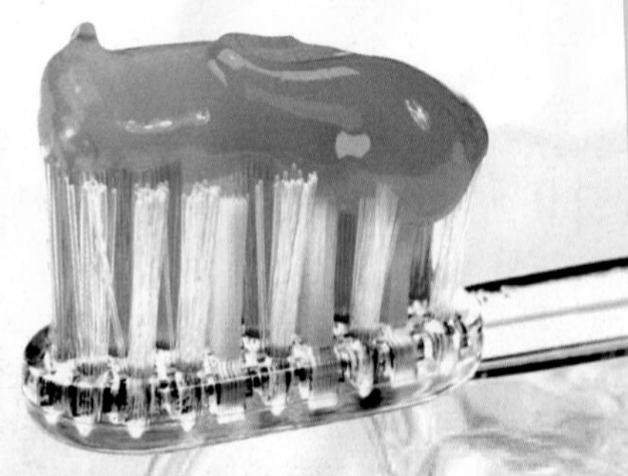

Le Point.fr – 27/09/07

*(familier) Crados = sales.

2

En 1951, un sondage publié par le magazine *Elle* montrait qu'un peu plus d'une femme sur trois ne faisait sa toilette complète qu'une fois par semaine ; 39% ne se lavaient les cheveux qu'une fois par mois. La même année, Le *Larousse médical* précisait que la douche ou le bain pouvait être hebdomadaire.

Depuis, les habitudes de propreté des Français ont progressé : 71% des Français déclarent prendre une douche au moins une fois par jour ; 7% disent même en prendre au moins deux. Plus d'un homme sur quatre et une femme sur dix déclarent aujourd'hui se laver les cheveux tous les jours ou presque. L'hygiène dentaire s'est aussi sensiblement améliorée : une femme sur trois et un homme sur cinq disent se brosser les dents trois fois par jour ; ces chiffres semblent cependant surestimés lorsque l'on compare avec les achats de dentifrice et de brosses à dents.

Francoscopie 2010 © Larousse

REPÉREZ

1 Quelques idées reçues.

1 **Avec votre voisin(e), choisissez trois nationalités différentes et faites une liste d'idées reçues sur chacune de ces nationalités. Puis comparez votre liste avec celles d'autres groupes dans la classe.**

2 **Lisez le titre du premier article. Relevez de quelle nationalité et de quelle idée reçue il est question.**

3 **Lisez les deux articles et repérez si possible :**
a les différentes sources qui apportent des informations sur le sujet abordé. **b** les dates relatives aux informations citées.

4 **Lisez à nouveau les deux articles. Relevez les commentaires utilisés pour indiquer que certaines données :**
a s'appuient sur une source d'information non vérifiable. **b** sont difficiles à évaluer. **c** ne correspondent pas vraiment à la réalité.

Idée reçue n°2

Les Français travaillent moins que les autres

Travailleurs à temps partiel et durée du travail hebdomadaire dans quelques pays de l'Union européenne (2008)

	Travailleurs à temps partiel en % de l'emploi total			Durée du travail hebdomadaire (1)
	Ensemble (en %)	Hommes (en %)	Femmes (en %)	(en heures)
Allemagne	25,9	9,4	45,4	41,7
Autriche	23,3	8,1	41,5	44,0
Belgique	22,6	7,9	40,9	40,9
Danemark	24,6	14,2	36,5	40,2
Espagne	12,0	4,2	22,7	41,9
France	16,9	5,8	29,4	41,0
Grèce	5,6	2,8	9,9	43,7
Italie	14,3	5,3	27,9	41,1
Pays-Bas	47,3	23,9	75,3	40,8
Pologne	8,5	5,9	11,7	42,7
Portugal	11,9	7,4	17,2	41,6
République tchèque	4,9	2,2	8,5	42,7
Royaume-Uni	25,3	11,3	41,8	43,0
Suède	26,6	13,3	41,4	40,9

(1) : nombre d'heures travaillées par semaine, y compris les heures supplémentaires de l'ensemble des personnes en emploi à temps plein.

Source : Eurostat.

2 Et alors, c'est vrai ou pas ?

1 Voici plusieurs affirmations entendues sur l'hygiène des Français. Lisez à nouveau les deux articles et dites si ces affirmations sont vraies ou fausses.

a « Il paraît que plus de deux tiers des Français prennent une douche au moins une fois par jour. » (Claudio, italien) **b** « Non mais, rendez-vous compte ! La majorité d'entre eux ne se lavaient les cheveux qu'une fois par mois il y a quarante ans. » (Nikos, grec) **c** « Il en reste encore une minorité qui ne met jamais de déodorant. » (Keren, norvégienne) **d** « Tu ne le croiras jamais ! La plupart des Français ne se lavent pas les mains avant de passer à table ! » (Monica, allemande) **e** « En France, la moitié des hommes et des femmes se brossent les dents trois fois par jour. » (Katarzyna, polonaise) **f** « D'une façon générale, les Français se lavent moins que nous. » (Sharon, anglaise) **g** « Nous n'utilisons peut-être pas beaucoup de savon mais de plus en plus de gels douche. » (Jérôme, français)

2 Observez le tableau et repérez :

a la source. **b** l'année de référence. **c** les pays concernés. **d** les deux types d'information apportés.

RÉALISEZ

3 Compte-rendu.

Le magazine *Le Point* vous demande de rédiger un article de 200 mots environ sur le modèle de celui concernant l'hygiène des Français. En vous aidant du tableau ci-dessus, écrivez un texte sur le temps de travail des Français comparé à celui des habitants d'autres pays européens.

4 Une soirée animée.

Invité(e) à dîner chez un(e) ami(e), vous êtes très énervé(e) par l'une des personnes qu'il/elle a invitée car cette personne passe son temps à critiquer les Français sur leur hygiène ou le fait qu'ils travaillent moins que les autres. Vous essayez de lui montrer qu'il/elle n'a pas (toujours) raison. Votre ami(e) donne également son avis. Jouez la scène avec deux autres personnes de la classe.

Savoir-faire

1 Fiers ou pas ?

Le journal *Ouest-France* vous demande de rédiger un article sur le sentiment d'identité nationale, en France. Observez l'enquête ci-dessous et écrivez votre article précédé d'un titre.

Êtes-vous favorable ou opposé à l'apprentissage de la *Marseillaise* à l'école ?
Favorable : **77%**
Opposé : **22%**
Ne sait pas : **1%**

Personnellement, vous sentez-vous fier d'être français ?
Oui, très : **46%**
Oui, assez : **43%**
Pas vraiment : **9%**
Pas du tout : **2%**

Sondage réalisé par Ifop (Institut français d'opinion publique) pour le journal *Ouest-France*
Dimanche 1er novembre 2009

2 Comportements.

En association avec une grande station de radio, le magazine *60 millions de consommateurs* propose ce mois-ci un quiz sur l'évolution des habitudes de consommation des Français. Un abonnement d'un an au magazine est à gagner. Écoutez l'enregistrement et répondez au quiz ci-dessous.

1 En cinquante ans, la consommation des Français a-t-elle...
☐ doublé ? ☐ triplé ? ☐ diminué de moitié ?

2 Dans quel(s) domaine(s) la part du budget des Français a-t-elle augmenté ?
☐ l'alimentation ☐ le logement
☐ les transports ☐ les équipements électroniques

3 Dans quel(s) domaine(s) la part du budget est-elle moins importante à Paris ?
☐ chauffage / eau / électricité
☐ consommation d'alcool
☐ sorties au restaurant

4 Quelle part du budget les animaux domestiques représentent-ils en moyenne par an et par personne ?
☐ entre 70 et 100 € ☐ de 100 à 200 € ☐ plus de 200 €

5 Comparé à 1960, les Français vont-ils...
☐ 2 fois ☐ 3 fois ☐ 4 fois
☐ plus souvent ☐ moins souvent
...au restaurant ?

☐ 2 fois ☐ 3 fois ☐ 4 fois
☐ plus souvent ☐ moins souvent
...au café ?

6 Quel(s) produit(s) alimentaire(s) les personnes moins aisées consomment-elles plus qu'auparavant ?
☐ les fruits et légumes ☐ la viande
☐ le poisson ☐ les produits sucrés

3 Marre des clichés !

En lisant un magazine, vous tombez sur le dessin humoristique ci-contre. Choqué(e) par les clichés que ce dessin met en avant, vous le montrez à un(e) ami(e) et manifestez votre colère. Votre ami(e) trouve ce dessin très drôle et pense que vous manquez d'humour. Jouez la scène avec votre voisin(e).

UNITÉ 12

Mes envies, mes avis

Vous allez apprendre à...

- exprimer un souhait ou un désir
- formuler des contradictions et des différences
- argumenter un point de vue

Pour

- évoquer des rêves que vous aimeriez réaliser
- participer à un débat sur un sujet de société
- donner votre avis sur un spectacle
- rédiger une critique de film

Aller au bout de ses rêves

http://www.experienceextreme.fr

De quelle expérience extrême rêvez-vous ?

Sauter en parachute, piloter une Formule 1, partir en expédition au Pôle Nord...
Les occasions de vivre des expériences extrêmes ne manquent pas.
Vous n'avez pas encore franchi le pas mais qui sait, peut-être un jour...
Quelle(s) expérience(s) extrême(s) aimeriez-vous réaliser ?

Témoignages

- « Traverser le Sahara en famille » Carlos, 41 ans
- « Faire un voyage en montgolfière » Jeanne, 72 ans
- « Piloter un avion de tourisme » Cécilia, 32 ans
- « Vivre plusieurs semaines dans un monastère » Alain, 61 ans
- « Participer à un voyage dans l'espace » Lin, 29 ans
- « Nager au milieu des dauphins » Mathieu, 13 ans
- « Faire du rafting » Sébastien, 18 ans
- « Marcher sur des braises » Omar, 38 ans
- « Partir pour un tour du monde en voilier » Arnaud, 25 ans
- « Partager la vie d'une tribu » Maryline, 52 ans

1 **À quelles expériences extrêmes aimeriez-vous participer ?**
J'aimerais voyager en montgolfière pendant 5 semaines comme dans le roman de Jules Verne.
Pourquoi ne pas avoir encore réalisé vos rêves à ce jour ?
C'est une question de moyens essentiellement. Et puis mes enfants et petits-enfants y sont tous opposés.
Si par bonheur vous en avez l'occasion, où aimeriez-vous concrétiser vos envies ?
N'importe où à partir du moment où la région est d'une beauté fantastique.

2 **À quelles expériences extrêmes aimeriez-vous participer ?**
J'aimerais vivement partir à la découverte de civilisations éloignées de la nôtre et me retrouver perdue au milieu de nulle part, sans aucune référence possible à notre mode de vie occidental.
Pourquoi ne pas avoir encore réalisé vos rêves à ce jour ?
Par conformisme. Rien ni personne ne m'en empêche.
Si par bonheur vous en avez l'occasion, où aimeriez-vous concrétiser vos envies ?
Quelque part loin de tout forcément.

DÉCOUVREZ

1 D'un continent à l'autre.

1 **Faites une liste de plusieurs rêves que vous aimeriez réaliser. Puis comparez avec votre voisin(e).**

2 **Écoutez l'introduction de l'enregistrement** ▸40 **et notez de quel rêve il est question.**

3 **Écoutez l'enregistrement en entier et dites si les affirmations suivantes sont vraies ou fausses.**
a Ce type de rêve existe aussi bien chez les jeunes que chez les personnes plus âgées. **b** Mais il n'est réalisable que pour les classes sociales favorisées. **c** Toutes les compagnies aériennes proposent aujourd'hui des tours du monde à des tarifs intéressants. **d** Grâce aux alliances entre compagnies aériennes, il est possible de faire le tour du monde avec un seul billet. **e** D'autres formules que l'avion sont également proposées pour cela.

4 **Écoutez à nouveau l'enregistrement et complétez si possible le tableau.**

Alliance / compagnie ou voyagiste	Tarif	Durée	Ce tarif	
			comprend	ne comprend pas
One World (British Airways)				
Australie Tours				
Terres de charme				

5 **Relevez la particularité de la compagnie CMA-CGM et ce qu'elle propose.**

2 Envie d'extrême ?

1 **Lisez la page d'accueil du site Internet. Indiquez ce que ce site propose aux internautes.**

2 **Lisez le sommaire de la rubrique Témoignages. Puis, avec votre voisin(e), imaginez trois autres thèmes de témoignages.**

À quelles expériences extrêmes aimeriez-vous participer ?
Pratiquant des sports nautiques, je voudrais faire quelque chose que je n'ai pas encore pu tester comme le rafting ou le canyoning. Mais pas avec n'importe qui : il faut être très bien encadré pour ce genre de sport car ça peut-être extrêmement dangereux.

Pourquoi ne pas avoir encore réalisé vos rêves à ce jour ?
J'ai vécu dans des endroits qui m'ont permis de réaliser d'autres rêves (surf, windsurf, dans divers endroits dont Hawaii).

Si par bonheur vous en avez l'occasion, où aimeriez-vous concrétiser vos envies ?
Pour le rafting, je choisirais le Colorado, aux États-Unis. En ce qui concerne le canyoning, plutôt les Pyrénées.

3 **Lisez les trois témoignages et dites qui les a envoyés.**

4 **Lisez à nouveau ces témoignages. Relevez :**
a dans quelles conditions les personnes aimeraient participer à l'expérience extrême citée. **b** les raisons pour lesquelles elles n'ont pas encore réalisé leur rêve. **c** les lieux où elles aimeraient concrétiser leur envie.

5 **a Lisez à nouveau ces témoignages et relevez les énoncés où se trouvent des termes contenant une idée d'imprécision, d'indétermination.**
Exemple : *Je voudrais faire **quelque chose** que je n'ai pas encore pu tester comme le rafting ou le canyoning.*

b Classez les termes relevés dans les catégories suivantes.
1 personnes / choses ou lieux **2** concerne un seul élément ou un ensemble **3** sens positif ou sens négatif

ENTRAÎNEZ-VOUS

3 Expériences uniques.

Complétez ces extraits de témoignages avec des pronoms et adverbes indéfinis. Puis dites pour chacun quelle expérience est évoquée.

1 On se trouve actuellement … au milieu des dunes et on vit … d'extraordinaire ! … , c'est le silence. Nous n'avons croisé … depuis cinq jours ! Mais ne t'inquiète pas, … va bien !

2 Je vis … d'extraordinaire : … je ne me suis senti aussi bien que parmi ces animaux ! Je me sens en totale sécurité, à mon avis, … peut en faire autant.

3 Je m'attendais au début à de la méfiance de leur part mais ils n'en ont manifesté … ; au contraire, ils m'ont … bien accueilli. … est venu vers moi avec un cadeau, moi je n'avais … apporté sauf quelques stylos bille.

GRAMMAIRE

Les pronoms et les adverbes indéfinis

Pour donner une information avec une part d'indétermination, on emploie des pronoms et adverbes indéfinis :
***Personne ne** pourra m'empêcher de réaliser mon rêve.*
*Attention à ne pas faire **n'importe quoi** !*
*J'aimerais pouvoir aller **partout** dans le monde.*

	Sens positif		Sens négatif
L'indétermination porte sur…	**Un seul élément**	**Un ensemble**	
une personne	*chacun(e), quelqu'un (d'autre), n'importe qui*	*tou(te)s, tout le monde, d'autres*	*personne… ne, aucun(e)*
un objet ou une idée	*quelque chose (d'autre), n'importe quoi*	*tout, tou(te)s, d'autres*	*rien ne, aucun(e)*
un lieu	*quelque part, n'importe où, ailleurs*	*partout*	*ne… nulle part*

COMMUNIQUEZ

4 Et vous ?

Avec votre voisin(e), répondez à votre tour aux trois questions posées sur le site. Puis, indiquez quelle(s) expérience(s) extrême(s) vous ne pourriez absolument pas réaliser. Dites pourquoi.

PRONONCEZ

1 **Écoutez et répétez. Les (n) soulignés sont-ils prononcés ?**
Exemple : *Il n'y avait rien à dire. = (n) prononcé.*
a Chacun a choisi sa destination ? **b** Ça n'avait aucun intérêt… **c** Enfin quelqu'un a réagi ! **d** On a compris. **e** On n'a pas compris. **f** Personne n'a compris.

2 **Écoutez et répétez, puis dites si vous entendez [tu], [tus] ou [tut]. Dites, dans chaque cas, comment vous écririez ces mots. Vérifiez ensuite vos réponses en consultant la transcription p. 171.**

CD-Rom ▸ ACTIVITÉS 67 et 68

Leçon 46 La roue de la fortune

http://www.elle.fr

ELLE

BELGIQUE : POLÉMIQUE SUR L'ÉLECTION « MISS SDF* »

La polémique ne cesse d'enfler en Belgique depuis le lancement du concours « Miss SDF ». Cette initiative est une première dans le pays et elle ne plaît pas à tout le monde. Alors que les organisateurs assurent vouloir sortir les femmes SDF de la rue, certains jugent le concept totalement déplacé. À l'issue du concours, la gagnante remportera un toit pour l'année. Quant aux autres, elles bénéficieront d'un soutien personnalisé.

ELLE - 25/02/2009

*Sans Domicile Fixe.

Réagissez à cet article.

D'après l'organisatrice, le concours « vise à permettre la réinsertion des femmes SDF dans la société ». Elle affirme avoir reçu des réactions très favorables des associations d'aide aux sans-abri. La radio belge est par contre d'un autre avis : selon elle, ce concept a reçu de nombreuses critiques des mêmes associations. Anaïs, Rouen (France)

Même si les avis sont souvent opposés à cette initiative, de nombreuses personnes ont proposé leur candidature. Quant à moi, je suis scandalisée car c'est une exploitation de la misère qui est faite. Au lieu d'aider véritablement ces femmes, on ne leur donne que des illusions. Océane, Namur (Belgique)

Contrairement à la majorité des gens qui critiquent cette initiative, je trouve que c'est une excellente idée. Ce n'est pas la beauté des participantes qui compte dans ce jeu mais leur volonté de s'en sortir. Laure, Annecy (France)

Nous passons tous les jours à côté de SDF et pourtant nous ne les voyons plus. Cette initiative nous oblige à les regarder : c'est déjà une victoire. Biryane, Calais (France)

DÉCOUVREZ

1 Bingo !

1 Écoutez l'enregistrement ▸41 et indiquez :

a la nature du jeu dont il est question. **b** quel type d'entreprise organise ce jeu.

2 Écoutez à nouveau l'enregistrement.

a Dites si les affirmations suivantes sont vraies ou fausses.

1 Le jeu dont il est question est organisé en France.
2 Il n'y a pas de conditions particulières pour y participer.
3 Dix emplois seront offerts à l'issue de cette loterie.
4 Tout le monde trouve cette idée vraiment intéressante.
5 Le jeu va permettre aux organisateurs d'augmenter leur chiffre d'affaires.

b Relevez :

1 le profil des postes qui sont offerts. **2** la durée des contrats. **3** le montant des salaires.

c Décrivez l'affiche publicitaire qui fait la promotion du jeu.

3 Écoutez à nouveau l'enregistrement.

a Retrouvez les trois réactions exprimées.

1 C'est honteux ! Jamais je ne participerai ! **2** C'est un peu scandaleux mais ça marche. **3** C'est une idée géniale ! Et j'espère bien gagner ! **4** Nous sommes révoltés ! Chercher un travail, ce n'est pas un jeu. **5** Nos clients sont ravis !

b Associez ces trois réactions aux personnes qui les expriment.

1 le journaliste 2 les responsables d'un syndicat 3 le responsable de la communication de l'entreprise

2 Polémique.

1 Lisez l'article et relevez :

a le nom du concours. b son objectif. c le pays où il a lieu. d le lot attribué à la gagnante.

2 Indiquer comment cette idée est accueillie.

3 Lisez les réactions des internautes. Relevez s'ils ont une opinion positive, négative ou neutre sur cette initiative.

4 Lisez à nouveau ces réactions.

a Relevez :

1 des exemples d'opposition d'idées et/ou de comportements. 2 des faits ou des comportements contradictoires.

b Relevez les termes utilisés pour exprimer ces oppositions ou contradictions.

Grammaire

L'expression de l'opposition et de la concession

Pour opposer deux faits, pour souligner un contraste, une différence, on emploie :

- *alors que* + indicatif

***Alors que** ce concours est très critiqué, plusieurs SDF ont déjà posé leur candidature.*

- *par contre, mais, au contraire*

*Je ne suis pas opposé à cette initiative. **Au contraire,** je la trouve intéressante.*

- *au lieu de* + infinitif

***Au lieu de** critiquer les organisatrices, il vaudrait mieux les encourager.*

- *contrairement à* + nom ou pronom

***Contrairement à** vous, je pense que cette initiative est choquante.*

Pour exprimer une concession, c'est-à-dire qu'un fait n'a pas d'influence sur le résultat final, on utilise :

- *même si* + indicatif

***Même si** l'une d'elles gagne, elle se retrouvera à la rue dans un an.*

- *pourtant*, quand même*, tout de même**

*Elle a gagné et **pourtant**, aujourd'hui, elle est toujours SDF.*

- *mais*, cependant**

*L'organisatrice veut aider les femmes sans-abri ; **cependant**, il y a peu de chances qu'elle y arrive.*

*ces termes s'utilisent pour souligner le résultat final.

ENTRAÎNEZ-VOUS

3 USA : loterie pour des soins gratuits.

Complétez avec *alors que, au lieu de, même si, par contre, contrairement à.*

1 ... il s'agit de venir en aide aux SDF, je trouve cette idée scandaleuse ! 2 L'État ferait mieux d'assurer des soins pour tous ... faire une sélection. 3 ... ce qu'on pense, aucun des perdants n'a critiqué l'initiative. 4 Cette formule de loterie existe aussi en Italie, ... elle se pratique uniquement pour faire « gagner » des emplois aux chômeurs. 5 Soigner les 50 personnes tirées au sort ... les 450 autres ne pourront recevoir aucun soin, ce n'est vraiment pas normal !

4 Réactions.

Transformez avec une expression d'opposition ou de concession.

Exemple : *L'entreprise a besoin de caissières mais cette façon de recruter me gêne.*

→ ***Même si*** *l'entreprise a besoin de caissières, cette façon de recruter me gêne.*

1 Je trouve cette idée de tombola très astucieuse mais je ne participerai pas au concours. 2 Tout le monde ne gagne pas à ce jeu mais c'est très motivant. 3 C'est bien de proposer des emplois mais ce supermarché profite de la misère des gens pour se faire de la pub. 4 L'initiative paraît généreuse mais le recrutement devrait se faire uniquement en fonction des compétences.

COMMUNIQUEZ

5 Débat.

Une chaîne de télévision organise un débat consacré aux initiatives originales pour lutter contre le chômage et la pauvreté. Choisissez un des rôles ci-dessous et préparez vos arguments. Puis jouez la scène avec d'autres personnes de la classe.

A Vous êtes l'un des organisateurs du concours « Miss SDF ».

B Vous voulez organiser en France une loterie semblable à celle organisée dans les supermarchés italiens.

C Vous êtes bénévole dans une association qui aide les sans-abri.

D Vous travaillez dans une association qui aide les demandeurs d'emploi à retrouver un travail.

E Vous êtes l'animateur/animatrice de l'émission et vous demandez leur opinion aux invité(e)s.

CD-Rom ▸ ACTIVITÉS 69 et 70

LEÇON 47

Coup de cœur, coup de gueule

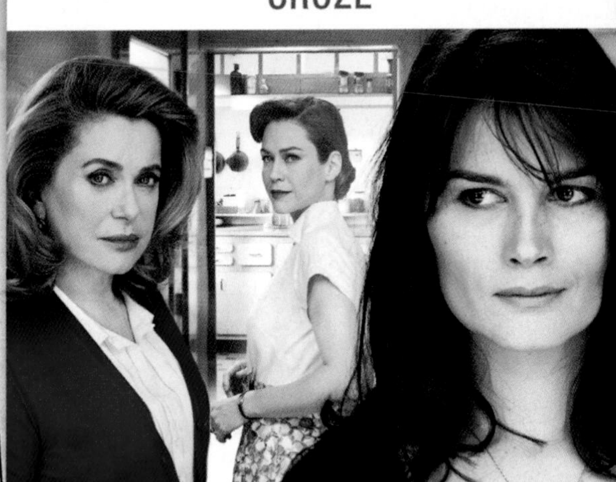

1 LOI HADOPI : le coup de gueule de Françoise Hardy

« Je suis scandalisée et espère ne pas être la seule, non seulement que la loi Hadopi ait été rejetée par l'Assemblée nationale, mais qu'elle l'ait été de cette façon.

C'est incroyable que les députés, de gauche comme de droite, ne réalisent pas que le piratage Internet est en train de détruire notre profession et toutes les professions qui sont autour, en nuisant davantage encore aux « petits » qu'aux « gros ». Pour le cinéma, c'est la même chose. Quand on pense à ce que coûte un disque, à ce que coûte un film, à tous les gens qui en vivent, c'est vraiment dramatique. Comme le dit Thomas [Dutronc], on peut comprendre que si

DÉCOUVREZ

1 Critique.

1 Observez les deux affiches ci-dessus et écoutez l'introduction de l'enregistrement ▸42. Indiquez :

a le nom de la personnalité interrogée. **b** le lien entre les deux affiches et cette personnalité.

2 Écoutez l'enregistrement en entier et répondez aux questions.

a Quel est l'univers décrit dans le film *Un prophète* ? **b** Qu'apprend-on sur le personnage principal ? **c** Combien de spectateurs ce film a-t-il déjà attiré ? **d** Quelle est l'opinion de beaucoup d'entre eux sur ce film ? **e** À quelle cérémonie et dans quelle catégorie la France a-t-elle décidé de présenter ce film ? **f** Ce film a-t-il été retenu pour cette cérémonie ?

3 Écoutez à nouveau l'enregistrement et relevez les commentaires exprimés par la personne interviewée sur ce film et sur ses interprètes.

4 Indiquez ce qui, dans les commentaires exprimés, vous donne envie ou non de voir ce film.

2 Profession en danger.

1 a Lisez le document 1 et relevez :

1 la profession de la personne interviewée. **2** le sujet sur lequel elle s'exprime. **3** la date de l'interview.

b Faites des hypothèses sur l'objectif de la loi Hadopi.

2 Lisez le document 2 et vérifiez vos hypothèses. Puis, dites ce qui a changé depuis l'interview.

les gens ont l'opportunité d'avoir une voiture gratuitement, ils s'en foutent de contribuer ainsi à la mort de l'industrie automobile. L'objectif premier de cette loi était de faire prendre conscience de ce genre de chose. Objectif utopique, sans doute.
Je déplore que Cabrel, Goldman, Renaud et d'autres ne soient pas montés au créneau[1], comme Alain Corneau, par exemple. Je ne sais plus si c'est Corneau ou Jean-Claude Carrière qui, excédé par le qualificatif de « liberticide[2] » à propos de cette loi, a utilisé l'image d'un poulailler[3] libre avec des renards libres : libres de manger toutes les poules qu'ils veulent et quand il n'y a plus de poules, ils meurent eux-mêmes d'inanition[4]. »

Françoise Hardy[5]
Paroles, Paroles – BibliObs.com – 10/04/09

1 Ne se soient pas révoltés. 2 Qui tue la liberté. 3 Lieu où sont enfermées les poules. 4 Par manque de nourriture. 5 Auteur, compositeur, interprète français.

2 **La loi Hadopi** (Haute autorité pour la diffusion des œuvres et la protection des droits sur Internet) est une loi française qui sanctionne le partage de fichiers en pair à pair et cherche à protéger les droits d'auteurs sur Internet. Cette loi a finalement été adoptée le 21 septembre 2009.

3 Lisez à nouveau l'interview et relevez quels sont, selon Françoise Hardy : a les dangers du piratage Internet. **b** les domaines artistiques touchés par le piratage. **c** les motifs pour lesquels une œuvre artistique ne peut pas être gratuite.

4 Repérez : a les deux comparaisons utilisées pour illustrer la nécessité de cette loi. **b** l'argument employé par les personnes opposées à cette loi.

5 a Relevez les deux énoncés dans lesquels Françoise Hardy exprime : 1 sa révolte contre le rejet de la loi. **2** son regret concernant l'attitude de certains artistes.

b Observez les modes et les temps utilisés pour exprimer ces sentiments. Justifiez leur usage.

ENTRAÎNEZ-VOUS

3 Réactions.

Transformez comme dans l'exemple.

Exemple : *Les députés ont adopté cette loi. C'est bien !*
→ *C'est bien que les députés* ***aient adopté*** *cette loi !*

1 Tu as toujours téléchargé de manière illégale. Ça me choque ! **2** Ils sont restés très silencieux au sujet du piratage. C'est dommage ! **3** Vous avez réagi violemment. Je ne comprends pas ! **4** Ils ont manifesté devant l'Assemblée. C'est compréhensible ! **5** Je suis descendue dans la rue défendre ce projet. Ça te gêne ?

GRAMMAIRE

Le subjonctif passé

• **Formation**

Le subjonctif passé se forme avec l'auxiliaire *avoir* ou *être* au subjonctif présent + le participe passé du verbe.

	singulier	pluriel
1re personne	*que j'**aie réagi***	*que nous **ayons réagi***
2e personne	*que tu **aies réagi***	*que vous **ayez réagi***
3e personne	*qu'il/elle **ait réagi***	*qu'ils/elles **aient réagi***

• **Emploi**

Le subjonctif passé s'utilise pour une action accomplie dans le passé ou dans l'avenir.
*Je suis choqué qu'ils n'**aient** pas **voté** cette loi.*
*Il faut que vous **ayez rédigé** votre « Coup de gueule » avant demain.*

COMMUNIQUEZ

4 Question de point de vue.

Au lendemain de l'adoption de la loi Hadopi, vous êtes invité(e) dans une émission de radio pour exprimer votre point de vue sur cette loi. Choisissez un des rôles ci-dessous et préparez vos arguments. Puis, jouez la scène avec votre voisin(e).

A Vous êtes étudiant(e) et vous échangez régulièrement des chansons et des films avec d'autres internautes.

B Vous êtes un(e) jeune interprète et vous êtes tout à fait satisfait(e) par le vote de la loi.

CD-Rom ▸ ACTIVITÉS 71 et 72

Arrêt sur...

L'esprit critique

Iznogoud

Les adaptations de BD au cinéma tournent décidément à la cata[1] : après *Michel Vaillant* et *Blueberry*, voici *Iznogoud*, de Goscinny et Tabary. L'unique but du réalisateur, c'est de faire vociférer[2], durant quatre-vingt-dix minutes, Michaël Youn dans son numéro de pâle Louis de Funès[3]. Aucun rythme. Pas d'idées. Un seul gag : Youn chante Prethi Oumane en arabe. La réplique la plus drôle ? « Voulez-vous un djinn tonique ? », demande un marchand de génies. Face à Jacques Villeret, totalement sacrifié, les seconds rôles jouent sur un seul registre : la vulgarité.

Français (1h35). Réal. : Patrick Braoudé. **Avec :** Michaël Youn, Jacques Villeret, Arno Chevrier, Elsa Pataky...

Pierre Murat

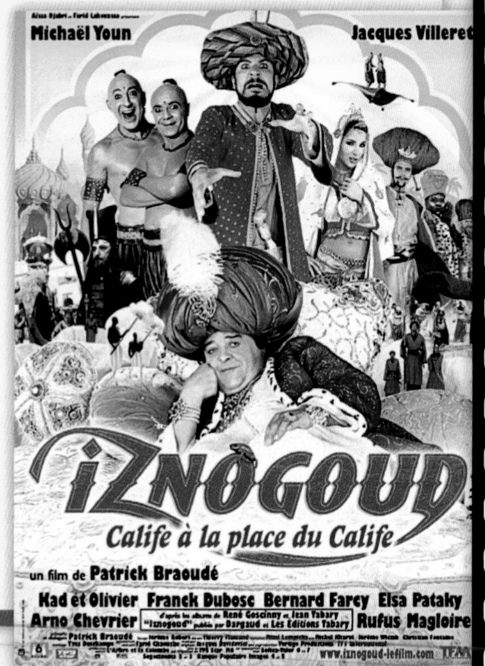

Aurore

Le projet est ambitieux : un conte de fées où la danse tient le premier rôle. Nils Tavernier s'est bien entouré : la chorégraphe Carolyn Carlson, les comédiens Carole Bouquet et François Berléand, et une gracile[4] danseuse, Margaux Chatelier, dans le rôle-titre. Celui d'une princesse qui vit par et pour la danse, dans un royaume où le roi son père interdit cet art. Nils Tavernier a manifestement beaucoup pensé à *Peau d'Ane*. Mais il manque ici hélas, la douce et rêveuse folie qui enchantait le film de Jacques Demy. Reste une naïveté touchante mais maladroite, des scènes répétitives et des comédiens mal à l'aise. Dommage...

Français (1h35). Réal. : Nils Tavernier. **Avec :** Margaux Chatelier, Carole Bouquet, François Berléand...

Cécile Mury

La petite Chartreuse

Au volant d'une camionnette pleine de romans, un bouquiniste[5] renverse une enfant. La voilà entre la vie et la mort. Et lui aussi d'une certaine façon. Tant que la petite Éva sera dans le coma, Étienne ne vivra plus. Alors, il est chaque jour au chevet[6] d'Éva, avec des histoires à raconter pour essayer de la réveiller. Sous le réalisme apparent de *La petite Chartreuse*, une histoire mystérieuse grandit, comme une fleur sous la neige, avant de resplendir. Les comédiens ont su donner une réalité sensible aux personnages du roman : Marie-Josée Croze est d'une grande justesse dans son rôle de mère et la petite Bertille Noël-Bruneau ne cesse d'étonner par l'intensité de sa présence. Quant à Olivier Gourmet, il interprète Étienne d'une manière aussi impressionnante que subtile, comme les grands acteurs américains.

Français (1h30). Réal. : Jean-Pierre Denis. **Avec :** Olivier Gourmet, Marie-Josée Croze, Bertille Noël-Bruneau...

Frédéric Strauss

1. (familier) Catastrophe. **2.** Crier. **3.** Célèbre acteur comique français. **4.** Mince. **5.** Vendeur de livres. **6.** Près du lit.

REPÉREZ

1 Ça leur a plu ?

1 Lisez les trois critiques de films et associez-les à un genre cinématographique.
a documentaire **b** drame **c** film d'action **d** comédie **e** film de science-fiction **f** conte

2 Lisez à nouveau ces trois critiques de films et repérez les commentaires qui donnent un jugement positif ou négatif sur :
a la réalisation du film. **b** l'interprétation des acteurs.

3 Repérez, lorsque c'est possible, les comparaisons à d'autres films. Dites :
a de quel(s) film(s) il s'agit. **b** si cette comparaison est positive ou non.

4 Associez chaque symbole ci-dessous à une des trois critiques de film (attention, chaque symbole n'est utilisé qu'une seule fois). Justifiez votre choix.

À éviter ! Bien. Excellent !

2 Construction d'une critique.

1 Lisez à nouveau les trois critiques. Relevez les points qui sont évalués.
a l'interprétation **b** les effets spéciaux **c** la réalisation **d** la musique **e** le rythme du film **f** l'originalité **g** les dialogues **h** les costumes

2 Lisez à nouveau la critique de *La petite Chartreuse* et repérez :
a le nom du réalisateur.
b le résumé de l'histoire.
c le nom du critique de cinéma.
d les commentaires sur la qualité du scénario et sur le jeu des acteurs.
e le nom des acteurs principaux.
f l'origine du film.
g sa durée.
h le titre de la critique.

RÉALISEZ

3 Rédacteur…

Vous êtes chargé(e) de rédiger des critiques de films pour un magazine francophone. Choisissez un film que vous avez vu récemment et, à l'aide de l'activité 2 (*Construction d'une critique*), rédigez un texte de 150 mots environ.

4 … ou chroniqueur ?

Une émission de télévision demande chaque semaine à deux chroniqueurs de donner leur avis sur un film, un spectacle, un livre ou un CD qui vient de sortir. Cette semaine, vous parlez d'un nouveau spectacle musical présenté dans un théâtre parisien. Avec votre voisin(e), choisissez chacun un avis différent sur ce spectacle. Observez l'affiche et préparez vos arguments puis jouez la scène.

Savoir-faire

1 Livre d'or.

Sur le Livre d'or d'un théâtre, vous trouvez cette invitation à témoigner. Choisissez un spectacle que vous avez vu récemment et écrivez pour donner votre avis.

Chers spectateurs,

Il n'y a pas que les « critiques » écrivant dans les journaux qui ont le droit d'analyser un spectacle. Nous voulons en savoir plus que le « j'ai aimé » ou « je n'ai pas aimé », ou les applaudissements plus ou moins nourris, à la fin d'une représentation. Alors par avance merci, grand merci, à ceux qui prendront le temps de nous écrire.

Merci aussi de bien vouloir signer avec votre adresse mail pour que nous puissions vous répondre.

2 Prenez la parole !

Vous découvrez sur Internet le site debatpublic.gouv.fr. Avec votre voisin(e), entraînez-vous à répondre à ces questions afin de préparer la version définitive de ce que vous souhaitez enregistrer sur ce site.

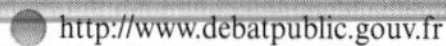

Pour répondre à l'exigence du partage des valeurs républicaines, au cœur de l'action du Gouvernement, le débat est plus que nécessaire : il est essentiel.

Le site **debatpublic.gouv.fr** permet aux citoyens de s'exprimer en ligne sur des sujets d'actualité et de société, avec un objectif essentiel : faire remonter vers le gouvernement les opinions, avis, idées, expériences ainsi exprimés. Son originalité ? Les internautes s'expriment oralement et sont enregistrés, comme dans un débat radiophonique. Il leur suffit de disposer d'un micro. Ils peuvent écouter les opinions des autres personnes qui ont participé.

Le sujet actuellement proposé est : Qu'attendez-vous d'Internet ? Quels sont vos préoccupations, difficultés, attentes et souhaits en matière d'Internet et de numérique ?

3 Aidez-le à réaliser son rêve !

Un(e) de vos ami(e)s vous a fait part de son désir d'aider des personnes à réaliser leur rêve. Vous découvrez l'association Rêves et vous relevez les informations que vous souhaitez transmettre à votre ami(e) : le but de cette association, les différentes manières de l'aider, le nombre d'actions menées en moyenne, les conditions pour s'investir dans l'association.

Rêves
Le site de l'association qui réalise les rêves des enfants malades

Comment nous aider ?

Aujourd'hui, l'association réalise en moyenne un rêve par jour. Mais près de 350 enfants attendent encore de voir leur rêve se réaliser. Pour que leurs souhaits continuent d'être exaucés, votre soutien est indispensable !

Effectuer un don, parrainer un enfant, devenir bénévole, organiser une manifestation au profit des enfants ou engager votre entreprise dans une opération solidaire… que vous soyez un particulier ou une entreprise, les possibilités sont multiples pour s'investir à nos côtés. Si vous partagez les valeurs de notre association et si vous souhaitez nous accompagner dans nos démarches pour concrétiser les rêves des enfants, découvrez vite dans cette rubrique les différentes façons de nous aider !

Évaluation 4

Compréhension de l'oral

Écoutez l'enregistrement puis répondez aux questions.

1 Cette interview a été réalisée à l'occasion de :

a la publication d'un livre.

b l'ouverture d'une exposition.

c la sortie d'un film.

2 Yann Arthus Bertrand est invité en tant que :

a homme politique.

b réalisateur.

c photographe.

d écrivain.

3 Quel est le message de Yann Arthus Bertrand ?

4 Pour convaincre le public, Yann Arthus Bertrand a décidé de :

a montrer les problèmes écologiques causés par l'homme.

b retracer l'histoire et l'évolution de la planète depuis l'arrivée de l'homme.

c montrer les plus beaux endroits du monde.

5 Combien de temps avons-nous pour réagir afin de sauver notre planète ?

a 1 an.

b 10 ans.

c 100 ans.

d 100 000 ans.

6 C'est Yann Arthus Bertrand qui a défini cette période.
Vrai ou faux ? Justifiez.

7 Pourquoi la présentation de *Home* au public est-elle qualifiée de « mondiale » ?

8 Relevez tous les modes de diffusion du film.

9 De quoi ou de qui les hommes politiques ont-ils besoin pour faire avancer les choses ?

10 Relevez deux domaines où l'intervention humaine a déséquilibré l'écologie.

Compréhension des écrits

Lisez le document puis répondez aux questions.

VOYAGE PLUS.NET : tout sur l'art de voyager

Pourquoi voyager ?

Il est bien rare que le premier voyage reste le seul. Une fois donné le coup d'envoi, le risque de devenir accro est très réel. Quand on a la chance de réaliser que la vie a d'autres couleurs que celles qu'on lui connaissait, on ne peut plus voir le monde de la même façon.

Vous est-il déjà arrivé de regretter de ne pouvoir vivre une autre vie que la vôtre ? Avez-vous parfois l'impression que, d'une part, le temps file trop vite et que, d'autre part, vos journées sont d'une monotonie désespérante ? Si ça vous arrive, c'est qu'il est temps de « mettre un peu de voyage » dans votre vie.

Même quand on aime bien la vie qu'on mène, il arrive toujours un moment où son ordinaire devient vraiment trop... ordinaire. Alors qu'il y a tant d'endroits magnifiques à découvrir, tant de routes passionnantes à parcourir, tant de manières de vivre fascinantes à explorer et de gens merveilleux à rencontrer, pourquoi se satisfaire de rester tranquillement chez soi ?

Pourquoi se priver du plaisir de se réveiller un beau matin dans une chambre d'hôtel inconnue et de se dire : « Aujourd'hui, je vais visiter New York », ou « Je vais descendre le Lijiang en bateau », ou « Je vais grimper sur le Machu Picchu » ? Pourquoi ne pas s'offrir de l'extraordinaire et de l'inédit ? Quand le poids des journées répétitives nous colle les pieds au plancher, un voyage nous donne des ailes.

Nous méritons tous mieux que la vie que nous avons. Et comme nous pouvons difficilement vivre une autre vie que la nôtre, nous avons tous le droit de tricher un peu avec nos limites. Partir ailleurs pour quelque temps fait franchir des frontières bien plus importantes que les frontières géographiques.

Lorsqu'on commence à préparer un voyage, on est souvent étonné d'en savoir aussi peu sur la destination choisie. On a bien quelques images en tête, de vagues notions de géopolitique et l'on peut, bien sûr, situer le pays sur la carte du monde, mais ça ne suffit jamais à dissimuler notre relative ignorance. On a donc souvent beaucoup à apprendre. Il faut s'arranger, bien sûr, pour ne pas partir entièrement démuni mais, le plus gros de notre nouveau savoir on l'acquiert sur place, par immersion totale. Le voyage est une remarquable école dont l'enseignement finit toujours par laisser des traces.

Saviez-vous que les villes de Memphis et de Philadelphie n'ont pas toujours été des villes américaines ? Connaissez-vous la différence entre les Mongols et les Moghols ? Pouvez-vous nommer la capitale la plus haute du monde ? Ignorer tout cela n'est guère dérangeant. Pourtant, il y a un réel plaisir à apprendre ces choses inutiles. Ces petites bulles de savoir font pétiller la vie comme du bon champagne. On peut en quelque sorte s'offrir un surplus d'histoire grâce à l'histoire des autres, un surplus de culture grâce à la culture des autres, un surplus de beauté grâce à la beauté des autres. C'est un luxe inestimable...

Évaluation 4

1 **Retrouvez dans l'article les trois principales raisons qui nous poussent à voyager.**

2 **Relevez les quatre choses que l'on peut faire si l'on décide de sortir de chez soi.**

3 **Que connaissent la plupart des gens de leur destination avant de partir ?**

4 **Reformulez cette affirmation avec vos propres mots :**
« Quand le poids des journées répétitives nous colle les pieds au plancher, un voyage nous donne des ailes ».

5 **Avant de partir en voyage, il est indispensable d'apprendre le maximum de choses sur la destination choisie afin de se dégager du temps et de l'énergie pour les loisirs.**
Vrai ou faux ? Justifiez.

6 **Relevez trois termes ou expressions liés à la routine.**

7 **Une personne qui a un jour commencé à voyager, s'arrête rarement.**
Vrai ou faux ? Justifiez.

Production écrite

Le magazine *Voyageurs du monde* propose une rubrique Mon plus beau voyage… Vous avez décidé d'envoyer votre témoignage. Choisissez une destination et rédigez un récit (250 mots environ).

Évaluation 4

Production orale

Et vous, quel serait votre credo* du voyageur ? Lisez le document ci-dessous puis présentez votre point de vue sur le sujet.

Le credo du voyageur

La vie est trop courte pour la passer chez soi.

À moins d'avoir l'esprit fermé, personne ne revient de voyage plus idiot qu'avant de partir.

Quelle que soit notre culture, il est indispensable de bousculer de temps en temps nos petites habitudes, nos préjugés, nos valeurs et nos convictions.

Partir en voyage,
c'est devenir maître de son temps,
c'est s'accorder une pause,
c'est un peu comme si le temps s'arrêtait.

*Ensemble des principes auxquels on adhère.

Mémento grammatical

LES ADJECTIFS

A PLACE DE L'ADJECTIF QUALIFICATIF

- En général, l'adjectif est placé **après le nom.**
  des pâtes ***fraîches*** *– des glaces* ***artisanales***
- L'adjectif est **toujours** placé **après le nom** quand il s'agit d'un participe passé utilisé comme adjectif, d'un adjectif de nationalité, de couleur ou d'un adjectif suivi d'un complément.
  une visite ***guidée*** *– un jardin* ***anglais*** *– une plante* ***verte*** *– un endroit* ***agréable*** *à visiter*
- Certains adjectifs sont, en général, placés **avant le nom** : *bon/mauvais, beau, joli, petit/grand, jeune/vieux, nouveau/ancien, prochain/dernier.*
  Sauf quand il font référence à une date : *ce sera l'année prochaine – c'était l'année dernière.*
- L'adjectif peut changer de sens selon qu'il est placé avant ou après le nom.
  un jeune artiste *= un artiste qui débute*
  un artiste jeune *= un artiste qui n'est pas très âgé*

B LES ADJECTIFS INDÉFINIS

Les adjectifs dits indéfinis sont ceux qui se joignent au nom pour marquer, soit :

– une indétermination sur l'identité : *certain, n'importe lequel* (+ idée d'indifférence).

Certaines *personnes paraissent plus jeunes que leur âge.*

Avoir l'air plus jeune, oui, mais pas à ***n'importe quel âge****.*

– une idée de quantité (totale, absente ou plurielle) : *tout/s, aucun/e, nul/le, différent/e/s, divers/es, plusieurs, quelque/s.*

Toutes *les femmes interrogées ont répondu avec sincérité.*

Aucun *individu ne peut changer son âge.*

Différents *scientifiques se sont penchés sur ces* ***divers*** *problèmes.*

– une idée de similitude ou de différence : *même/s, autre/s.*

C'est la ***même*** *femme, en mieux.*

Une ***autre*** *couleur de cheveux.*

LES ADVERBES

A LES DIFFÉRENTS TYPES D'ADVERBES

Adverbes de temps et de fréquence	Adverbes de manière	Adverbes de quantité et d'intensité
maintenant – longtemps – tôt – tard – soudain – souvent – parfois – rarement – généralement – récemment*	bien – mal – mieux – plutôt – comment – ensemble – comme Adverbes en *-ment* : rapidement – lentement – immédiatement – prudemment*	peu – beaucoup – trop – assez – très – vraiment – tellement

*La prononciation des adverbes en *-emment* (tels que *récemment* et *prudemment*) est particulière, le (e) se prononce [a]: apparemment – consciemment – décemment – différemment – évidemment – excellemment – fréquemment – innocemment – intelligemment – négligemment – patiemment – précédemment – sciemment – violemment.

B LA PLACE DE L'ADVERBE

La place de l'adverbe varie dans la phrase.
Il se place en règle générale :
– après le verbe conjugué à un temps simple : *Je m'énerve* ***souvent****.*
– entre l'auxiliaire et le verbe quand il s'agit d'un temps composé : *J'ai* ***beaucoup*** *roulé.*
Mais avec un adverbe long, deux positions sont possibles : *J'ai* ***énormément*** *roulé – J'ai roulé* ***énormément****.*
– avant l'adjectif ou l'adverbe dont il nuance le sens : *Les Latins roulent* ***trop*** *vite.*

LA COMPARAISON

A COMPARER DEUX ÉLÉMENTS ENTRE EUX : LES COMPARATIFS

- Quand on veut comparer une **quantité**, la comparaison se fait à l'aide d'un nom ou d'un verbe.
- Quand on veut comparer une **qualité**, la comparaison se fait à l'aide d'un adjectif ou d'un adverbe.

La comparaison se fait avec	un nom	un verbe	un adjectif	un adverbe
+	plus de (que) *Il y a* ***plus de*** *musique (qu'avant).*	plus (que) *La musique me gêne* ***plus*** *(qu'avant).*	plus (que) *La musique est* ***plus*** *forte (qu'avant).*	plus (que) *On joue* ***plus*** *tard (qu'avant).*
=	autant de (que) *Il y a* ***autant de*** *musique (qu'avant).*	autant (que) *La musique me gêne* ***autant*** *(qu'avant).*	aussi (que) *La musique est* ***aussi*** *forte (qu'avant).*	aussi (que) *On joue* ***aussi*** *tard (qu'avant).*
–	moins de (que) *Il y a* ***moins de*** *musique (qu'avant).*	moins (que) *La musique me gêne* ***moins*** *(qu'avant).*	moins (que) *La musique est* ***moins*** *forte (qu'avant).*	plus (que) *On joue* ***plus*** *tard (qu'avant).*

+ bon = **meilleur** : *Leur musique est de* ***meilleure*** *qualité aujourd'hui qu'à leurs débuts.*
+ bien = **mieux** : *Ils jouent* ***mieux*** *qu'avant.*

B EXPRIMER UN CLASSEMENT : LES SUPERLATIFS

Quand on veut établir **un classement**, on utilise les formes suivantes.

	un nom	un verbe	un adjectif	un adverbe
+	le plus de *C'est ici qu'il y a* ***le plus d'****ambiance.*	le plus *C'est ici que je m'amuse* ***le plus****.*	le/la/les plus *C'est la fête* ***la plus*** *populaire.*	le plus *C'est à cette occasion que je joue* ***le plus*** *longtemps.*
–	le moins de *C'est ici qu'il y a* ***le moins d'****ambiance.*	le moins *C'est ici que je m'amuse* ***le moins****.*	le/la/les moins *C'est la fête* ***la moins*** *populaire.*	le moins *C'est à cette occasion que je joue* ***le moins*** *longtemps.*

bon(ne) → le/la/les meilleur(e)s : *C'est* ***la meilleure*** *musique.*
bien → le mieux : *C'est à cette occasion que je joue* ***le mieux****.*

C EXPRIMER UNE ÉVOLUTION

- Quand on veut exprimer une évolution vers le +, on utilise : **de plus en plus**.
  Cette fête a ***de plus en plus*** *de succès.*
- Quand on veut exprimer une évolution vers le –, on utilise : **de moins en moins**.
  Ce chanteur se produit ***de moins en moins*** *sur scène.*

L'EXPRESSION DE PROPORTIONS

L'expression de proportions peut se faire à l'aide de la structure suivante :

Terme indiquant la proportion + *de* + nom (complément)
La majorité*/la totalité*/la moitié*/le quart*/le tiers*/une dizaine*/une centaine* de *personnes est concernée / sont concernées.*
Les trois quarts/les deux tiers/la plupart des *personnes sont concernées.*

*Avec ces expressions, on peut choisir l'accord du verbe : ainsi, quand on veut mettre l'accent sur **l'idée d'ensemble**, on dit « **la moitié** des personnes **est** concernée » mais quand on veut plutôt mettre l'accent sur **le nombre**, on dit « la moitié des **personnes sont** concernées ».

N.B. : Ces expressions peuvent s'employer seules, leur complément étant alors sous-entendu.
Les lycéens apprennent deux langues étrangères mais ***la plupart*** *(des lycéens) n'en maîtrisent aucune.*

LES PRONOMS

A LES PRONOMS RELATIFS SIMPLES

Le pronom est / Le pronom représente	le sujet du verbe	le complément d'objet direct du verbe	le complément de lieu ou de temps du verbe	le complément d'un nom, d'un adjectif ou d'un verbe (introduit par *de*)
des personnes	**qui**	**que**	–	**dont**
des choses ou des concepts	**qui**	**que**	**où**	**dont**

Elle a un fils ***qui*** *vit à Montréal.*
C'est une ville ***qui*** *attire beaucoup les touristes.*

Le score ***que*** *Vancouver a obtenu est de 98 sur 100.*
Elle a un fils ***que*** *nous n'avons encore jamais rencontré.*

Ce rapport paraît au moment ***où*** *on célèbre la Journée mondiale de la population.*
Vancouver est la ville ***où*** *on vit le mieux.*

Quelles sont les statistiques ***dont*** *vous avez besoin ?*
C'est un mode de vie ***dont*** *je suis très satisfait.*
C'est l'appartement ***dont*** *je suis propriétaire.*

B LES PRONOMS RELATIFS COMPOSÉS

– Ils se construisent avec une préposition (*à, sur, avec, chez*, etc.) suivie de ***lequel, laquelle, lesquels, lesquelles***.
– À l'exception du féminin singulier, il y a contraction entre le pronom relatif et les prépositions (ex. : *de + lequel = duquel*).

Le pronom est / Le pronom représente	le complément du verbe introduit par : *avec, par, pour, chez, sans*	le complément du verbe introduit par : *à, grâce à*	le complément du verbe introduit par : *près de, à côté de, à cause de*
des personnes	**avec/chez qui**	**à qui** **grâce à qui**	**à côté de/auprès de/à cause de qui**
des choses ou des concepts	**avec** **lequel*/lesquels*** **laquelle*/lesquelles***	**grâce** **auquel*/auxquels*** **à laquelle*/** **auxquelles***	**à côté** **duquel*/desquels*** **de laquelle*/** **desquelles***

Les formes marquées d'un * peuvent aussi être utilisées pour remplacer des personnes.
C'est le gars du site avec qui j'ai parlé. = C'est le gars du site ***avec lequel*** *j'ai parlé.*

Le service ***auquel*** *je me suis adressé n'a pas été en mesure de me renseigner.*
J'ai une fiche technique ***grâce à laquelle*** *je peux comparer les différents appareils.*
Je choisis uniquement des sites ***sur lesquels*** *j'effectue des paiements sécurisés.*
C'est un site sécurisé ***auprès duquel*** *nous achetons tous nos billets d'avion.*

C LES PRONOMS PERSONNELS COMPLÉMENTS

- Les pronoms compléments d'objet direct (COD) remplacent des noms de personnes ou d'objets.
- Les pronoms compléments d'objet indirects (COI) remplacent des noms de personnes précédés de la préposition *à*.

	singulier		pluriel	
	COD	COI	COD	COI
1re pers.	me		nous	
2e pers.	te		vous	
3e pers.	le/la	lui	les	leur

Je ne **te** *crois pas ! Elle* **vous** *a parlé !*
Si tu **lui** *parles de ses parents, ça* **le** *met en colère.*
Je **leur** *ai parlé des billets : ils* **les** *achètent.*

⚠ *me, te, le/la* deviennent *m', t', l'* devant une voyelle ou un *h* muet.
Je ***l'****aime bien, cette chanson.* *Il* ***t'****enverra les places.*

⚠ *penser à* + pronom tonique : *Je pense* **à lui**.

– En règle générale, les pronoms compléments se placent avant le verbe conjugué.

	Pronoms COD	Pronoms COI
à un temps simple	*Je* **les** *vois demain.*	*Je* **leur** *parle demain.*
à un temps composé	*Je* **les** *ai vus hier.*	*Je* **leur** *ai parlé hier.*
à l'infinitif	*Je veux* **les** *voir demain.*	*Je veux* **leur** *parler.*
à l'impératif négatif	*Ne* **les** *vois pas demain comme prévu.*	*Ne* **leur** *parle pas demain comme prévu.*

⚠ Cas particulier : les pronoms compléments se placent après le verbe conjugué à l'impératif positif.
*Vois-***les** *sans tarder.* (COD)
*Parle-***leur** *sans tarder.* (COI)

D LES PRONOMS *EN* ET *Y*

1 Le pronom *en* remplace...

un(e), du, de la, de(s) + un nom (idée de quantité)	*Des chansons, il* **en** *écrit depuis 10 ans.* *Des chanteurs, j'***en** *connais beaucoup.*
le complément* d'un verbe construit avec *de*	*Son nouvel album, on* **en** *parle beaucoup (= on parle beaucoup* **de** *son nouvel album).*

* Dans ce cas, le complément est une chose/une idée. Pour une personne, on dira :
On parle beaucoup **de ce chanteur**. = *On parle beaucoup* **de lui**.

2 Le pronom *y* remplace...

un lieu (où l'on est/où l'on va) précédé des prépositions *à*, *dans* ou *en*	*À l'opéra ? J'***y** *vais souvent.*
le complément* d'un verbe construit avec *à*	*Arrêter la scène ? Non, je n'***y** *arrive pas ! (= je n'arrive pas* **à** *arrêter la scène).* *Sortir un nouvel album ? Oui, bien sûr, j'***y*** *pense ! (= je pense* **à** *sortir un nouvel album).*

*Dans ce cas, le complément est une chose/une idée. Pour une personne, on dira :
Je pense **à mes amis musiciens**. = *Je pense* **à eux**.

N.B. : En règle générale, les pronoms ***en*** et ***y*** se placent comme les autres pronoms compléments **avant** le verbe sauf à **l'impératif positif**.
Pour les dates du prochain concert, **parlez-en** *à son imprésario.*
J'ai adoré son concert, **vas-y** *aussi, tu ne le regretteras pas !*

E LA PLACE DES DOUBLES PRONOMS

sujet	COI	COD	verbe
il	**me / te / nous / vous**	**le / la / les**	transmet
sujet	**COD**	**COI**	**verbe**
il	**le / la / les**	**lui / leur**	transmet

*Mon dossier, vous **me le** transmettez demain.*
*Son dossier, je **le lui** transmets demain.*

N.B.

- Les pronoms **y** et **en** sont **toujours en deuxième position**.
  *Pour la date du concert, il est au courant, je **lui en** ai déjà parlé.*
  *Et des places gratuites, vous **leur en** avez distribué ?*
  *Ne t'inquiète pas pour ton rendez-vous, je **t'y** ferai penser.*
  *Pas de problème pour le concert des enfants, je **les y** emmène.*
- Dans le cas des doubles pronoms avec **des verbes pronominaux**, l'ordre est le suivant :
  Sujet + pronom réflexif + 2e pronom + verbe
  *Il **se le** répète souvent.*
  *Je **m'en** occupe tout de suite.*
  *Ils **s'y** habituent peu à peu.*
- À l'**impératif affirmatif**, tous les pronoms se placent après le verbe et sont reliés par un trait d'union :
  Verbe + *le, la, les* (+ *moi, lui, nous, leur*) : *Donnez-**la-moi**. Apporte-**les-lui**.*
  Verbe + *m', t', nous, vous, lui, leur* (+ *en*) : *Donne-**nous-en**. Occupez-**vous-en**.*

F LES PRONOMS (ET ADVERBES) INDÉFINIS

Pour donner une information avec une part d'imprécision, d'indétermination, on emploie des pronoms et des adverbes indéfinis.

	Sens positif		Sens négatif*
L'indétermination porte sur	**un seul élément**	**un ensemble**	
une personne	chacun(e), quelqu'un (d'autre), n'importe qui	tout/tous/toute/ toutes, tout le monde, d'autres	ne ... personne ne ... aucun(e)
un objet ou une idée	quelque chose (d'autre), n'importe quoi	tout/tous/toute/toutes, d'autres	ne ... rien ne ... aucun(e)
un lieu	quelque part, n'importe où, ailleurs	partout	ne... nulle part

*Je **ne** connais **personne** dans ce pays.*
*Attention à ne pas faire **n'importe quoi** !*
*J'aimerais pouvoir aller **partout** dans le monde.*

*Pour la place des indéfinis de sens négatif, voir paragraphe : La négation/La place de la négation dans la phrase, p. 155-156.

LE VERBE

A LES PRINCIPAUX TEMPS ET MODES

Temps simples → Action en cours d'accomplissement	**Temps composés** → Action accomplie

- **L'indicatif**

Présent (radical + terminaisons du présent) **je choisis** Pour : – évoquer une situation ou une action ponctuelle qui a lieu au moment où on parle. *J'étudie le droit en France, en ce moment.* – évoquer une action future imminente. *Je reviens dans un instant.* – donner un ordre. *Tu te mets au travail immédiatement !*	**Passé composé** (auxiliaire au présent + participe passé) **j'ai choisi** Pour : – évoquer un événement (action réalisée). *J'ai eu mon bac en 2007.* – assurer la trame chronologique du récit. *J'ai suivi la formation puis j'ai passé un concours et j'ai obtenu un poste dans l'enseignement.*

Imparfait (radical + terminaisons de l'imparfait) **je choisissais** Pour : – donner des précisions sur le contexte d'un événement. *Je <u>vivais</u> en Espagne avec mes parents quand j'ai passé mon bac.* – parler d'actions habituelles dans le passé. *On <u>allait</u> toujours en vacances en France.*	**Plus-que-parfait** (auxiliaire à l'imparfait + participe passé) **j'avais choisi** Pour : exprimer l'antériorité d'une action sur une autre action elle-même passée. *Elle m'a renvoyé le dossier que j'<u>avais complété</u>.*
Futur (radical + terminaisons du futur) **je choisirai** Pour : – préciser un programme. *Vous <u>travaillerez</u> chez vous.* – exprimer une prévision ou une prédiction. *À l'avenir, on <u>aura</u> le pouvoir de vous espionner.* – faire une promesse. *Je vous <u>écrirai</u> chaque semaine.* – donner un ordre. *Vous <u>passerez</u> dans mon bureau après la réunion.*	**Futur antérieur** (auxiliaire au futur + participe passé) **j'aurai choisi** Pour : exprimer l'antériorité d'une action sur une autre action, elle-même future. *Quand vous <u>aurez fini</u> votre travail, vous pourrez partir.*

• **Le subjonctif**

On utilise le mode subjonctif quand on veut exprimer une obligation/une nécessité, un souhait, un désir, un sentiment positif ou négatif, un doute, une crainte, un but, une limite temporelle envisagée (voir paragraphe : Subjonctif ou infinitif ?, p. 152).

Subjonctif présent (radical de la 3e p. du pl. de l'indicatif présent + -*e*, -*es*, -*e*, -*ent*. Cas particulier : pour les 1re et 2e p. du pl : forme identique à celle de l'imparfait) … **que je choisisse** Pour : – évoquer une situation/une action en cours. *Je suis/j'étais ravi que vous <u>soyez</u> là.* – évoquer une action à venir. *Il faut que tu <u>rédiges</u> ce rapport.*	**Subjonctif passé** (auxiliaire au subjonctif présent + participe passé) … **que j'aie choisi** Pour : évoquer une action accomplie dans le passé ou dans le futur. *Il faut que vous <u>ayez rédigé</u> un rapport.*

• **Le conditionnel**

Conditionnel présent (radical du futur + terminaisons de l'imparfait) **je choisirais** Pour : – exprimer un désir, un souhait. *J'<u>aimerais</u> apprendre le chinois.* – formuler une demande polie. *J'<u>aurais</u> besoin d'une baby-sitter.* – exprimer une éventualité. *Je cherche quelqu'un qui <u>pourrait</u> m'aider.*	**Conditionnel passé** (auxiliaire au conditionnel présent + participe passé) **j'aurais choisi** Pour : – exprimer un regret. *J'<u>aurais aimé</u> que tu viennes.* – faire un reproche. *Tu <u>aurais pu</u> me le dire !* – exprimer la conséquence dans le passé d'une hypothèse non réalisée. *Si j'avais pu me libérer, je <u>serais venu</u>.*

• **L'impératif**

Impératif présent (radical du présent de l'indicatif + -*e*, -*ons*, -*ez*) **choisissez** Pour : exprimer des ordres, directives, invitations, conseils… *<u>Viens</u> ici immédiatement !* *<u>Coupez</u> les pommes en quatre.* *<u>Passe</u> prendre l'apéritif ce soir.* *<u>Soyez</u> prudent au volant.*

B LES TEMPS DU RÉCIT : PASSÉ COMPOSÉ, IMPARFAIT ET PLUS-QUE-PARFAIT

Dans un récit au passé, on utilise **le passé composé** pour indiquer **les événements** et donc faire avancer la narration ; on utilise **l'imparfait** pour l'arrière-plan, **les circonstances** et plus largement le décor et **le plus-que-parfait** pour évoquer des actions accomplies antérieurement.

*Je **voulais** partir à l'étranger, comme mon frère qui **avait fait** toutes ses études en Espagne mais j'**ai dû** renoncer à mon projet pour différentes raisons.*

C L'EXPRESSION DE L'AVENIR : PRÉSENT, FUTUR PROCHE, FUTUR ET FUTUR ANTÉRIEUR

Les temps de l'indicatif qui présentent un événement futur varient selon le contexte.

• Le **présent de l'indicatif** a une valeur de futur immédiat.

*Ce nouvel appareil **sort** demain sur le marché des téléphones mobiles.*

• Le **futur proche** situe l'événement dans un avenir très proche.

*Cela **va** profondément **changer** notre mode de vie.*

• Le **futur simple** place l'événement dans un avenir plus lointain.

Il peut également exprimer une prédiction, une promesse ou un ordre.

*Dans l'avenir, tout le monde **aura** le pouvoir d'espionner son voisin.*

• Le **futur antérieur** indique une action accomplie antérieurement à une autre action.

*Quand tu **auras fini** de lire cet article, tu me le passeras.*

D L'ACCORD DU PARTICIPE PASSÉ (VERBES CONJUGUÉS À UN TEMPS COMPOSÉ)

Verbes utilisant l'auxiliaire ÊTRE – 15 verbes* – les verbes pronominaux	Verbes utilisant l'auxiliaire AVOIR – tous les autres verbes
Accord avec le sujet ***Elle** est allé**e** à Paris plages.* ***Nous** nous sommes vu**s** sur la plage.*	Pas d'accord avec le sujet *Nous avons passé une excellente journée.*
	Attention ! **Accord avec le COD** placé **avant le verbe**. *Il a pris les clés. → Les clés, il **les** a pris**es**.*

*arriver – partir ; monter – descendre ; aller – venir ; entrer – sortir ; naître – mourir ; retourner ; passer (sens spatial) ; rester ; devenir ; tomber.

E L'EXPRESSION DE L'OPINION : INDICATIF OU SUBJONCTIF ?

Construction avec l'indicatif	Construction avec le subjonctif
avoir l'impression que *J'ai l'impression qu'il y a du monde.* **penser/croire/trouver que** *Je pense que vous avez tout à fait raison.*	**ne pas penser/ne pas croire que** *Je ne crois pas que cela puisse durer.*

N.B. : Quand les deux sujets sont identiques, on utilise la construction avec l'infinitif.

*J'ai l'impression **d'avoir** plus de temps.*

*Je pense **avoir** plus de temps. Je ne pense pas **avoir** plus de temps.*

Autre moyen pour exprimer son point de vue : **selon moi**, **à mon avis**.

*C'est une situation difficile à vivre, **selon moi**.*

F SUBJONCTIF OU INFINITIF ?

Pour exprimer…	Construction avec le subjonctif	Construction avec l'infinitif
une obligation/ une nécessité	***Il faut que*** *nous ayons un autre mode de travail.*	***Il faut*** *avoir* un autre mode de travail.*
une appréciation/ un sentiment	***Il est important que*** *nous ayons un autre mode de travail.*	***Il est important d'****avoir* un autre mode de travail.*
un souhait/ un désir	***Je souhaite que*** *nous ayons un autre mode de travail.*	***Je souhaite*** *avoir** un autre mode de travail.*
un doute	***Je ne crois pas qu'****il puisse venir.*	***Je ne crois pas*** *pouvoir** venir.*
une crainte	***J'ai peur que*** *nous ne puissions pas avoir d'autre mode de travail.*	***J'ai peur de*** *ne pas pouvoir** avoir d'autre mode de travail.*
un but/ une finalité	*Je lutte* ***pour que*** *nous ayons un autre mode de travail.*	*Je lutte* ***pour*** *avoir** un autre mode de travail.*
une limite temporelle	*Je lutte/nous luttons* ***jusqu'à ce que*** *nous ayons un autre mode de travail.*	–

* Le sujet n'est pas précisé.
** Le sujet des deux verbes est le même.

G L'EXPRESSION DE L'HYPOTHÈSE ET DE SA CONSÉQUENCE

L'hypothèse concerne…	Structures utilisées	
– **le futur** (la réalisation est peu probable) + conséquence dans le futur	**Si + imparfait, conditionnel présent**	***Si j'avais*** *la chance de gagner (un jour) au loto,* ***j'achèterais*** *une nouvelle maison.*
– **le présent** (la réalisation est imaginaire ou contraire à la réalité) + conséquence dans l'actuel		*Que* ***feriez-vous****,* ***si*** *vous* ***étiez*** *millionnaire ? (mais vous ne l'êtes pas)*
– **le passé** (la réalisation n'a pas eu lieu) + conséquence dans l'actuel ou conséquence dans le passé	**Si + plus-que-parfait,** suivi du : **conditionnel présent** ou **conditionnel passé**	*Si j'****avais pu*** *acheter cette maison (mais je ne l'ai pas pu), on l'****habiterait*** *aujourd'hui.* ou *on s'y* ***serait installé*** *tout de suite.*

H LES CONSTRUCTIONS IMPERSONNELLES

Dans les constructions impersonnelles, le sujet du verbe est le pronom *il* qui ne représente rien ni personne.

Les formes impersonnelles sont utilisées notamment pour :
– indiquer l'heure. ***Il est*** *6 heures.*
– indiquer des phénomènes météorologiques. ***Il pleut, il neige, il fait beau.***
– évoquer une quantité. ***Il y a/il reste/il manque*** *des déchets.*
– exprimer une nécessité. ***Il faut*/faudrait*que*** *les déchets soient stockés.*
– caractériser subjectivement une situation à l'aide de la structure :
*il est*** + adjectif appréciatif + *que* + subjonctif **ou** + *de* + infinitif
Il est important que *vous soyez en conformité avec le règlement.*
Il est important de *respecter les règles d'hygiène.*

* Verbe très souvent utilisé pour exprimer un conseil, une recommandation.
** Attention ! « Il est » devient souvent à l'oral « C'est ».

LES RELATIONS LOGIQUES

A L'EXPRESSION DE LA CAUSE

Pour…	Expressions	Exemples
informer sur une cause	**parce que** (oral et écrit) **car** (écrit ou oral structuré)	*J'ai choisi la coloc* ***parce que*** *c'est un mode de vie sympa.* *Les jeunes choisissent la colocation* ***car*** *c'est un mode de vie économique.*
rappeler une cause déjà connue et/ou évidente	**puisque**	***Puisque*** *je n'arrive pas à trouver un studio, je vais prendre une coloc.*
mettre la cause en avant	**comme**	***Comme*** *il y a une crise du logement, ça a modifié les comportements.*
– résumer une cause positive – résumer une cause négative	**grâce à** + nom ou pronom **à cause de**	*J'ai trouvé un logement* ***grâce à*** *des amis /* ***grâce à*** *eux.* *J'ai du mal à me loger* ***à cause du*** *prix des loyers.*

Autre moyen pour exprimer la cause : le gérondif.

En choisissant *ce mode de vie, j'ai réalisé que les autres m'apportaient beaucoup.*

⚠ Dans ce cas, le gérondif a le même sujet que le verbe principal.

B L'EXPRESSION DE LA CONSÉQUENCE

Pour…	Expressions	Exemples
introduire une conséquence logique	**donc**	*On est arrivé trop tard, on n'a* ***donc*** *pas pu entrer.*
introduire une conséquence imprévisible	**alors** **si bien que** (écrit ou oral structuré)	*L'entrée était trop chère* ***alors*** *nous n'avons visité que les jardins.* *Le guide était ennuyeux* ***si bien qu'****on n'a pas écouté.*
introduire le résultat d'une argumentation	**c'est pourquoi** **c'est pour ça que** (oral)	*Et puis on est très mal payé,* ***c'est pourquoi/c'est pour ça qu'****on veut changer de travail.*
exprimer une conséquence et une idée d'intensité	**tellement de** + **nom** + **que** **tellement/si** + **adjectif** + **que** **un tel que/une telle** + **nom** + **que**	*Ils faisaient* ***tellement de*** *bruit* ***que*** *tout le monde les regardait.* *Les explications étaient* ***si*** *confuses* ***qu'****on n'a rien compris.* *L'expo était d'****une telle*** *pauvreté* ***qu'****on s'est ennuyé.*

Autre moyen (lexical) pour exprimer la conséquence : *provoquer, entraîner*, etc.
Le sujet de l'exposition ***a provoqué*** *une vague de protestations.*

C L'EXPRESSION DU BUT

Pour exprimer un objectif, un but, une finalité, on peut utiliser :

pour + infinitif **afin de** + infinitif	*C'est l'occasion idéale* ***pour*** *venir ici.* *Allez-y tôt* ***afin de*** *ne pas faire la queue.*
pour que + subjonctif **afin que** + subjonctif	*Ces journées sont gratuites* ***pour que/afin que*** *toutes les classes sociales puissent en profiter.*

Autre moyen pour exprimer le but :

***L'objectif** de la manifestation, **c'est** que le patrimoine culturel soit redécouvert par le plus grand nombre.*

D L'EXPRESSION DE L'OPPOSITION ET DE LA CONCESSION

• Exprimer une opposition, c'est souligner la différence entre deux faits.

alors que + indicatif	***Alors que** ce concours est très critiqué, des SDF ont déjà déposé leur candidature.*
par contre, mais, au contraire	*Je ne suis pas opposé à cette initiative ; **au contraire**, je la trouve intéressante.*
au lieu de + infinitif	***Au lieu de** critiquer les organisateurs, il vaudrait mieux les encourager.*
contrairement à + un nom	***Contrairement à** vous, je pense que cette initiative est choquante.*

• Exprimer une concession, c'est indiquer qu'un fait n'a pas d'influence sur le résultat final.

même si + indicatif (avec nuance d'hypothèse)	***Même si** l'une d'elles gagne, elle se retrouvera à la rue dans un an.*
pourtant,* quand même*, tout de même*	*Elle a gagné et **pourtant**, aujourd'hui elle est toujours SDF.*
mais*, cependant*	*L'organisatrice veut aider les femmes sans-abri ; **cependant**, il y a peu de chances qu'elle y arrive.*

* Pour souligner le résultat final.

LES EXPRESSIONS ET LES RELATIONS TEMPORELLES

A LES EXPRESSIONS TEMPORELLES

Pour...	Expressions	Exemples
indiquer une durée définie	**pendant/durant**	*J'ai résidé ici **pendant** cinq ans.*
indiquer une durée prévue	**pour**	*Je suis en France **pour** six mois.*
indiquer une durée nécessaire	**en**	*J'ai appris le français **en** un an.*
indiquer une durée délimitée	**entre... et...**	*J'ai vécu ici **entre** 1995 **et** 1997.*
indiquer la durée écoulée entre un fait passé et le moment où l'on parle	**il y a**	*J'ai quitté mon pays **il y a** cinq ans.*
indiquer la durée déjà écoulée d'une action qui se poursuit	**ça fait... que** **il y a... que** **depuis**	***Ça fait** cinq ans **que** je vis ici.* ***Il y a** cinq ans **que** je vis ici.* *Je vis ici **depuis** cinq ans.*
indiquer une antériorité	**avant**	*Je reviens **avant** la fin du mois.*
indiquer une postériorité	**après**	*Je reviens **après** Noël.*
indiquer un point de départ, une origine	**à partir de** **dès**	*Je suis au bureau **à partir de** 8 heures.* *Je serai là **dès** 8 heures.*
indiquer les limites d'une action	**de... à** **de... jusqu'à** **de... jusqu'en**	*Je travaille **du** lundi **jusqu'au** vendredi.*
indiquer une limite finale	**jusqu'à** **jusqu'en**	*Je serai ici **jusqu'à** demain/**jusqu'en** mai.*
annoncer une succession de faits	**d'abord..., ensuite..., puis**	*Je reste **d'abord** un mois ici, **ensuite** je prends une semaine de vacances, **puis**...*

B SITUER UN ÉVÉNEMENT / UNE SITUATION DANS LE TEMPS

- Faire référence au présent : *actuellement, aujourd'hui, de nos jours, à notre époque, désormais* (= *à partir de maintenant*).
- Faire référence au passé : *à l'époque, à cette époque-là, début/fin mars, en 1998, autrefois, alors*.
- Situer un moment passé et un moment futur par rapport au présent :

il y a quatre ans / l'année dernière — maintenant — l'année prochaine / dans quatre ans →

- Situer un moment passé par rapport à un autre moment passé :

quatre ans plus tôt / l'année précédente — à l'époque — l'année suivante / quatre ans plus tard →

C LES RELATIONS TEMPORELLES

Pour exprimer...	Expressions	Exemples
l'antériorité de l'action principale	**avant de** + infinitif **avant** + nom	*Nous en avons parlé* **avant de** *partir.* *Nous en avons parlé* **avant** *le départ.*
la simultanéité entre deux actions	**pendant que/quand** **pendant/au cours de** + nom	*J'ai suivi un stage* **pendant que** *j'étais au chômage.* *J'ai suivi un stage* **au cours de** *mon année de chômage.*
la postériorité de l'action principale	**après** + infinitif passé **après** + nom	**Après** *avoir passé un an sans travailler, la reprise a été dure.* **Après** *un an de chômage, la reprise a été dure.*
l'origine d'une action	**depuis que** + indicatif **depuis** + nom	*Je vais mieux* **depuis que** *j'ai recommencé à travailler.* *Je vais mieux* **depuis** *ma reprise.*
la limite d'une action dans le temps	**jusqu'à ce que** + subjonctif **jusqu'à** + nom	*Je le remplacerai* **jusqu'à ce qu'***il revienne de vacances.* *Je le remplacerai* **jusqu'à** *son retour de vacances.*

LES TRANSFORMATIONS DE LA PHRASE

A LA NÉGATION

1 La formation

La négation comporte toujours deux éléments : **ne... pas, ne... plus, ne... jamais,** etc.

Phrases positives	Phrases négatives
J'apprends mes leçons.	*Je* **n'***apprends* **pas** *mes leçons.*
J'apprends encore mes leçons.	*Je* **n'***apprends* **plus** *mes leçons.*
J'apprends toujours mes leçons.	*Je* **n'***apprends* **jamais** *mes leçons.*
J'apprends quelque chose.	*Je* **n'***apprends* **rien**.
Quelqu'un a appris ses leçons.	**Personne n'***a appris ses leçons.*

N.B. : *Ne*, élément commun à toutes les formes négatives, est très fréquemment « oublié » quand on parle et constitue une des marques importantes de l'oral.
J'apprends rien.

2 La place de la négation dans la phrase

avec un verbe à l'infinitif	les 2 éléments de la négation se placent avant le verbe	**Ne pas** *rester seul.* **Ne plus** *rester seul.* **Ne jamais** *rester seul.* **Ne rien** *faire.*	Cas particulier : **Ne** *voir* **personne**.

avec un verbe à un temps simple	le verbe se place entre les 2 éléments de la négation	*Je* **ne** *sors* **pas**. *Je* **ne** *sors* **plus**. *Je* **ne** *sors* **jamais**. *Je* **ne** *fais* **rien**. *Je* **ne** *vois* **personne**.	
avec un verbe à un temps composé	l'auxiliaire se place entre les 2 éléments de la négation	*Je* **ne** *suis* **pas** *sorti.* *Je* **ne** *suis* **plus** *sorti.* *Je* **ne** *suis* **jamais** *sorti.* *Je* **n'***ai* **rien** *fait*	Cas particulier : *Je* **n'***ai vu* **personne**.

N.B. : Quand les pronoms négatifs *personne*, *rien*, *aucun* sont sujets du verbe, ils se placent en début de phrase.
Personne ne *te juge.* ***Aucun ne*** *pourra te juger.* ***Rien ne*** *va.*

B LE DISCOURS RAPPORTÉ AU PASSÉ

Pour rapporter des paroles, on utilise un **verbe introducteur** (tel que *dire*, *répondre*, *ajouter*, *préciser* ou *demander* s'il s'agit de questions ou de demandes de faire), suivi d'un **terme introducteur** qui varie selon le type de paroles rapportées. Ce passage du discours direct au discours rapporté peut aussi s'accompagner de **changements de pronoms**. Par ailleurs, on applique **la règle de concordance des temps** suivante quand on situe les paroles rapportées dans le passé.

Paroles d'origine	Paroles rapportées avec un verbe introducteur au présent	Paroles rapportées avec un verbe introducteur au passé*
au présent *Je* ***pleure*** *facilement au cinéma.*	au présent → *Il explique qu'il* ***pleure*** *facilement au cinéma.*	à l'imparfait → *Il a expliqué qu'il* ***pleurait*** *facilement au cinéma.*
au passé composé *Ça* ***m'a bouleversée*** *!*	au passé composé → *Elle dit que ça* ***l'a bouleversée****.*	au plus-que-parfait → *Elle a dit que ça* ***l'avait bouleversée****.*
au futur simple *On* ***ira*** *au cinéma plus tard.*	au futur simple → *Je me dis qu'on* ***ira*** *au cinéma plus tard.*	au conditionnel présent** → *Je me suis dit qu'on* ***irait*** *au cinéma plus tard.*
au conditionnel présent *Nous* ***aimerions*** *voir un film d'action.****	au conditionnel présent → *Nous précisons que nous* ***aimerions*** *voir un film d'action.****	au conditionnel présent → *Nous avons précisé que nous* ***aimerions*** *voir un film d'action.****

* Selon le contexte, le verbe introducteur peut être au passé composé, à l'imparfait ou plus rarement au plus-que-parfait.
** Attention, quand l'action se situe encore dans le futur au moment où on la rapporte au passé, on utilise toujours **le futur**. *Je me suis dit qu'on* ***ira*** *au cinéma plus tard.*
*** Fait fictif.

LA CONSTRUCTION DU DISCOURS

A LES MODALISATEURS

Les modalisateurs permettent à celui qui parle d'apporter une coloration personnelle à ses propos (certitudes ou incertitudes, appréciations positives ou négatives, sentiments). Ces modalisateurs peuvent être notamment :

des adjectifs de caractérisation : intéressant, excellent, épatant, formidable, super, vraisemblable, incompréhensible, affreux, nul, etc.	**des adverbes :** peut-être, sans doute, certainement, plutôt, assez, vraiment, franchement, évidemment, certainement, probablement, vraiment, heureusement, etc.
Le choix des artistes retenus est ***épatant****.* *On va dépasser les 90%, c'est globalement* ***satisfaisant****.*	*C'est* ***trop*** *bien ! Je suis* ***super*** *contente !* *Même si elle n'est* ***hélas*** *pas obligatoire, l'idée est* ***vraiment*** *excellente.* *J'irai* ***sans doute*** *à son concert.*

Autres moyens d'exprimer son opinion : voir paragraphe L'expression de l'opinion : indicatif ou subjonctif ?, p. 151.

B LA MISE EN RELIEF D'UNE INFORMATION

La forme passive Formation : auxiliaire *être* + participe passé Le COD devient le sujet de la phrase. La forme passive permet de mettre en évidence **le résultat d'une action**.	**La focalisation** **ce qui/que... c'est/ce sont...** Elle permet de mettre **un élément en relief**, de lui donner de l'importance. Elle provoque un effet d'attente.
Les patients gratifient le dentiste d'un pourboire. → *Le dentiste* ***est gratifié*** *d'un pourboire.* *On a mis en place cette pratique au 18ᵉ.* → *Cette pratique* ***a été mise*** *en place au 18ᵉ.*	***Ce qui*** *m'étonne,* ***c'est de laisser*** *un pourboire à un médecin.* ***Ce que*** *je n'aime pas,* ***c'est payer*** *l'addition pour tout le monde.*

C LA NOMINALISATION

Pour condenser et mettre en valeur une information, notamment dans la presse, on utilise souvent des phrases nominales.
Lancement *des soldes : plus que deux jours.*
Dans ce cas, on nominalise le verbe afin de mettre en avant :

• l'action du verbe :
– grâce aux suffixes *-ment* et *-age* (au masculin), *-tion* et *-ade* (au féminin).
Téléchargement *interdit.* ***Démarrage*** *difficile.* ***Annulation*** *du vol.* ***Promenade*** *en bateau.*
– sans ajouter de suffixe.
Baisse *des prix.* ***Coût*** *de la vie en hausse.*

• le résultat de l'action du verbe grâce au suffixe *-ure*.
Ouverture *des soldes.*

D LES PROCÉDÉS DE SUBSTITUTION

Pour éviter les répétitions et permettre de maintenir le lien entre les différentes phrases d'un texte, il est nécessaire d'utiliser des termes de substitution.

Lexicaux
On peut utiliser un **synonyme** ou un mot **de sens plus général**. *Je suis allé dans deux* ***cafés*** *: c'est dans le premier* ***bistrot*** *qu'il y avait le plus d'ambiance.*

Grammaticaux	
les pronoms personnels sujets ou compléments	*J'ai obtenu une invitation.* ***Elle*** *est réservée aux clients et je* ***l'****ai eue difficilement.*
les pronoms relatifs	*Voilà au moins un événement* ***qui*** *n'est pas perturbé par la grève !*
les adjectifs possessifs et démonstratifs + nom de reprise	*Il y a juste quelques invités et Marc fait partie de* ***ces*** *privilégiés : il vient de recevoir* ***son*** *invitation.*
les pronoms possessifs et démonstratifs	*Tous nos clients ont reçu leurs bouteilles ce matin,* ***ceux qui*** *n'ont pas encore eu* ***les leurs*** *devraient recevoir* ***ça*** *demain.*
les pronoms indéfinis	*Les vieux bougons critiquent* ***tous*** *la qualité du vin.*

E LES ARTICULATEURS LOGIQUES

Les articulateurs permettent de hiérarchiser les faits et les idées, selon que l'on souhaite :

apporter une preuve ou illustrer une idée	**en effet, d'ailleurs**
introduire un argument supplémentaire	**de plus**
amener une conséquence – logique – imprévisible	**donc, alors**
introduire une idée opposée	**au contraire**
reprendre une idée ou clore une énumération ou une intervention longue	**bref, en résumé**
amener la conclusion	**finalement, en définitive**

Transcriptions

UNITÉ 1

Et moi, et moi, et moi...

Leçon 1

Découvrez p. 10

Ils s'appellent Annie, Hélène, Patrick ou Sylvie et ils ont deux point communs : ils sont tous les quatre Parisiens et tous inscrits dans le même club de rencontres pour célibataires. Ils nous expliquent les raisons de leur présence dans ce club.

20h30, au troisième étage d'un bel immeuble parisien, la prof de salsa fait danser des hommes et des femmes célibataires. Moyenne d'âge : 40 ans ; une majorité de femmes et des profils très différents. Annie ne connaissait personne avant d'arriver à Paris. « Moi, j'étais originaire de province et je me suis inscrite ici six mois après mon arrivée sur Paris. J'avais deux copines de province mais ça faisait un peu léger quand même pour sortir. Parce que les gens sur Paris euh... sortent par bandes d'amis et restent avec leurs amis, que ce soit dans les cafés, dans les restaurants ou ailleurs, ils restent avec leurs amis. Même quand on va dans un club de sport ou ailleurs euh... c'est bonjour-bonsoir. » Au bar du club-house, c'est l'heure de l'apéro. Tout est fait pour rendre les rencontres le plus naturelles possible. Sur les 3 500 membres, le rythme de travail est souvent à l'origine du célibat des cadres, des fonctionnaires et des ingénieurs comme Hélène, 27 ans. « Ah ! déjà, dans mon travail, je suis avec des personnes beaucoup plus âgées que moi et je sais que j'ai aucune chance de trouver dans... dans mon travail actuel. Et ça, c'est important, c'est quand même au travail qu'on passe la majeure partie de sa journée, c'est souvent dans ce lieu-là qu'on se rencontre. Je me disais que c'était difficile de sortir de sa solitude et de se lier avec d'autres personnes. Et depuis que je suis au club, ben, j'ai rencontré des gens complètement différents.» Un étage plus haut. Le restaurant : le vin est gratuit. À table, des divorcés comme Patrick. « Je me suis séparé de ma femme et de mes enfants, donc euh... ma femme était prof, donc on avait essentiellement des amis profs et puis, euh... c'est vrai que j'ai perdu pas mal d'amis euh... en nous séparant, quoi. » Certains recherchent l'amour mais la plupart viennent ici pour vaincre la solitude et s'épanouir. Depuis dix-neuf ans, Sylvie fréquente ces clubs. « Je viens pas ici en espérant trouver le prince charmant, non, non. On est entre nous, on s'apprécie bien, euh... c'est une deuxième maison et on se voit en dehors. C'est une deuxième famille. »

Reportage diffusé sur RTL.

Prononcez p. 11

Exemple : a Ça vaut rien. → b Ça n(e) vaut rien.

1 a On n(e) s'entendait plus. → b On s'entendait plus.
2 a T'en fais pas...→ b Ne t'en fais pas...
3 a Elle n'y arrive pas. → b Elle y arrive pas.
4 a Il voit jamais personne. → b Il ne voit jamais personne.
5 a J'ai rien regretté du tout. → b Je n'ai rien regretté du tout.
6 a Tu as choisi de n(e) pas partager ton appartement. → b T'as choisi d(e) pas partager ton appart'.
7 a Personne peut comprend(re) ça... → b Personne ne peut comprendre ça...
8 a Je n(e) peux plus m(e) passer d(e) cette ambiance. → b J(e) peux plus m(e) passer d(e) cette ambiance !

Leçon 2

Découvrez p. 12

– Je trouve que de vivre tout seul, c'est un peu triste et que... que c'est bien agréable de rentrer chez soi le soir et d'avoir quelqu'un... euh... pour dîner ensemble... euh... pour partager... euh... quelques minutes sans... sans forcément partager beaucoup de vie privée mais... euh... un petit quotidien... un petit peu, quoi. Il faut quand même qu'il y ait un bon feeling qui passe parce que c'est vrai qu'il y a souvent des problèmes de ménage ou... euh... ou de qui va faire les courses... euh... qui va faire les tâches ménagères. Donc... euh... je crois qu'il faut simplement bien sentir la personne, bien s'entendre et puis...euh...et puis après, parler dès qu'il y a le moindre problème, se dire les choses, surtout pas... euh... laisser les soucis rester trop longtemps parce que sinon c'est... c'est le clash. Et quand on a un appartement qu'on... qu'on co-loue... euh... c'est... ça peut vite devenir un problème vis-à-vis du propriétaire.

– Comme on est dans une ville finalement un petit peu individualiste, eh ben, j'ai choisi de... de trouver d'autres personnes qui... qui voudraient vivre avec moi dans un... dans un appartement... plutôt rive droite. Moi, je redoute pas la solitude du tout... euh... c'est plus pour rencontrer d'autres personnes, particulièrement des étrangers, parce que c'est une possibilité effectivement de connaître du monde, peut-être de faire des voyages par la suite. C'est un mode... un mode de vie qui me va très bien. J'ai déjà vécu en colocation dans diverses villes en Europe. Et ça s'est toujours très bien passé.

– J'ai déjà vécu trois ans en colocation et... euh... et ça s'est très bien passé. On est passé de quatre personnes à neuf personnes. Et... euh... qu'il y ait une seule salle de bains, si on sait s'organiser, c'est pas un problème en fait. C'est peut-être un phénomène de mode mais vraiment je crois pas. Je crois que c'est plus pour lutter contre la solitude... euh... sans forcément s'accrocher aux gens... euh... y a plus à partager... euh... dans une ville où tous les gens sont seuls. Quand on est peut-être un peu plus vieux, qu'on est divorcé, séparé, ça peut aussi être un moyen de... ben... de se rapprocher des gens sans forcément chercher une relation stable. Moi, je vois pas ça du tout comme un... un nid à mariage.

Leçon 3

Découvrez p. 14

« Moi, prendre quelqu'un pour m'aider ? Oh non, non, je n'ai besoin de personne ! Je vérifie moi-même tous les devoirs de ma fille et de mes fils. Je fais le ménage, je fais les courses pour tout l'immeuble, j'arrose l'ordinateur, je répare le chien, je descends la voisine et c'est très bien comme ça ! ». Pour le ménage, la garde d'enfants et tous les autres services à la personne, pensez au CESU. Renseignez-vous sur les sociétés de service les plus proches de chez vous sur www.servicesalapersonne.gouv.fr ou au 0 820 00 23 78, 12 centimes d'euros TTC la minute.

Prononcez p. 15

1 Tu accepterais de promener le chien ?
2 Il faudrait vraiment repeindre la cuisine...
3 Et apprendre le chinois, ça te dirait ?
4 Je conduirais les enfants à l'école, j'irais les rechercher, pourquoi pas ?
5 Une chambre en échange de services, c'est ce que je voudrais.

Savoir-faire p. 18

– Bonjour, vous êtes sur la messagerie du 01-19-48-20-67, veuillez laisser un message après le signal sonore. Merci !
– Salut c'est Marie ! C'est un message pour Anna. Écoute, je te téléphone pour te demander un grand service. Tu sais que j'ai deux chats. Le problème, c'est que je suis invitée la semaine prochaine chez une amie qui ne supporte pas les chats. Pourrais-tu t'occuper d'eux pendant une semaine ? Il faudrait passer chez moi pour leur donner à manger, changer leur eau et leur litière, et bien sûr leur parler un peu. Bon écoute, ce serait vraiment sympa de ta part. Tu me rappelles ?

UNITÉ 2

D'ici ou d'ailleurs

Leçon 5

Découvrez p. 20

– Je ne suis pas partie en Erasmus parce que j'avais peur, je pense. Peur d'être loin, peur de sortir du système scolaire que je connais et auquel je suis habituée ! J'imagine que l'expérience est avantageuse mais voilà, elle ne doit pas correspondre à ma personnalité.
– Moi, je n'ai pas participé au programme Erasmus parce que je ne pouvais pas me le permettre. Je pense que ce n'est pas un programme accessible à tous, mais plutôt aux étudiants des familles qui ont un bon niveau de vie ou alors aux personnes qui ont pu travailler et puis mettre de l'argent de côté.
– La bureaucratie, c'est le pire ! J'ai essayé de partir à l'étranger il y a un an mais les démarches administratives étaient trop longues et trop compliquées pour moi. Alors j'ai abandonné le projet.
– On a déjà du mal avec des cours en français... alors étudier dans une autre langue ! Je préfère finir mes études dans la même école et partir à l'étranger ensuite.
– C'est étonnant cette obstination à nier l'obstacle de la langue ! Excepté peut-être pour quelques étudiants, mais c'est quand même super difficile de suivre des cours dans une langue étrangère.
– J'ai été en Erasmus à Milan il y a deux ans. J'ai dû me battre pour partir car, officiellement, je n'y avais pas droit. Mais je voulais partir à tout prix et faire ensuite un master dans une grande école. De ma promo, seules deux personnes sont parties. L'expérience était géniale et en plus on avait le droit de choisir les cours qu'on voulait ! Pour ce qui est de la bourse, je n'y avais pas droit non plus. Mais j'ai trouvé assez facilement un travail à temps partiel dans une boîte italienne.

Leçon 6

Découvrez p. 22

Première partie

Née en France de parents portugais, Sonia a aujourd'hui 30 ans. Elle nous parle de ses parents, de leur arrivée en France et du lien qui les lie toujours à leur pays d'origine.
– Vos parents sont arrivés à quelle... à quelle époque exactement en France ?
– Eh bien, ils sont arrivés dans les années 60... 68 je crois, exactement. C'était la période, en France, euh... euh... de la grande prospérité économique, hein, je crois. Donc, ils... ils avaient vraiment besoin de... euh... de main-d'œuvre. Et donc ils ont fait appel à la main d'œuvre étrangère. Mon père a accepté. Il avait un travail au Portugal. Il l'a laissé pour venir euh... en France.
– Et quel type de travail il avait en France, euh... à son arrivée ?
– Alors, il travaillait dans la construction automobile... euh... une entreprise... euh... très connue : Heuliez. Et... euh... d'ailleurs, maintenant, la ville où se trouve euh... cette grande entreprise, qui s'appelle Cerizay, est devenue beaucoup plus portugaise que française.
– Et alors, depuis toutes ces années, est-ce que vos parents ont souhaité devenir français, est-ce qu'ils ont pu devenir français ?
– Alors, euh... ils n'ont pas souhaité, non, parce que... je pense que déjà c'est... c'était très difficile pour eux de... de laisser derrière eux tout un passé, toute une vie, toute une famille, des souvenirs... donc, ils sont arrivés en France mais je crois qu'ils ont eu une période vraiment très difficile... d'intégration... euh... et puis, non, ils ne le souhaitaient pas parce que c'est... ils ont leur culture, ils ont leur façon de vivre et ils sont avant tout portugais.

Deuxième partie

– Est-ce que vous pourriez nous expliquer comment vous avez acquis la nationalité française ?
– Oui, eh bien, à l'âge de 16 ans, je suis allée à la mairie de ma ville où j'habitais... Donc, je suis allée à la mairie, j'ai fait ma demande, on m'a fourni un dossier à remplir. Donc, c'est ce que j'ai fait, j'ai fourni également quelques documents et puis, deux ou trois mois après, j'ai reçu mon papier officiel me confirmant que j'étais devenue citoyenne française.
– Et alors, vous êtes née en France ou au Portugal ?
– Moi, je suis née en France. Donc, mes parents sont nés au Portugal. Ils ont eu sept enfants. Quatre qui sont nés au Portugal et les trois derniers, dont moi la septième, nous sommes nés ici en France.
– Et alors, le fait d'être née sur le sol français ne suffit pas à vous donner la nationalité française, alors ?
– Non. Non, parce que, en France, pour devenir citoyen français, il faut avoir au moins un parent français. Donc, ce n'était pas du tout mon cas puisque mes deux parents étaient nés au Portugal. Donc je suis née... et systématiquement j'étais dev... j'étais portugaise.
– Alors, qu'est-ce qui vous a donné envie de devenir citoyenne française ?
– Ah, bonne question. Envie... euh... je ne sais pas si à l'époque j'avais vraiment envie. Je pense que... vous savez quand on est ados... adolescents... les adolescents entre eux sont... sont méchants. Et je crois que j'ai très mal vécu mon adolescence... euh... par rapport au racisme qu'il y avait. Et, je crois que c'était une façon de... de fuir ce racisme. Et j'ai voulu devenir euh... française. Je crois que si je n'avais pas connu ce racisme, euh... je ne sais pas... peut-être que je serais actuellement encore portugaise.

Prononcez p. 23

1 En cinquante ans, les circonstances ont bien changé.
2 Dans trente ans, les gens deviendront plus tolérants peut-être...
3 Demain, on attendra moins pour avoir un boulot, mais maintenant c'est un peu difficile.
4 Pendant longtemps, on s'en est accommodé.
5 Durant des années, il a essayé de devenir français ; enfin ça a marché. Il y avait vingt ans qu'il attendait !

Leçon 7

Document 1 p. 24

– Moi, je voulais faire un stage dans une entreprise mais on m'a dit qu'on prenait en priorité les enfants du personnel. C'est normal ?

– Ma sœur Marie ne peut pas aller à l'école du quartier. Elle est handicapée et l'école a refusé de l'inscrire parce qu'elle peut pas rentrer dans la classe avec son fauteuil. C'est normal ?
– Moi, j'ai deux potes : Jules et Akim. Quand on va en boîte, souvent Akim peut pas rentrer. C'est normal ça ?
Vivre une discrimination, ça n'a rien de normal. Si vous pensez que vous êtes discriminé(e), allez sur le site de la Halde, la Haute Autorité de Lutte contre les Discriminations et pour l'Égalité, h.a.l.d.e. point fr.

Document 2 p. 24

– Bonjour, c'est Place à vous. Cette semaine, nous parlons des discriminations dans l'accès au logement avec la Halde. Prenons le cas de Lionel, un étudiant guadeloupéen venu faire ses études en métropole : il est donc à la recherche d'un appartement. Parce que ses parents qui se portaient caution habitaient la Guadeloupe, on lui a refusé son dossier. J'imagine que c'est un exemple parmi tant d'autres au pôle logement que vous dirigez Fabien Dechavanne ?
– C'est une discrimination fondée sur l'origine. C'est interdit par la loi. À partir du cas de Lionel, la Halde a constaté que ce type de refus était finalement assez fréquent. Elle a demandé au gouvernement de modifier la loi. Ça a été fait. Désormais, la loi interdit expressément de refuser à une personne la location parce que ses parents résident en outre-mer.
– Depuis la modification de la loi, est-ce que la Halde a été saisie d'autres cas ?
– Ce type de comportement a nettement diminué. Lorsque la Halde y est de nouveau confrontée, elle rappelle les termes de la loi. Si jamais le comportement persiste, l'affaire peut-être portée devant le tribunal.
– Merci à vous. On rappelle que l'on peut saisir la Halde à partir du formulaire sur le site Internet halde.fr. À demain.

Savoir-faire p. 28

L'Europass Mobilité est un dossier qui fait la preuve d'un parcours organisé réalisé par un citoyen d'un pays européen dans un autre pays européen dans un but éducatif ou de formation. Il peut s'agir par exemple d'un stage en entreprise ou d'un trimestre d'études dans le cadre d'un programme d'échanges ou encore d'un stage volontaire dans une O.N.G.
L'expérience de mobilité est encadrée par deux partenaires, l'un dans le pays d'origine, l'autre dans le pays d'accueil. Les deux partenaires s'accordent sur l'objet, le contenu et la durée de l'expérience ; un tuteur est désigné dans le pays d'accueil. Les partenaires peuvent être des universités, des écoles, des centres de formation, des entreprises, des O.N.G., etc.
L'Europass Mobilité s'adresse à quiconque effectue une expérience de mobilité dans un pays européen, quel que soit son âge ou son niveau d'éducation.

UNITÉ 3

En avant la musique !

Leçon 9

Découvrez p. 30

Formés il y a à peine un an, les Atomic Boys sont jeunes, très jeunes. Le batteur, Baptiste, a 11 ans. Sur scène, sa tête dépasse à peine de la caisse claire mais le rock, il a ça dans le sang. « Dès qu'on est nés, on a entendu Deep Purple. À la place d'*Au clair de la lune*, on écoutait du… du rock déjà. Après, on a… on a eu du mal à écouter autre chose parce qu'on était né dedans, tout ça… donc voilà. » Leur jeu de scène est parfaitement huilé ; pour ça, ils s'inspirent des vidéos de leurs idoles : ACDC, Trust, Metallica ou encore Nirvana. Et pour assurer le show, Frédéric, le chanteur du groupe se donne toujours à 100 %. « Quand je chante, je fais le jeu de scène, je saute partout… euh… crier… euh… je me mets en T-shirt et puis des fois torse nu tellement que c'est chaud. » Pierrette est la mamie rock'n roll de Johan le guitariste, toujours fourré chez elle pour répéter. Ces quatre garçons dans le vent lui rappellent sa jeunesse. « J'écoute et j'écoute et je me régale. Quand ils sont tous là avec les… les enfants, alors on met la musique et puis ça tremble de partout. Alors, ça fait beaucoup de bruit. Non, mais on n'ose pas trop parce que comme je suis en appartement alors on tient compte un peu des voisins. Ils sont pas du tout trempés dans le rock eux. À notre regret, quoi, parce que faut que ça crache comme on dit, faut que ça fasse du bruit. » Et du bruit, le chanteur compte bien en faire à la Fête de la musique. Sa voix n'a pas encore muée. Ça tombe bien, elle convient pilepoil pour les reprises d'ACDC. Alors, ce week-end, il n'a qu'une seule envie : « m'éclater, mettre l'ambiance sur scène et montrer au public de quoi je suis capable ». Rendez-vous est donc pris ce week-end à Montbéliard, ça va décoiffer.

Germain Arrigoni et France Bleu Belfort-Montbéliard pour France Info.

Leçon 10

Découvrez p. 32

J'écoute de la musique soul, vous vous souvenez peut-être justement de ce succès de Françoise Hardy. La transition est toute trouvée pour présenter notre invité, son fils, Thomas Dutronc qui excelle dans un tout autre genre, le jazz manouche. Et depuis cette année, il chante avec un premier disque et une série de concerts. Jean-Jacques Payraud et Alexandre Dupont.
J'aime plus Paris… Ce qu'il n'aime pas non plus, dit-il, c'est qu'on lui parle sans cesse de ses parents. Ça ne l'empêche pas d'émailler ses chansons de clins d'œil à son père… *Vivre comme Lennon…* et ça ne l'empêche pas non plus de faire le mannequin avec maman pour un catalogue de vente par correspondance. Ce qu'il aime, c'est la guitare et le jazz manouche, ce jazz typiquement français inventé dans les années 20 par Django Reinhardt et Stéphane Grapelli. Et d'ailleurs, depuis une dizaine d'années, il en a fait son métier. Guitariste de jazz, il a enchaîné les tournées de concerts avec ses amis musiciens rencontrés pour la plupart en Corse où il vit le plus souvent. Et comme Thomas a aussi beaucoup d'amis dans la chanson et qu'il en écrit, certains comme Mathieu Chédid l'encouragent à les chanter. « C'est vrai que par le… par l'instrument simplement, c'est pas évident d'avoir un contact aussi privilégié qu'avec une chanson et puis tout simplement il avait envie de chanter, ça s'explique pas de manière plus compliquée que ça quoi… Entre Stéphane Grapelli et Django Reinhardt, donc entre le guitariste et le violoniste, bon ça passe ou ça passe pas mais quand ça passe avec un background comme celui-là, voilà tout est dit. Je pense qu'on est sur les traces de cette amitié-là. » L'histoire de Thomas Dutronc est celle d'une vraie passion : pour la musique et pour ses amis qui sont, dit-il, sa deuxième famille.

Leçon 11

Découvrez p. 34

« Ah, c'est bien ! Oh, je suis trop contente ! Je m'y attendais pas trop, j'avais trop peur. » Ambiance de fête ce matin dans la cour du lycée Rodin, dans le 13e arrondissement. Les élèves s'agglutinent devant les résultats ; ils sont soulagés. « Bah, je sais pas, on sait jamais, j'avais un peu raté l'é… l'éco. Donc euh j'avais un peu peur d'être en rattrapage. Ça gâche un peu les vacances mais bon… C'est trop bien, là. Ça va être la fête ce soir. » Pour les tout nouveaux bacheliers, ce moment est toujours important, c'est la fin des années lycées. « T'as une mention ? » « J'ai Bien. Ouais, je suis super contente, ouais. » « On va profiter là des derniers mois avant les études supérieures et euh… ça fait drôle. » « Ouais, c'est, c'est une nouvelle étape de la vie et c'est… je passe dans un nouveau cycle et je vais faire des nouvelles choses. » « Et c'étaient des belles années ? » « Ouais, c'est des belles années. L'ambiance, les gens, le travail qui était plus le même par rapport au collège enfin… ouais, c'est… c'étaient trois belles années. » Mais il y a également les élèves qui sont admis aux épreuves de rattrapage. Ils devront revenir demain pour les passer. « Peut-être que je vais passer deux matières à l'oral. Je vais aller voir. Je vais rentrer dans le lycée. Y a pas vraiment eu de surprise quand je suis allée voir mon résultat. Peut-être que c'était un manque d'entraînement de ma part. J'ai essayé de voir comment ça se passait à l'oral avant. J'ai anticipé. » « Je m'attendais à être recalé en fait, donc euh c'est pas plus mal, en fait. Mais 50 points ça fait pas mal, j'ai que des notes en-dessous de la moyenne quoi… » En tout cas le proviseur du lycée Rodin, Claude Toinet, est satisfait des résultats. « On va dépasser après l'oral de… du second groupe on va dépasser les 90% dans la série ES, en L et sans doute en S également… donc, satisfait. Ça me convient tout à fait. Comme dans beaucoup d'établissements, on finit par atteindre un palier effectivement. Donc, on tourne toujours à peu près autour des mêmes chiffres à quelques pour cent près. Mais c'est… c'est globalement satisfaisant. » Les résultats nationaux seront publiés ce soir par le Ministère. L'an dernier, plus de 83% des élèves de terminale, toutes séries confondues, avaient obtenu le baccalauréat en tenant compte du rattrapage.

Célia Quilleret, France Info.

Prononcez p. 35

Exemple : mon épreuve / bon en maths

1 Rien à dire, c'est un candidat intéressant et un excellent artiste.
2 Lui, il était bon en philo et en anglais, alors…
3 Moi, j'ai raté mon épreuve d'éco…
4 Tu les as vus à la télé ? Le benjamin avait 13 ans et le doyen en avait 83.
5 Les arts plastiques, en option, c'était bien aussi.
6 Le prochain examen aura lieu en plein été.
7 Cette section a eu un succès énorme.

Savoir-faire p. 38

– On va voyager en musique et grâce à vous Anne Chépeau. Bonjour Anne !
– Bonjour Célyne.
– Alors, un gros rhume hein… vous oblige à avoir une voix un petit peu moins sensuelle que d'habitude mais c'est pas grave on va quand même évoquer des artistes en tournée en France. Honneur aux dames, Célyne ! On commence avec la capverdienne Mayra Andrade, très jolie jeune femme, il faut le dire, mais bien plus que cela : une formidable interprète qui du haut de ses 24 ans affiche déjà une maturité musicale et une maîtrise vocale étonnante. Son deuxième album *Storia… Storia…* est sorti juste avant l'été et depuis elle enchaîne les concerts. Mayra Andrade a grandi au Cap Vert mais elle est née à Cuba, a beaucoup voyagé et vit aujourd'hui à Paris. Pas étonnant donc qu'elle associe au rythme capverdien des sonorités cubaines ou brésiliennes.

Évaluation 1

Compréhension de l'oral p. 39

– On la pensait réservée aux étudiants ou à ceux qui entrent tout juste dans la vie active mais avec la crise la colocation est devenue un phénomène de société, conséquence également de l'envolée des prix de l'immobilier, des trentenaires et même des quadras décident aujourd'hui de partager un appartement ou une maison. Bonjour Mathilde Lemaire.
– Bonjour ! Alors pour mieux comprendre ce phénomène : ce chiffre, le nombre de colocataires en France a doublé en l'espace de trois ans seulement. Oui, l'observatoire du logement estime que 4% des Français vivraient en colocation, rien qu'à Paris, près de 20 000 sont recensés officiellement par la CAF, dépassé le cliché de l'auberge espagnole, de la coloc réservée aux 18-25 ans, au-delà aussi on opte pour cette formule comme une parade à la crise. […]
Alors une nouvelle demande, des offres, on imagine qu'un marché de la coloc s'est créé en France : oui à Bordeaux, une agence spéciale coloc a vu le jour ; dans plusieurs villes une société privée a lancé les jeudis de la coloc sur le mode du speed-dating. Les futurs coloc prennent contact dans un bar mais pour l'essentiel, c'est sur Internet que les affaires se font : colocation.fr, easycoloc. Les sites payants fleurissent, inscription moyenne, 25 euros. Le site leader c'est appartager.com. Baptiste Intsaby, l'un des responsables : « C'est un phénomène, c'est même un style de vie maintenant, quand on a commencé, 90% de nos utilisateurs étaient étudiants c'est maintenant les jeunes professionnels, les adultes, certaines familles qui prennent un colocataire en plus dans la maison, la crise a favorisé ça, les personnes veulent de plus en plus rentabiliser leur loyer ou leurs investissements locatifs, c'est dû à la crise. » Et sur ces sites est-ce qu'on trouve également des offres dans de petites villes par exemple ? Oui, Bonneville, Dax, Chamallières, pour citer des exemples que j'ai trouvés mais c'est en Ile de France que la colocation séduit le plus, je propose d'aller dans le 20e à Paris…

UNITÉ 4

Espace vert

Leçon 13

Document 1 p. 44

Pour la première fois dans l'histoire de l'humanité, les citadins sont plus nombreux que les campagnards. D'après un nouveau rapport de l'ONU, la population mondiale s'élève actuellement à 6,6 milliards d'habitants dont un peu plus de la moitié vit en milieu urbain. Ce rapport paraît au moment où les villes et les pays célèbrent la Journée mondiale de la population.

Document 2 p. 44

Vancouver est la ville où l'on vit le mieux selon une enquête publiée lundi par *The Economist* qui a classé 140 villes du monde en fonction de cinq critères : conditions sanitaires, stabilité, culture et environnement, éducation et infrastructures. Six des dix premières places du classement sont occupées par des villes qui sont situées au Canada et en Australie. Le score que Vancouver a obtenu est de 98 sur 100, ce qui lui vaut la première place. Vienne se place en deuxième position devant Melbourne et Toronto. Paris arrive en 17e position.

Leçon 14

Découvrez p. 46

– Conservatoire, bonjour.
– Oui, bonjour, j'aurais voulu le service commercial, s'il vous plaît.
– Oui. Vous êtes madame ?
– Plat.
– Pardon ?
– Plat. P.L.A.T.
– Oui.
Musique d'attente

– Oui, allô.
– Oui, bonjour madame.
– Oui, bonjour.
– Je suis institutrice... euh... dans une école primaire à Poitiers.
– Oui.
– Et en fait euh... j'ai entendu parler de... de votre festival...
– Hum, hum.
– Et j'aurais voulu avoir quelques renseignements.
– D'accord. Vous souhaiteriez faire une visite cette année ou... nous fermons le 18 octobre.
– D'accord. Non non, ce serait avant... avant le 18 octobre.
– D'accord. Le festival est ouvert à partir de 10 h 00 jusqu'à 22 h 00... euh nous pouvons vous proposer donc... soit de visiter le festival librement soit de le faire avec un guide. C'est le même tarif. C'est 4 euros par élève, pour les enfants de 6 à 11 ans.
– D'accord, très bien.
– La visite guidée dure une heure quinze, une heure trente. Et nous avons des guides qui adaptent le discours en fonction de l'âge des enfants.
– Ça, c'est très bien, c'est parfait.
– Il faut compter une petite heure par la suite hein de façon à voir ce qui n'a pas été vu pendant la visite.
– D'accord, euh en fait c'est-à-dire que en visite libre... euh en fait les enfants se promènent, c'est ça ?
– Voilà, tout à fait... tout à fait.
– Euh dites-moi euh en ce qui concerne... enfin, pour manger ?
– Oui, qu'est-ce que vous souhaitez savoir ?
– Euh... Est-ce que par exemple ils ont la possibilité... enfin je ne sais pas de pique-niquer sur place ?
– Au niveau du site, les pique-niques sont interdits. Par contre, vous avez tout le parc du château qui se trouve juste à côté du festival qui est ouvert en fait et en libre accès.
– Oui, je vois.
– Là, vous pouvez tout à fait pique-niquer... enfin... généralement, c'est ce que font l'ensemble des scolaires qui viennent chez nous.
– D'accord.
– Ah, il n'y a pas de... de chaises ni de tables mais bon, il y a un grand espace arboré. C'est très très agréable pour les enfants.
– Bien... euh... Et dites-moi, pour la visite, je dois réserver à l'avance ?
– Oui. Oui. Comme ça, je vous prévois en fait un guide.
– Très bien.
– Après, je vous envoie la confirmation également.
– Ok, donc... ben écoutez je vais prendre vos coordonnées, alors.
– Oui.
– Alors, vous êtes ?
– Alors, je suis Gwenaëlle, du service commercial...
– Et le téléphone ?
– Le téléphone, c'est le même numéro que celui que vous venez de faire. Vous demandez le service commercial.
– OK.
– Voilà.
– Et bien, je vous remercie beaucoup.
– Je vous en prie. Bon après-midi.
– À vous aussi, au revoir.

Prononcez p. 47

– Tu connais ce château de la Loire où il y a un Festival des jardins ?
– Ah oui... Chaumont... celui dont Aline parlait hier ?
– C'est ça ! Je l'ai visité cet été... il y a une vingtaine de petits jardins isolés et de jeunes guides paysagistes passionnés par leur métier, qui adorent répondre aux nombreuses questions des visiteurs. Ces deux dernières années, on a redessiné le parc autour de nouveaux thèmes avec des couleurs dominantes ou des espèces différentes selon chaque jardin...On a même ajouté un joli labyrinthe végétal !

Leçon 15

Découvrez p. 48

– Alors qu'un Français sur deux ne devrait pas partir en vacances cet été, Paris plages ouvre ses portes ce matin pour la huitième année consécutive. Le quai Georges Pompidou a pris ses quartiers d'été : terminées les voitures, place au sable et aux activités de loisirs, farniente assuré. Paris plages qui se veut aussi cette année un vecteur d'insertion. Brice Dugénie.
– S'ouvrir et s'insérer sont les deux objectifs pour les employés de ce bus restaurant, tous de la cité de l'Europe à Aulnay-sous-Bois. Pour Lahcen Boukhenaissi, éducateur de la cité, Paris plages est un bon vecteur d'ouverture. « Pour eux, Paris plages on n'y touche pas, c'est pas pour nous, donc ça va surtout leur permettre de se rendre compte que Paris plages c'est pour tout le monde. L'intérêt pour nous, c'est qu'ils puissent rencontrer des gens qu'ils ne rencontreraient pas de manière naturelle. Et c'est en les mettant en position d'acteurs qu'ils vont pouvoir tirer le maximum d'expérience de vie professionnelle et qui va leur permettre d'avancer dans leur vie privée et professionnelle. » Découvrir mais également reprendre, pour ces six personnes en grande difficulté, goût au travail, là encore Paris plages est une occasion rêvée. « Les gens qui vont participer dans l'activité du resto-bus, ils sont salariés sur la durée de Paris plages. On essaie d'allier l'utile à l'agréable, ils devront bosser sur cet événement mais à la fois profiter des services de la ville de Paris dans le cadre de Paris plages. Ça permet de sortir du quartier, ça permet de se dire, bon je suis au boulot mais je suis aussi un petit peu en vacances. » Faire tomber les *a priori* d'un côté comme de l'autre et trouver sa place dans le monde du travail, un pari ambitieux pour ce bus qui servira s'il vous plaît uniquement des produits bio.

Reportage diffusé sur RTL.

Prononcez p. 49

– T'as vu, ils ont l'air fatigué ce matin...
– Évidemment... Ils ne se sont pas ennuyés ce week-end ! Je les ai vus à Paris plages !
– Ensemble ?
– Oui, ensemble ! Ils faisaient la sieste !
– C'est scandaleux, n'est-ce pas ?

Savoir-faire p. 52

Et maintenant, une annonce, concernant le concours annuel « Espace dans ma ville », qui, comme vous le savez, a pour objectif de sensibiliser les jeunes à la culture scientifique et technique. Cette année, un concours de réalisation de bandes dessinées est proposé. À l'occasion du 40e anniversaire du premier pas de l'Homme sur la lune, le thème sélectionné est « De retour sur la lune ». Chaque groupe ou individu devra inventer une petite histoire sous forme de BD. Cette création doit être envoyée à Planète Sciences en version numérique ou papier avant le 1er septembre. Les 14 meilleures planches seront éditées dans un livre imprimé et relié par un professionnel. Chaque participant au concours recevra un exemplaire de cette BD « Espace dans ma ville ». Pour participer, il faut avoir entre 8 et 15 ans et il est possible de réaliser les planches seul ou en groupe. Les prix seront décernés le 20 novembre prochain à la Cité des Sciences. Le 1er prix est un séjour de deux jours à Paris pour visiter plusieurs lieux liés à la culture scientifique, lors de la Fête de la Science. Le 2e prix, une lunette astronomique et le 3e, un abonnement à un magazine de culture scientifique. Alors... à vos crayons !

UNITÉ 5

Changer de vie

Leçon 17

Document 1 p. 54

Pourquoi certaines personnes paraissent-elles plus jeunes que leur âge ? Comment repousser les marques du temps ? Différents scientifiques se sont penchés sur ce problème universel. Ils ont ainsi distingué l'âge civil, l'âge biologique et l'âge perçu. Le premier est celui défini par notre date de naissance, le second par l'état de santé de notre organisme et le dernier est l'âge que vous donnent les gens autour de vous.
Si aucune personne ne peut changer l'âge civil, l'âge biologique et l'âge perçu dépendent eux de divers facteurs comme l'hygiène de vie, le tabagisme, l'alimentation ou l'activité physique. En fonction de vos habitudes de vie, vous paraîtrez ainsi plus ou moins vieux. Voici quelques conseils pour rester jeune. [...]

Document 2 p. 54

Avoir l'air plus jeune, d'accord, mais pas à n'importe quel prix. Si 86 % des femmes d'aujourd'hui ont envie de continuer à plaire, à elles-mêmes d'abord et puis aux autres ensuite, la transformation doit se faire légèrement, selon une étude Ifop réalisée pour le magazine *Femina*. Pas question donc de passer par des méthodes radicales. La majorité des Françaises sont prêtes à tenter une nouvelle coupe ou une autre couleur de cheveux, la moitié oserait de nouvelles couleurs de vêtements ou irait jusqu'à s'inscrire dans un club de gym mais très peu sont prêtes à se tourner vers la chirurgie esthétique. [...]

Prononcez p. 55

Dans ce magazine, les témoignages des femmes interrogées concordent : la gymnastique peut gommer des kilos et la chirurgie esthétique permet de gagner quelques années mais on ne peut pas changer son âge biologique, dommage !

Leçon 18

Découvrez p. 57

(Que changerais-tu dans ta vie si tu avais la chance de gagner au Loto ?)
– Je crois que si je gagnais au Loto... euh... ben, je... je changerais pas grand-chose à ma vie, tu vois. Je... je suis amoureux de la vie avant d'être amoureux du Loto. Donc voilà, je crois que je partagerais effectivement ce que je pourrais gagner, j'en ferais profiter pas mal de gens autour de moi. Mais j'aurais pas envie de changer quoi que ce soit parce que je pense que le moteur de la vie, c'est pas ce que tu peux gagner au Loto, comme ça de façon, tu vois, inopinée mais c'est ce que tu entreprends, ce que tu construis, etc., tu vois. J'aurais pas envie de changer grand-chose en fait. Mais effectivement ça me permettrait peut-être d'être un peu moins stressé sur certaines... sur certaines choses et puis voir l'avenir de façon plus sereine.
– Bah, je crois que je changerais rien. Non, j'aime beaucoup ma vie, j'aime... j'aime me lever le matin pour aller au travail, j'aime mon travail, j'aime ma maison... euh... je gagne assez pour subvenir à mes besoins... En revanche... en revanche, ça, j'aiderais mes enfants à s'installer. Ça oui. Et puis je pense aussi que je... j'aiderais un petit peu mes parents pour leur confort au quotidien.
– Euh... je crois que je changerais beaucoup de choses. J'ai toujours rêvé d'être acteur et de faire du cinéma. Et je pense que... avec l'argent du Loto, j'aurais plus besoin de... de producteur, de financier et autres. Et donc, je me produirais moi-même, j'écrirais mon film, je le tournerais et je jouerais dedans. Et voilà ce que je ferais si je gagnais au Loto.

Prononcez p. 57

Si je gagnais au Loto, je changerais de vie, je voyagerais... j'imagine... J'irais peut-être au Japon...
Ou bien, avec l'argent, je rejoindrais mon copain Jérôme à la Jamaïque...

Leçon 19

Découvrez p. 59

À 40 ans, Christian décide de quitter son petit appartement parisien et son travail afin d'ouvrir une maison d'hôtes à La Rochelle. Il trouve une grande maison à louer, s'y installe et se lance dans cette nouvelle aventure. Trois ans plus tard, il lui faut se rendre à l'évidence : le loyer de la maison, trop élevé, ne lui permet pas de continuer son activité.
– Est-ce que vous pensez... est ce que le fait d'être propriétaire de cette maison vous aurait permis de continuer cette activité ? Est-ce que vous l'auriez souhaité aussi ?
– Certainement. Certainement parce que le... le... l'aspect économique des choses aurait été complètement différent. Si j'avais déjà été propriétaire de... du... du bien, euh... je... j'aurais eu un net allègement de... de mes charges annuelles, euh... ce qui... ce qui effectivement a une grosse influence sur la... la... comment dire... la rentabilité de la maison elle-même, de l'activité.
– Par rapport à cette expérience et avec le recul que vous avez maintenant, est-ce que vous avez des regrets ? Est-ce que vous vous dites « ah j'aurais dû faire ça ! » ou « j'aurais aimé euh... faire ceci ou cela » euh... des regrets particuliers ?
– Non, aucun regret. Do... Mais ça c'est peut-être dû à ma nature. C'est que, en général, je regarde plutôt l'avenir que le passé. Donc, non aucun regret.
– D'accord. Et les meilleurs souvenirs que vous gardez de cette expérience ?
– Par contre, beau... une expérience très riche... extrêmement riche dans le... euh... dans le relationnel avec ma clientèle. Euh... et le... et aussi une chose qui... qui était pri... primordiale pour moi, c'était au-delà de l'accueil effectivement dans cette maison qui était une jolie maison, c'était aussi de faire partager euh... le... le... le plaisir que j'ai de vivre à La Rochelle et euh... de... de savoir... et de comment dire... que les gens qui venaient chez moi découvrent La Rochelle avec les clés que je pouvais leur... leur donner.

Savoir-faire p. 62

Parce qu'à trente ans ils veulent voir le monde et changer de vie, ce couple de pizzaïolos met en jeu leur vie sur Internet. Johan Cleppe est l'inventeur de ce pari osé.
– Ça fait déjà plusieurs années qu'avec mon amie on prévoit de... de s'expatrier. Tout simplement je me suis dit... euh beh... que j'avais une maison, un travail, une voiture et je me suis dit qu'en fait peut-être pas mal de gens rêveraient d'avoir ce que j'ai sans être prétentieux... mais je veux dire... bon... déjà ne serait-ce que de pouvoir travailler, de subvenir à sa famille tout simplement.
Pour tenter sa chance, rien de plus simple, il suffit de s'inscrire sur le site win-my-life.com, de miser 4,99 euros et de répondre à la question « Quelle est la capitale de la Belgique ? ». Les bonnes réponses seront alors tirées au sort. À gagner : toute la vie de Johan et de son amie. Tout, sans exception.
– Tout ce qui est l'équipement de la pizzeria, tout ce qui est

meubles, télé, caméra... euh... mon véhicule, tout. La... la pelle, la niche du chien sauf le chien.
Et l'idée semble faire recette : des Belges, Anglais, Hollandais et même un Américain se sont déjà portés candidats. Les habitants du secteur, eux, sont dubitatifs.
– Moi je trouve que c'est délicat quand même.
– C'est un coup de poker ça. Ça passe ou ça casse.
– C'est osé.
En trois jours pourtant, win-my-life a déjà enregistré près de mille candidatures. Verdict le 31 mars 2010.

Reportage diffusé sur RTL.

UNITÉ 6

Entre la poire et le fromage

Leçon 21

Prononcez p. 65

1 a Surtout, tu devras accepter des horaires difficiles.
b Les clients sont parfois difficiles : sois patient !
c Lavez-vous les mains très soigneusement !
d Il est indispensable que les poubelles soient fermées.
e Dans ce métier, il faut vraiment aimer faire la cuisine.
f Vous ne devez pas préparer les plats les fenêtres ouvertes.
g Restez ouvert à toutes les suggestions !

2 *Exemple : a On prend un menu ? b On en prend un ?*
1 a Fais-en une ! b Fais une expérience !
2 a Respectez les règles d'hygiène ! b Respectez-les !
3 a Vous leur avez dit ? b Dites-leur !
4 a J'aime ça... b Ça me plaît bien...
5 a C'est à qui ? b Dis-moi à qui c'est.

Leçon 22

Découvrez p. 66

– Voilà au moins un événement qui n'est pas perturbé par la grève ! C'est l'arrivée du Beaujolais nouveau !
– Oui, le cru 2007 a été présenté hier soir avec un léger parfum de framboise cette année. On a fait la fête évidemment à Beaujeu, capitale du Beaujolais. Christophe, vaguement éméché, explique que certes le Beaujolais nouveau, c'est pas terrible mais c'est sympa.
– On est d'accord que le Beaujolais nouveau, c'est pas très bon même s'il peut avoir un goût de fruit rouge. En tout cas euh... il y a un maximum de personnes. Et finalement, c'est ce qu'il y a de plus joyeux dans ce monde. C'est que les gens soient réunis autour d'un petit verre de vin. C'est une belle fête, il y a des feux d'artifices, il y a des ballons, il y a du vin, il y a des gens avec des fleurs, tout le monde se prend bras dessus bras dessous, c'est trop la fête quoi !
– C'est sympa ! L'hommage de Christophe au Beaujolais nouveau présenté euh... hier soir dans le monde entier.

Reportage diffusé sur RTL.

Leçon 23

Découvrez p. 69

Que mange-t-on ? Comment le mange-t-on ? Dans quel cadre ? À quelle heure ? Et avec qui ? Nous passons de treize à dix-sept ans de notre vie éveillée à manger ! Ces questions sont donc loin d'être sans intérêt. Au contraire, elles ont toujours révélé les grandes valeurs d'une société à un moment donné.
C'était vrai hier, mais cela le reste aujourd'hui. Regardez chez Lipp, par exemple, l'une des brasseries les plus chics de Paris. Il y a encore dix ans, on ne pouvait y entrer sans cravate. Aujourd'hui, l'été, devant le restaurant, un panneau signale que « les shorts et les tongs ne sont pas admis ». Bref, en dix ans, un siècle a passé.
Aujourd'hui, tout le monde mange avec les doigts, remarque le consultant Bernard Boutboul. Le mouvement a commencé il y a près d'un siècle avec l'apparition du sandwich, puis s'est généralisé avec le fast-food. De plus, il n'y a plus une seule mais plein de manières de se tenir à table, selon l'endroit où l'on se trouve.
Mais la table reste un espace de discrimination sociale. En effet, suivant sa situation, on ne prend pas ses repas de la même manière. Ni à la même heure. Dans les couches sociales élevées, note le sociologue Jean-Pierre Poulain, les horaires du petit déjeuner et du repas du soir sont plus tardifs. Le rythme alimentaire quotidien du cadre démarre moins tôt et se termine plus tard. D'ailleurs, on remarque qu'à la cantine les employés arrivent les premiers, à midi ; puis, au fil du temps, on monte dans la hiérarchie. Finalement, même si nous vivons dans des sociétés uniformes, les manières de table continuent à révéler notre identité sociale.

Savoir-faire p. 72

– Et maintenant, la minute cuisine avec Christina. Bonjour Christina.
– Bonjour Philippe !
– Alors qu'est-ce que vous nous proposez aujourd'hui ?
– Oh, aujourd'hui vous allez vous régaler avec la recette du jour qui est la tarte aux courgettes et aux olives.
– Mmmm.
– Vous savez, c'est une recette très facile à réaliser et très bon marché qui revient uniquement à six euros par personne.
– Six euros par personne ! C'est vraiment pas cher !
– Ce n'est pas cher effectivement. Alors comptez environ 15 minutes de préparation et cinquante minutes de cuisson.
– C'est pas trop long.
– Alors vous filez au marché et vous prenez 400 grammes de courgettes, deux tomates, 50 grammes d'olives noires, 100 grammes de fromage blanc, trois œufs, 100 grammes de gruyère râpé, un peu d'ail, deux oignons, du sel, du poivre.
– Attendez, je note sur mon petit papier et ensuite il faut faire quoi ?
– Faites une pâte à tarte. Préchauffez votre four. Ensuite lavez et coupez finement les courgettes, les tomates et les olives, mélangez tous les ingrédients, disposez-les sur la pâte, enfournez pendant 50 minutes et voilà, le tour est joué !
– Ah bah, c'est extrêmement simple !
– C'est très simple et c'est excellent vous verrez.
– Il n'y a plus qu'à déguster !
– Bon appétit !

Évaluation 2

Compréhension de l'oral p. 73

– Est-ce que vous avez peur de vieillir ?
– Pas vraiment. Pas particulièrement. Peut-être que je n'ai pas trop réfléchi à la chose. Non, il me semble que c'est une évolution à la limite que j'attendrais... euh... pas avec grand, grand plaisir nécessairement, mais je n'ai pas peur, non.
– Et comment envisagez-vous votre vieillesse ?
– Comme un moment à la fois de découverte, de sérénité, de curiosité, de... d'intérêt pour les autres surtout... surtout... euh... tout ce qui est artistique, tout ce qui est culturel... euh... je pense que c'est un moment parfait pour cela parce qu'on met un peu de côté les problèmes quotidiens. On se donne le droit de penser à soi et de penser à se faire plaisir et c'est pour ça que je vous disais que j'envisageais avec relativement une certaine sérénité de vieillir.

– Ben moi, je suis terrorisé par... à l'idée de vieillir. C'est un... c'est quelque chose qui m'a toujours obsédé, même étant jeune. Moi, je... j'aspire à vivre indéfiniment parce que je trouve que la vie est tellement extraordinaire que j'arrive pas à comprendre qu'un jour on puisse renoncer à ça et... moi, ce qui me fait le plus peur, c'est la perspective de retourner au néant. Je peux rien faire, je subis et je... et je retourne à rien, à l'inexistence. Ça me paraît... euh... complètement... euh... absurde.
– Comment vous envisagez, vous, votre propre vieillesse ?
– Difficilement parce que bon, j'imagine les douleurs, enfin bon... un ralentissement... euh... moins de dynamisme... euh... peut-être moins d'entrain... euh... moins de désir... euh... et bon... euh... je trouve ça un peu triste, hein.
– Qu'est-ce qui me fait peur ? Ben... euh... la déchéance, enfin des choses comme ça, la maladie... euh... ne plus... euh... être active comme... euh... je l'ai toujours été quoi ! Alors comment j'envisage la vieillesse ? Plus d'activités professionnelles et puis... euh... mais quand même de... de l'activité. Enfin la vieillesse... euh... ouais c'est... c'est... c'est justement cette... cette idée de ne plus pouvoir être aussi active. La vieillesse comme quand ça fait peur, eh ben on... on essaye de ne pas y penser et finalement... euh... on vit comme si on avait... on avait... comme si on était immortel, quoi !
– On ne peut rien contre la vieillesse, donc... euh... il faut prendre les bons moments présents et puis voilà. J'habite... euh... un village en Corse, je vais me retirer là-bas et puis bon euh, je ferai des voyages, je ferai quelques voyages avec ma femme puis je... je m'occuperai de mes enfants... peut-être un peu de ski... euh... la chasse... euh... peut-être un peu de... de vélo, de VTT. Là, j'espère le faire... euh... surtout pendant que je suis toujours jeune hein après... euh... ça va être un peu plus dur hein... euh... le temps, il est plus... plus limité.

UNITÉ 7

Métro, boulot... repos

Leçon 25

Découvrez p. 79

– Ça fait quatre ans que j'enchaîne les CDD et... euh... j'ai l'impression d'être en dehors du système. C'est ça qui m'énerve. Je... j'ai l'impression qu'on... qu'on se moque de moi, que mes droits ne sont pas respectés. Parce que, dans cette situation, je pense qu'il est impossible de se projeter dans l'avenir. C'est difficile pour quelqu'un de ne pas pouvoir construire, de fonder une famille, c'est en cela que ça m'énerve. Financièrement, tout se passe bien mais le... le plus difficile, à mon avis, c'est de pouvoir... euh... se poser et se projeter dans cet avenir que... que moi, je ne trouve pas. Je suis dans un système où tout peut s'arrêter du jour au lendemain. C'est ça qui est difficile, selon moi. Je ne peux pas... euh... m'acheter une maison, je ne peux pas m'acheter une voiture. Les banques ne me font pas confiance parce que... euh... on me dit : cette dame-là peut ne plus avoir de revenus du jour au lendemain. Donc, voyez-vous, je... je gère mon quotidien au jour le jour, en fait. Elle est là, la difficulté.
– Ben, tout d'abord... euh... ça me permet de pouvoir exercer plusieurs activités différentes... euh... voir... rencontrer du monde, différentes personnes sur différentes missions et... euh... jusque-là, ça m'a pas embêté. Justement, je trouve que ça me donne une certaine liberté aussi au niveau... euh... de mes repos par exemple. Et puis, j'ai pas les contraintes... euh... d'un employeur fixe. Je peux me permettre de... de changer... euh... quand je veux, quoi. Bon, c'est vrai qu'avec les banques, effectivement, ça peut poser des problèmes étant donné que... euh... on propose des crédits que sur CDI. Mais sinon, côté salaire, il y a aucun problème. On touche même mieux en intérim qu'en CDI. Je ne crois pas que j'aie envie de rester dans cette situation toute ma vie mais, pour le moment, ça me convient plutôt bien.

Prononcez p. 79

1 a Bref, le CDI, ce sera pour la prochaine fois !
b Ça (ne) pouvait pas tomber plus mal...
c Encore un CDD ! Au bout de quatre ans ! De qui on se moque ?
d Je (ne) comptais pas trop dessus, mais quand même...
e Du coup, après ça, je monte ma propre boîte avec des copains.

2 a 01 46 60 14 91
b 500 licenciements
c 5 000 euros
d 81 salariés
e 100 000 euros
f 01 46 74 80 11
g 80 salariés
h 105 licenciements

Leçon 26

Découvrez p. 81

Première partie

Ce qui se développe, c'est le fait que... on travaille à la fois au bureau et chez soi. Ce qui se développe, c'est le fait qu'on est de plus en plus itinérant. Et donc, en réalité, le point le plus important, c'est que les contraintes de localisation pour nos activités disparaissent. On peut travailler... euh ... dans sa voiture, dans la circulation. On peut travailler à son domicile. On peut travailler sur son lieu de vacances. On peut travailler dans un hôtel, en déplacement, en se branchant... euh... sur le réseau. Nos interlocuteurs ne savent pas où on est. Donc, c'est ça qui fait la grosse différence, et, de ce point de vue-là, c'est vrai que Internet modifie non seulement les possibilités de travailler d'une façon ou d'une autre, mais contribue à la modification des modes de vie. Ce qui est également un point important du point de vue du travail.

Deuxième partie

Je crois que le modèle qu'on imaginait il y a une vingtaine d'années, où les gens allaient rester chez eux travailler et ne plus venir au bureau, ne s'est pas du tout développé. Il est peu probable qu'il se développe. Je crois que ce qui caractérise euh... ce domaine, c'est beaucoup plus que les frontières entre l'entreprise et le domicile deviennent poreuses, hein... Et donc, les gens travaillent en partie à la maison, hein. Peut-être qu'à l'inverse, d'ailleurs, ils font certaines activités qui touchent à leur vie privée dans l'entreprise. Donc la frontière entre le monde professionnel et l'espace privé est en train de se transformer.

Leçon 27

Découvrez p. 82

Checker les mails, suivre les dossiers, pour Thierry le mot « congé » ne rime pas avec le mot « farniente ».
– Il y a pas moyen de débrancher. Je pense qu'on ne peut pas expliquer à un client que son problème sera traité à l'échéance de ses propres vacances. Donc, il y a un moment, il faut prendre ses responsabilités et continuer à bosser.
Et pour Chantal et Yves, sur la plage, un seul outil, le BlackBerry.
– J'ai mon BlackBerry, on peut m'appeler à tout moment, pendant la visite d'un... d'un château ou quand je suis sur la plage pour me poser une question et me demander mon assistance.
– Au début, on est très contents parce qu'il y a plein de trucs, on est sur Internet, on regarde ses trucs, et finalement on ne

fait que des mails le matin, le midi, le soir, en vacances, le week-end. On est... on se sent obligés de répondre.
Alors d'où vient cette addiction au boulot ? Cécile Faure, psychologue du travail.
– C'est une grosse recherche en général de reconnaissance professionnelle. Souvent les gens me disent « Oh oui, mais mon employeur est très exigeant ». Et puis tout le côté des fois accrochage qu'on peut avoir effectivement au travail crée du stress hein chez... chez les gens... d'où ils ont du mal effectivement à déconnecter hein sur quelques jours seulement de vacances si vous voulez.
Pression du patron, quête de reconnaissance, pour les accros du boulot, les vacances cet été ne sont pas de tout repos.

Reportage diffusé sur RTL.

UNITÉ 8

Question d'argent

Leçon 29

Document 1 p. 88

Internet est devenu un canal incontournable dans les habitudes de consommation des Français. Plus de 6 internautes sur 10 ont acheté en ligne au cours des 6 derniers mois et la quasi totalité se déclarent satisfaits de leur cyberachat, selon une récente enquête de la Fevad, la Fédération e-commerce et vente à distance, présentée ce mercredi 11 juin.
Selon la Fevad, la vente en ligne est en pleine croissance en France : 21 millions de Français ont déjà fait des achats sur le Web.
Alors qu'il ne concernait à ses débuts que certaines catégories d'internautes (jeunes, urbains), le commerce en ligne a gagné l'ensemble des Français. Deux tiers des internautes de plus de 50 ans ont déjà effectué un achat sur un site marchand.
Pour une large majorité des cyberacheteurs, Internet est apprécié pour son côté pratique, le fait de pouvoir y comparer plusieurs sites de vente avant d'effectuer un achat mais aussi pour sa flexibilité : on peut y faire des achats 24h/24. La moitié des internautes interrogés achète également sur le Web parce qu'on y trouve des prix plus attractifs et des offres plus avantageuses que dans les magasins.
Enfin, si les sites qui attirent le plus de cyberacheteurs demeurent des vendeurs classiques, on note une augmentation des sites qui permettent de vendre et d'acheter entre particuliers, notamment dans les secteurs de l'électronique grand public et des produits de maison. Environ 30% des cyberacheteurs ont déjà acheté et vendu des articles à d'autres internautes.
Enquête réalisée en mai 2008 par Médiamétrie/NetRatings et la Fevad, auprès de 3 152 internautes.

Document 2 p. 88

– L'avantage avec Internet, c'est qu'il existe plein de sites sur lesquels tu peux comparer les prix. Tout ça sans te déplacer bien sûr. Dans les magasins, pour pouvoir faire la même chose, il faut avoir du temps et puis même souvent beaucoup de temps pour aller d'un endroit à un autre.
– Il y a plein de produits qui sont beaucoup moins chers sur Internet. Mais si t'as un problème, c'est le début la galère. Moi, j'ai attendu six semaines un écran de télé que je devais recevoir en 48 heures. Le gars du site avec lequel j'ai parlé au téléphone de ce problème de livraison était incapable de me dire quand je serais livré. En plus, il était pas vraiment aimable !
– Moi, vu l'heure à laquelle je termine le soir, Internet c'est le moyen le plus pratique pour faire mes achats. Comme ça, je peux faire mes courses à n'importe quelle heure du jour ou de la nuit. Et puis, je suis pas gênée par la foule... il n'y a pas d'attente à la caisse. C'est idéal !
– Moi j'utilise Internet pour obtenir des informations sur les produits que je souhaite acheter. Récemment, j'ai dû remplacer ma machine à laver. Eh bien, je suis tombé sur un site qui propose des fiches techniques grâce auxquelles on peut se faire une idée très précise des caractéristiques de toutes les marques et de tous les produits électroménagers qui existent sur le marché actuellement. Mais j'ai quand même besoin de voir et de toucher le produit avant d'acheter. C'est pour ça que les magasins restent indispensables, selon moi.

Leçon 30

Découvrez p. 90

Cafetier dans une brasserie parisienne, François termine son service et avec la crise, il constate que les pourboires diminuent.
– L'été dernier, ma moyenne, c'était 150 euros par jour. Et là, ça va faire quinze jours, trois semaines qu'on a un peu de touristes et je pars pas avec plus de 80 euros. Ma collègue, en gros, elle arrivait à faire 10 euros admettons par service, elle est tombée à cinq. Bah, c'est moitié moins pour tout ce qui va être café ou... en enlevant le repas quoi.
Alors comment contrer cette tendance ? François a ses petits secrets.
– Bah, il faut être très commerçant. Maintenant, il faut pas hésiter à... vous voyez, style, un café il faut pas hésiter à mettre deux-trois chocolats. Pour les enfants aussi, mettre un petit sirop à l'eau gratuit, qu'on va pas compter, quoi.
Pierre boit son café en terrasse et pour lui rien n'a rien changé. La crise, elle ne l'empêche pas de donner.
– Non, je crois pas que la crise modifie mon attitude. Je crois aussi que c'est dépendant plutôt du... dépendant du service et puis de... de l'ambiance, voilà. De mon humeur peut-être aussi.
Alors, la crise a bon dos. Mais, pour François, elle n'est pas l'unique responsable.
– C'est plus facile pour les filles d'avoir des pourboires. Quand je vois Delphine, ma collègue, elle a quelques techniques pour avoir un peu plus, ouais, c'est possible.
À chacun ses astuces. En tout cas, chaque serveur donnera le maximum cet été car avec les pourboires, ils peuvent doubler leur salaire.

Reportage diffusé sur RTL.

Leçon 31

Découvrez p. 92

– Je gagne, je dépense... Au moins, ça circule.
– Je suis un radin, un radin... L'apéritif, c'est pour moi. Pour le reste, je ne sais pas comment on fait. On partage ? Si, au moins, de l'argent, j'en avais pas ! Mais j'en ai, j'ai jamais manqué de rien !
– On est bien d'accord ? Vous encaissez rien avant la fin du mois.
– L'argent, c'est une question d'amour et d'exigence. Si on le respecte, on en fait ce qu'on veut.
– Si vous me prêtez 60 000 euros, je vous jure, vous ne le regretterez pas.
– Ça vous fait mal que je vous prenne tout cet argent ?
– J'arrive pas à économiser, faut que je dépense.

Extraits de la bande-annonce du film *Le Coût de la vie*, Pathé 2003.

Prononcez p. 93

1 Les portes du magasin seront exceptionnellement ouvertes à dix heures moins le quart.

2 Ce sont des exemples de produits de luxe qui seront vendus aux Galeries aux prix les plus bas.
3 Cette cliente n'a que 13 ans mais elle en paraît dix de plus.
4 Ces exigences de qualité auxquelles nous sommes attachés ont souvent été reprises ailleurs.
5 Des tracts sont distribués aux usagers par des militants syndicaux.

Savoir-faire p. 96

Devant l'immense supermarché Escudero, situé au bord de la nationale qui relie l'Espagne à la France, des centaines de voitures immatriculées dans les Pyrénées orientales, l'Héraut ou encore les Bouches du Rhône sont stationnées. Ali sort du magasin avec deux charriots remplis de nourriture, de bouteilles de vin et de cartouches de cigarettes. Cet agent territorial du Canet en Roussillon vient faire ses courses ici une fois par mois.
– Quand on voit les prix ici et les prix en France, y'a pas photo, quoi. Je dirais à la fin du mois, on le ressent par rapport à notre pouvoir d'achat et c'est vrai qu'on fait pas mal d'économies si on compare vraiment, vraiment les prix, oui.
À la Jonquera, la plupart des produit coûtent entre 30 et 50% moins cher qu'en France, le prix du litre de sans plomb ne dépasse pas les 88 centimes et, à l'heure du déjeuner, les restaurants qui proposent tous des menus à volonté comme celui de Chavi affichent complet.
[...]
Guy, lui, habite à Sète, il a fait 180 kilomètres pour venir ici avec sa femme. C'est la première fois qu'il vient et visiblement ce retraité n'est pas déçu.
– C'est désastreux de voir qu'à 20, 30 kilomètres d'ici on paye ça un prix fou. On y reviendra souvent.
Et une fois les courses terminées, Guy a prévu de s'offrir une ballade à Cadaquès, un joli petit port catalan situé à quelques kilomètres.
À la Jonquera, frontière franco-espagnole, Henry de Laguérie, Europe 1.

UNITÉ 9

C'est déjà demain

Leçon 33

Découvrez p. 98

Première partie

Selon vous, en quoi les téléphones mobiles ou les ordinateurs ont-ils changé nos modes de vie ?
– Les téléphones portables et les ordinateurs vont changer bien sûr mes habitudes de vie et de communication. Elles ont changé les habitudes de vie et de communication de tous d'ailleurs. Il y a du bon et il y a du mauvais, je pense. Le bon, c'est que... euh... maintenant, on est plus très loin des personnes qu'on aime, qui sont même à distance. Avec Internet, on a chez soi même l'image de la personne qu'on aime. Et le téléphone, c'est quand même bien pratique de ne pas avoir à rentrer chez soi le soir pour obtenir ses messages mais de les avoir en direct. Néanmoins, je trouve aussi que ça sépare les individus. On a moins la démarche de se déplacer vers la personne pour lui parler, on a moins la démarche d'attendre qu'elle réfléchisse pour obtenir une réponse. Ça a changé notre mode de vie mais il faut encore que nous, en tant qu'humain, nous continuions à nous adapter.
– Enfin, c'est quand même un moyen de communication effectivement plus rapide mais qui nous permet aussi d'être beaucoup plus libre et de pouvoir être disponible non seulement à vos interlocuteurs mais pour vous-même. Vous avez une question immédiate à poser, vous avez la réponse tout de suite.
– Effectivement, je... je suis vraiment d'accord avec vous. C'est-à-dire que ça, c'est le point très très positif... de pouvoir avoir une réponse précise rapidement. Mais, en revanche, je trouve qu'on est de plus en plus assailli et qu'on passe sans le vouloir et malgré soi de plus en plus de temps sur Internet.

Deuxième partie

Pensez-vous que la généralisation de ces moyens de communication soit dangereuse pour notre vie privée ?
– Oui, ça peut être dangereux. Par exemple, l'intrusion de nos collègues de travail vingt-quatre heures sur vingt-quatre, sept jours sur sept. Oui, ça peut être dangereux parce que ça peut perturber effectivement une vie de famille. C'est dangereux aussi quand on est en permanence dérangé par des coups de téléphone intempestifs.
– Est-ce que c'est dangereux pour notre vie privée ? Euh... oui, sûrement. Quand je vois ce qu'on arrive à faire aujourd'hui avec un téléphone portable. On peut prendre, utiliser les empreintes digitales pour... pour reconnaître l'utilisateur. On se dit que peut-être un jour on s'en servira comme moyen de paiement. On sortira d'un magasin juste avec notre téléphone portable dans la poche et ça payera nos courses. Euh... enfin voilà ! N'importe qui pourra savoir à quelle heure je suis passé dans telle boutique, ce que j'ai fait, qui j'ai appelé, où est-ce que j'étais... avec le GPS, avec... avec les messages qui sont répertoriés dans des machines, enfin tout ça. On sait tout sur tout le monde : où, quand et bientôt comment... Enfin, plus personne n'aura son intimité. Alors après, est-ce que c'est grave ? Je ne sais pas. Mais on rentre dans la vie privée des gens, ça c'est sûr.

Leçon 34

Document 1 p. 100

– Bonjour Nicolas Hulot.
– Bonjour.
– Alors vous... vous présidez votre fondation, la Fondation Nicolas Hulot et il y a un an vous avez lancé avec l'ADEME, l'Agence De l'Environnement et de la de Maîtrise de l'Énergie, le Défi pour la Terre. Vous pouvez nous... nous rappeler de quoi il s'agit.
– Écoutez, simplement pour répondre à une phrase que j'ai souvent entendue, c'est de nous dire : « Écoutez, on a compris qu'il y a un impératif écologique qui s'impose à nous, qu'il va falloir changer un peu notre société, notre mode de consommation, notre mode de production » mais régulièrement j'entends les gens me dire : « Mais qu'est-ce qu'on peut faire ? Qu'est-ce qu'on peut faire à notre échelle individuelle ? » Et on a voulu répondre à ça avec l'ADEME en proposant un choix de comportements, de révisions de comportements, de révisions de gestes de consommation. Et donc l'idée, c'est que chacun choisisse dans ces centaines de gestes que nous mettons à leur disposition, au jour le jour, eh bien des... des gestes sur lesquels ils s'engagent pour peser moins lourdement sur nos ressources naturelles et moins lourdement sur nos ressources énergétiques dont on vient encore de nous rappeler que malheureusement tout cela est compté. Et nous vivons depuis très longtemps dans une civilisation un peu du gâchis, pensant que nous avions des ressources infinies. Eh bien, il est temps qu'on se rende compte que, malheureusement, on vit sur une planète qui est limitée et qu'on peut pas lui demander plus qu'elle ne peut nous donner, donc, il faut réguler ça. Et nous

avons, nous les individus, une part de responsabilité. On n'a pas toutes les responsabilités mais on peut pas se dédouaner en se disant nous, on peut pas faire grand chose. En fait, on peut faire énormément de choses. Et, en plus, on peut le faire tout en protégeant l'environnement et en ayant pour soi un gain je dirais même économique et en même temps je dirais même un gain psychologique. Parce que, qu'on le veuille ou pas, on est quand même conditionnés dans nos gestes de consommation et même dans nos comportements.

Document 2 p. 100

L'un des secteurs les plus porteurs en ce moment, ce sont les emplois verts orientés vers l'écologie. Exemple avec la société GreenFace, spécialisée dans la construction et l'éco-rénovation. Reportage RTL de Sébastien Letard.
Ils ont commencé à trois. Aujourd'hui Ahmed Akaaboun est le patron d'une société parisienne d'une dizaine d'employés. À peine un an et demi d'existence et GreenFace va ouvrir une antenne dans le sud de la France et continuer son développement.
– Malgré cette période de crise, aujourd'hui on a un carnet de commande qui est bouclé jusqu'à janvier. Cette année, on a embauché sept personnes et pour la rentrée on va être amenés à embaucher plus d'une vingtaine de personnes. Il y a une formation entre deux et cinq jours mais sinon un peintre classique ou un maçon classique peut très bien utiliser des matériaux écologiques.
Un processus de construction écolo, pour les employés, ça signifie réapprendre en partie son métier avec des techniques et des matériaux sains. À 52 ans, André Pochard a retrouvé un emploi mais dans de meilleures conditions.
– Je suis arrivé ici ben en pointant des annonces. C'est assez compliqué actuellement avec le marché de l'emploi, bon, qui va pas très bien. C'était pas évident. Moi, je suis un peu de l'ancienne génération et j'ai appris sur le tas on va dire, voilà. On arrête tout ce qui est peinture à l'huile, avec de l'essence, etc. C'est quand même pour nous plus agréable.
Pour l'instant, c'est par le biais d'une société d'intérim, elle aussi spécialisée dans les métiers verts que se font ces recrutements. Des intérims qui pourraient laisser la place à des emplois pérennes, selon Ahmed Akaaboun, une fois que la construction écolo aura atteint son rythme de croisière.

Prononcez p. 101

1 1 Parisiennes 2 pain 3 bon 4 ancienne 5 plein 6 plane 7 sienne
2 a Vive le plein emploi ! b Bon appétit ! c Voilà leur ancien appartement.
3 a Cette espèce mourra certainement. b Nous réparons nos erreurs. c Ils désireraient fonder une association. d Vous courez des risques ! e Nous gèrerons mieux la planète. f Ils répareront les dégâts.

Leçon 35

Découvrez p. 102

Fin février 1997, une nouvelle qui provient de Grande-Bretagne fait en un rien de temps le tour de la planète : on a cloné un mammifère adulte, une brebis, l'instantanément célèbre Dolly. La nouvelle surprend parce qu'un dogme de la biologie vient de tomber : on croyait jusqu'alors que, dans le monde animal, seules de très jeunes cellules étaient douées de totipotence, c'est-à-dire de la capacité de repartir à zéro pour donner un embryon, puis un fœtus, puis un bébé, puis un adulte. Mais ce sont les questions éthiques et anthropologiques qui sont sur toutes les lèvres. Et si l'on devait faire ça à l'humain ! Tout le monde sent bien qu'un pas a été franchi et que ce pas-là a quelque chose de profondément troublant. Jamais les nouvelles technologies de la reproduction et de la génétique n'ont-elles semblé plus proches pour ne pas dire plus complices. Jamais n'a-t-on senti aussi fort qu'avoir accès à l'embryon, c'est avoir accès à l'identité biologique des êtres vivants, microbes, plantes, animaux, humains.

Archives Radio-Canada.

Savoir-faire p. 106

Si vous aimez cuisiner et qu'en plus vous êtes un tantinet « geek », voici pour vous le joujou idéal : un livre de cuisine électronique… et bien plus que cela encore.
Cela s'appelle Qooq, Q-deux O-Q, et en fait c'est un petit ordinateur tactile sans clavier exclusivement dédié à la cuisine.
500 recettes présentées par des grands chefs dont une dizaine en vidéo. Un système interactif pour planifier ses repas avec même des fonctions spéciales pour adapter vos menus aux membres de la famille qui ont des goûts particuliers (par exemple, celui qui n'aime pas les courgettes, etc.) et puis un outil pour faire ses courses en ligne grâce à la connexion Internet.
[…]
Bon le problème, c'est que ce joli gadget n'est pas donné : 350 euros environ juste pour des recettes de cuisine, ça laisse rêveur d'autant qu'on trouve pour le même prix des mini-ordinateurs Netbooks qui peuvent faire plein d'autres choses en plus. En fait ce qu'on paye dans cet appareil, c'est le design et la simplicité d'utilisation et également la convivialité de l'interface.
[…]
On peut aussi accéder à un répertoire de 2 500 recettes supplémentaires et 500 vidéos mais à condition de souscrire à un abonnement qui coûte environ 13 euros par mois.
Voilà donc un drôle d'appareil, on ne sait pas s'il s'en vendra des millions mais en tout cas, cela ouvre la voie à un nouveau concept : des petits ordinateurs dédiés pour certaines tâches dans la maison.

Reportage diffusé sur France Info.

Évaluation 3

Compréhension de l'oral p. 107

– C'est notre planète, bonjour Virginie Garin.
– Bonjour !
– Je suis sûr que vous vous êtes posé la question un jour : à quoi ressemblera bientôt votre cuisine ? Eh bien, elle sera écologique. Au salon « planète durable » qui débute aujourd'hui à Paris, Porte de Versailles, on peut visiter une cuisine verte, elle permet de faire 70% d'économie d'énergie. Mais à quoi elle ressemble, Virginie ?
– Eh bien, elle est assez étonnante cette cuisine car tous les appareils sont reliés entre eux. Par exemple, l'eau du lave-vaisselle est chauffée en partie avec la chaleur dégagée par le moteur du réfrigérateur, aucune calorie ne se perd. Le frigo, qui lui est composé de tiroirs transparents, donc au lieu d'ouvrir la grande porte et de laisser le froid s'échapper, vous n'ouvrez que le compartiment où il y a ce que vous cherchez. Ensuite, l'évier, quand vous lavez quelque chose, par exemple vous rincez un pomme, si l'eau n'est pas trop sale, un capteur le détecte et la récupère dans un réservoir, l'eau est purifiée, soit vous arrosez vos plantes avec, soit elle part directement alimenter le lave-vaisselle. La plaque de cuisson aussi est intelligente, elle est capable de calculer la circonférence de la casserole et ne chauffe que cette surface. Et puis, la hotte au-dessus, elle se met en route toute seule dès que c'est utile et elle recycle la vapeur pour alimenter en eau une petite serre où vous faites pousser des aromates, du thym, du laurier, une serre chauffée par le four donc tout s'imbrique, c'est ainsi que devrait être votre cuisine

dans quelques années, Whirlpool, qui présente ce prototype au salon « planète durable », espère la commercialiser en 2012 mais les autres marques comptent aussi mettre au point des appareils de plus en plus écologiques, l'intérêt étant d'abord de réduire nos factures d'eau et d'électricité. Virginie Garin toujours à l'affût des nouveautés technologiques.

Reportage diffusé sur RTL.

UNITÉ 10

Et si on sortait ?

Leçon 37

Découvrez p. 112

Les salles de cinéma semblent ne pas connaître la crise. Sur les six premiers mois de l'année, la fréquentation a été en hausse par rapport à l'an dernier d'un peu plus de 2,5%. Le mois de juillet a même battu des records : +56% avec plus de 20 millions d'entrées, record dû essentiellement à de grosses productions américaines comme *L'Âge de Glace*, *Harry Potter* ou *Là-haut*. Au même moment, les chiffres montrent que le public a rajeuni. Les moins de 25 ans sont de retour dans les salles. Sur ce premier semestre, ils représentaient plus d'un spectateur sur quatre. Là encore, l'offre des films a joué un rôle important avec des succès comme *Lol* ou *Twilight*. Pour ne passer laisser retomber le soufflé, voici donc maintenant venue la Rentrée du Cinéma : toutes les séances à 4 euros pour que les films de ce mois de septembre rencontrent leur public. Des films déjà à l'affiche : allez voir *Un Prophète* de Jacques Audiard ou le dernier Christophe Honoré, *Non ma fille tu n'iras pas danser*. Mais aussi ceux qui sortent mercredi prochain comme *L'Armée du crime* de Robert Guédiguian puisque cette fois l'opération dure quatre jours.

Reportage diffusé sur France Info.

Leçon 39

Découvrez p. 116

– Je souhaitais que les citoyens prennent mieux conscience eux-mêmes de la beauté, de la fragilité, de la grandeur de ces monuments. D'où l'idée d'ouvrir une fois par an, gratuitement, l'ensemble de ces lieux. Et, dès la première minute, ce fut un grand succès. Une passion s'est emparée de beaucoup de gens. Euh... il faut dire que certains de ces monuments sont des monuments habituellement fermés au public. Je pense notamment à ceux qui sont le siège d'autorités politique et publique : la présidence de la République, l'hôtel Matignon, les ministères. Il est normal que les citoyens du pays qui, par ailleurs, contribuent par leurs impôts à financer indirectement ou directement la restauration de ces monuments puissent y avoir accès. Ces monuments sont nationaux, c'est-à-dire qu'ils appartiennent à... à chacun. Ils sont la propriété collective du pays. C'était... c'était une des raisons. Autre raison qui m'a incité à organiser cet événement : je souhaitais que, par ce plébiscite populaire, les pouvoirs publics, et notamment le ministère des Finances, prennent conscience que c'est une grande richesse pour un pays comme le nôtre et on doit ne pas ménager ses efforts... euh... matériels pour ne pas laisser ce patrimoine dépérir. Et puis dernière raison : je voulais que tous ceux qui, dans l'anonymat – conservateurs des... des monuments, architectes des monuments de France, artisans... euh... entreprises –, qui jour après jour s'emploient à sauver ou à restaurer soient en quelque sorte récompensés par cette reconnaissance... euh... nationale populaire. Et pour eux, vous savez, c'est chaque année un encouragement à se déployer mieux encore, à se battre avec énergie pour... euh... accomplir le travail qui est le leur.

– Avec cette manifestation, monsieur Lang, peut-on parler selon vous de démocratisation des pratiques culturelles, de culture accessible au plus grand nombre ?

– Oui, alors si vous voulez, moi, j'ai un petit regret. Je regrette de ne pas avoir décidé de rendre gratuite l'entrée des musées nationaux. Quand vous devez venir à trois, quatre, cinq, six, ça coûte cher, et c'est un obstacle qui est très important. Les Anglais le font depuis longtemps et l'atmosphère des musées anglais est, je trouve, beaucoup plus chaleureuse, beaucoup plus... euh... simple... euh... conviviale. Je crois qu'il faudrait le faire au moins certains jours ou certains soirs.

(Remerciements à M. Jack Lang, député et ancien ministre.)

Interview exclusive réalisée pour *Taxi ! 3*.

Prononcez p. 117

1 L'objectif, c'est que tout citoyen puisse découvrir le patrimoine national. Mais pour qu'il vienne, il faut que ce soit gratuit et qu'il puisse amener sa famille. Le but, c'est qu'il aille visiter de nombreux sites et même d'anciennes usines.

2 lui / citoyen / passion / moins / gratuit / je crois / ailleurs / travail / patrimoine / puisse / Louis / mieux / actuel / qu'ils soient / famille / oui

UNITÉ 11

Du coq a l'âme

Leçon 42

Découvrez p. 124

– Une étude du site Expedia.fr n'est pas très flatteuse pour les touristes français quand ils vont à l'étranger : ils ne sont ni généreux ni très bien élevés. C'est la troisième année consécutive que nous sommes en queue de peloton. Il y a quand même, Sophie Jousselin, de sérieux efforts à faire.

– Oui, surtout que cette année, c'est encore pire. L'année dernière, on était 26e. Cette année, on est 27e, bon derniers derrière les Grecs, les Turcs et les Espagnols. L'étude menée auprès de 4 500 hôtels du monde entier ne nous fait pas de cadeaux. Premier reproche : nous parlons peu et mal les langues étrangères. Pire, on attend de nos interlocuteurs que, eux, parlent le français. On nous reproche aussi d'être pingres, de ne jamais donner de pourboires et de râler tout le temps. Mais nous ne sommes pas les plus râleurs quand même. Ce titre revient cette année à nos voisins britanniques qui pourtant se classent dans le tiercé de tête des meilleurs touristes au monde. Pour clore ce florilège de compliments, ajoutons que nous sommes considérés comme mal élevés, impolis. Là encore, nous occupons le dernier rang, juste derrière les Italiens, oubliant régulièrement les traditionnels « bonjour », « merci », « au revoir ». Et dans ce tableau plutôt sombre, une petite lueur d'espoir quand même : nous sommes à la quatrième place des touristes les plus calmes, les Japonais étant les premiers. Et nous sommes au troisième rang des plus élégants.

Reportage diffusé sur RTL.

Leçon 43

Découvrez p. 126

– C'est normal qu'il y ait un service minimum qui soit assuré, que les gens puissent voyager et se déplacer au moins pour les cas

d'urgence. Je pense qu'il y aurait... il faudrait un minimum de trains pas forcément aux heures de pointe mais en permanence, qu'il y ait un certain nombre de trains qui soient assurés et qui permettent de se déplacer dans les grandes villes au moins.
– Je suis pour le service minimum... euh... tout simplement parce que ça pénalise le pays quand... euh... la SNCF bloque... euh... tous les trains sur le réseau... euh... français, donc bien sûr je suis pour. À partir du moment où il y a des gens qui sont d'accord pour assurer le service minimum, on leur laisse le choix et par contre on autorise les... les autres à faire grève tout simplement, qu'il y ait une... euh... une équipe qui soit volontaire et... euh... prête à assurer ce service minimum.
– Le problème, c'est l'entrave. Il faut garder le droit de grève pour que les gens puissent s'exprimer, ça c'est important, donc il faut effectivement... euh... que la grève soit possible mais il faut aussi... ben, que les autres qui ne font pas grève puissent avoir la liberté de pouvoir travailler. Et donc il faut permettre ça. Le service minimum peut être une alternative possible. Donc... euh... des choses précisées à l'avance quoi, qu'on sache à l'avance quels sont les trains qui seront offerts et puis bon ben dans des conditions qui sont évidemment... euh... des fréquences plus faibles... euh... ce genre de choses quoi.
– Je suis contre le service minimum. Y a des... y a des gens qui sont mécontents, qui utilisent le droit de grève qui est un... qui est un droit constitutionnel et... euh... remettre en cause ce droit constitutionnel, je pense que c'est une dérive dangereuse et... euh... le problème, c'est s'..., c'est s'attaquer... euh... aux conséquences sans s'attaquer aux causes parce que les gens, s'ils font grève, c'est pas par plaisir... euh... ce qu'il faut savoir c'est qu'une journée de grève, et ben c'est une journée de salaire en moins. Et mettre en place le service minimum et ben... euh... ça... euh... y aurait toujours ce mécontentement comme y a en Italie où en Italie le service minimum... euh... est mis en place, y a du mécontentement mais qu'est-ce qu'ils font, ils font des grèves sauvages.

Prononcez p. 127

1 a Le service minimum, on en parle mais on ne le voit pas venir !
b Ce bus, on nous l'a annoncé mais il n'arrive pas. Vous nous le confirmez ?
c Je te signale que ce train est supprimé. On vient de l'afficher.
d Il y en aura un à 9h06. J'avais oublié de te le dire.
e Ce taxi, je me le réserve... On pourrait se le partager...
f Laisse-le-moi, écoute : j'ai un rendez-vous dans une demi-heure !

2 *Exemple : a Il l'a bu. → b Il a bu.*
1 a Je maîtrise bien... → b Je me maîtrise bien...
2 a Elle l'a compris ? → b Elle a compris ?
3 a Tu te tiens ? → b Tu tiens ?
4 a Ils suivent... → b Ils se suivent...

Savoir-faire p. 130

La consommation des Français a triplé en cinquante ans mais on ne dépense pas notre argent dans les mêmes produits qu'autrefois. La part de l'alimentation a ainsi baissé. Les plus riches consomment davantage de fruits et légumes, les moins aisés plus de sucreries. Les boissons alcoolisées elles, sont moins souvent dans notre panier. Quant à consommer en dehors du foyer, ça reste une occasion rare. Nous allons deux fois plus souvent au restaurant qu'en 1960 mais trois fois moins au café. Les logements sont plus grands et nous y consacrons davantage notre budget : 40 m^2 en moyenne, c'est 30% de plus qu'il y a trente ans et presque tous les appartements ont aujourd'hui une salle de bains. Concernant les dépenses de chauffage, d'électricité et d'eau, un Parisien débourse trois fois moins qu'un foyer à la campagne. Et puis, en vrac, beaucoup de postes ont augmenté : 84 euros dépensés par an et par personne pour un animal domestique, 1 000 euros par habitant pour son auto, sa moto, son vélo. On achète moins de tapis mais davantage de produits d'entretien qu'il y a trente ans. Et puis bien sûr il y a une explosion des dépenses en téléphones, baladeurs, ordinateurs, MP3, etc.

Reportage diffusé sur RTL.

UNITÉ 12

Mes envies, mes avis

Leçon 45

Découvrez p. 132

C'est souvent le rêve d'une vie pour les plus âgés, c'est très fréquemment une soif de découverte et d'ouverture pour les plus jeunes, c'est en tout cas aujourd'hui beaucoup plus réalisable qu'il y a vingt ans. En effet, s'offrir un tour du monde n'est pas forcément réservé à de vieux fortunés ou à quelques jeunes nantis largement aidés par leur famille.
Depuis quelques années, compagnies aériennes, maritimes et voyagistes, en tout cas certains d'entre eux, proposent des formules très intéressantes pour qui veut entreprendre un tour de la planète. Du côté des compagnies, depuis l'apparition des alliances aériennes, réserver un tour du monde est facile. Vous commencez votre périple avec une compagnie, vous poursuivez avec une autre et vous terminez avec une troisième, tout cela avec un même billet.
C'est One world, l'alliance de British Airways qui semble proposer la formule la plus performante avec un tarif non pas basé sur la distance parcourue mais sur le nombre de continents visités. Ainsi, pour trois continents, vous paierez 1 999 euros. Reste ensuite, évidemment, à organiser les hébergements et à prévoir un budget repas ! Pour ceux qui ne veulent pas se prendre la tête avec la logistique, certains voyagistes se sont intéressés à leur cas. Australie Tours y consacre une belle brochure présentant 9 itinéraires, de 10 jours à 34 jours à partir de 3 300 euros mais avec les hébergements, certains repas et des excursions. C'est là toute la différence. Terres de charme commercialise un tour du monde de charme avec vols en classe affaires et escales dans 10 Relais & Châteaux. Le prix ? 35 000 euros pour 35 jours et 28 nuits. Attention, boissons non comprises ! Enfin, pour ceux qui ont vraiment du temps devant eux, la compagnie maritime CMA-CGM propose d'embarquer sur ses cargos et de faire le tour de la planète, au fil des 403 ports et des 150 pays desservis. Évidemment, vous pouvez choisir votre itinéraire. Bref, il y en a pour tous les styles et pour tous les budgets. Pour préparer votre tour du monde, consulter le site france-info.com

Reportage diffusé sur France Info.

Prononcez p. 133

1 *Exemple : Il n'y avait rien à dire.*
a Chacun a choisi sa destination ?
b Ça n'avait aucun intérêt...
c Enfin quelqu'un a réagi !
d On a compris.
e On n'a pas compris.
f Personne n'a compris.

2 a On rêve de voyages dans tous les milieux.
b Ils ont tous choisi cette activité ?
c Tout le monde n'a pas les moyens…
d Ce sport extrême se pratique tout au long de l'année.
e En tout cas, tous sont ravis.
f Elles ont tout essayé.
g Elles ont toutes essayé.

Leçon 46

Découvrez p. 134

– Et en Italie où le chômage est également en forte hausse, une chaîne de supermarchés propose d'offrir des emplois grâce à une loterie. Anne Le Nir, vous êtes à Rome pour RTL, c'est un peu scandaleux mais ça marche.
– La jeune femme qui prête son visage à l'affiche publicitaire de la chaîne de supermarchés Tigros est évidemment jolie, évidemment heureuse car, comme le dit le slogan « Elle a fait ses courses et elle a trouvé un travail ! » Comment ? En participant au concours de la firme qui propose dix emplois de caissières ou magasiniers d'une durée d'un an payés 1 100 euros par mois. Pour avoir le droit d'insérer un bulletin dans une urne, il faut d'abord faire 30 euros d'achats au minimum et posséder la carte de fidélité Tigros. Ensuite, c'est une question de chance, exactement comme à la loterie. Révolté, le plus important syndicat italien, la CGIL dénonce une instrumentalisation de la crise. « Pourquoi les travailleurs devraient-ils considérer la recherche d'un emploi comme une roue de la fortune ? », s'interroge un de ses dirigeants. Mais le responsable de la communication Tigros assure que les clients sont ravis de cette initiative. En attendant la liste des gagnants qui sera dévoilée le 21 octobre, cette firme est certaine d'augmenter son chiffre d'affaires sur le dos des chômeurs. Anne Le Nir, à Rome pour RTL.

Leçon 47

Découvrez p. 136

– Allez, maintenant une personnalité nous livre son coup de cœur. Et aujourd'hui, eh bien, c'est Catherine Deneuve.
– Catherine Deneuve qui, dans deux semaines, sera à l'affiche de *Mères et Filles* de Julie Lopes-Curval et qui, comme beaucoup de spectateurs ces dernières semaines – le film décidément fait l'unanimité –, a aimé *Un prophète*… (encore lui !) de Jacques Audiard, film qui a déjà réuni plus de 930 000 spectateurs.
– C'est un film d'une force incroyable, c'est un film… euh… je trouve que ce film fait plus pour la situation des gens en prison aujourd'hui, des prisonniers, que on en a écrit de… ces dernières années dans… dans la presse. Donc, je trouve que c'est un film vraiment important.
– C'est ça qui vous a touché ? La façon dont il parle de la situation en prison, de l'univers carcéral ?
– Non, c'est le film. Je trouve que le film est réussi. Je trouve qu'il raconte une histoire formidablement bien et que c'est une histoire originale où l'on voit un jeune homme qui arrive… qui est analphabète et qui va finalement apprendre de la façon la plus dure et évidemment prendre la direction la plus dérangeante pour nous autres bons… euh… C'est quelqu'un qui va se faire entièrement et se… en prison, donc c'est assez… c'est assez original comme histoire. Et puis les acteurs sont absolument formidables.
– La France a choisi de présenter ce film aux Oscars. Bon choix pour vous ?
– Ah, c'est vrai ? Ah oui, pour moi oui. C'est le… c'est le film qui… qui va représenter… ? Non, c'est celui qui est présenté par la France ?
– … qui est présenté par la France pour le meilleur film étranger.
– Après on sait pas… voilà.
– Après on sait pas ce que les Oscars vont décider.
– Bah, c'est déjà un bon début. C'est bien, oui. Je suis d'accord.
– Catherine Deneuve derrière Jacques Audiard donc pour les Oscars, le film que la France a donc choisi de présenter pour l'Oscar du meilleur film étranger. Reste à savoir maintenant s'il sera retenu. Les nominations seront annoncées le 2 février.

Reportage diffusé sur France Info.

Évaluation 4

Compréhension de l'oral p. 141

– Il est le plus populaire des photographes français, Yann Arthus Bertrand est notre invité ce matin, bonjour et bienvenue !
– Bonjour.
– L'homme de *La Terre vue du Ciel*, bien sûr, qui se lance désormais sur grand écran au cinéma, jamais un premier film n'aura connu une pareille sortie, écoutez bien, il sort demain dans 180 pays en simultané, il sera visible à la fois au cinéma donc, en DVD, sur Internet et à la télévision puisque France 2 le diffuse demain soir à 20h35, pourquoi une telle sortie mondiale pour ce film ?
– Vous savez les scientifiques disent qu'on a dix ans pour changer notre façon de vivre sinon on va vers un monde inconnu avec une inertie, on pourra plus revenir en arrière donc aujourd'hui, y a une véritable urgence et ce film, c'est… on va demander aux gens de changer, pourquoi il faut changer ? Bah, ce film essaye de l'expliquer.
– Ce film, c'est donc *Home*, on en parle tout de suite avec Jean-Baptiste Urbain.
– Oui, alors, bonjour Yann Arthus Bertrand. *Home*, c'est le titre de ce film planétaire, ça veut dire « maison » en français pour les nuls.
– Merci Jean-Baptiste !
– On l'aura compris, la maison dont vous parlez, c'est la nôtre, maison commune, la Terre, une Terre qu'une fois encore vous montrez vue du ciel avec des images d'une beauté stupéfiante, c'est un peu votre marque de fabrique. Alors le film commence par une introduction sur les origines de la Terre puis débarque un certain Homo Sapiens il y a 200 000 ans, l'homme qui sait, l'homme qui pense, il va penser l'agriculture, les villes et puis il va mal penser aussi avec ce constat implacable : nous avons engendré des phénomènes qui nous dépassent et il nous reste peu de temps pour changer, vous avez dit 10 ans, pourquoi 10 ans, Yann Arthus Bertrand ?
– Bah, c'est pas moi, ça, c'est tous les scientifiques, les gens du GIEC qui travaillent, qui vont se réunir bientôt à Copenhague, qui disent qu'on a que 10 ans pour changer, y a vraiment urgence, ce qu'on avait demandé à Kyoto est tout à fait insuffisant, faut aller beaucoup plus vite mais moi je parle pas aux politiques, je parle à l'opinion publique parce que l'opinion publique, c'est elle qui décide en fin de compte, on a les hommes politiques qu'on mérite et les hommes politiques ne pourront pas prendre de décisions courageuses si, nous derrière, on les suit pas et moi je parle aux gens de la rue en disant « c'est à nous de faire ».

Alphabet phonétique international

SYMBOLES UTILISÉS POUR LE FRANÇAIS	
VOYELLES	**CONSONNES**
[i] ici, lit, gymnastique	[p] pipe
[e] été, chez, aller, pied	[b] bombe
[ɛ] sel, mère, Seine, laine	[t] tête, attention
[a] la, là, patte	[d] dinde
[ɑ]* las, pâte	[k] casque
[y] lu	[g] gage, bague
[ø] œufs, peu	[m] mime
[œ] œuf, peur	[n] nous, banane
[u] loup	[ɲ] signal, peigne
[o] sot, beau, au	[f] fin, souffle, sauf
[ɔ] sotte, bol	[v] vive
[ə] le, quelque chose	[s] sur, ce, casse, nation
	[z] zoo, chaise
[ɛ̃] pain, fin, faim, bien, simple, sympa	[ʃ] cherche
[œ̃]* un, brun	[ʒ] jeune, pigeon, rouge
[ɑ̃] dent, semble, ambiance	[ʀ] rue, terrasse, pour
[ɔ̃] non, nom	[l] lent, ballon, il

SEMI-CONSONNES**
[j] yaourt, mieux, voyage, paille, réveil
[ɥ] huit, lui, juin
[w] oui, loi, joint

*La plupart des Français n'utilisent plus ces phonèmes ; on les remplace respectivement : [ɑ] par [a] et [œ̃] par [ɛ̃].
**La semi-consonne est toujours accompagnée (avant ou après) d'une voyelle prononcée. Exemple : loi [lwa].

La France administrative

Plan de Paris

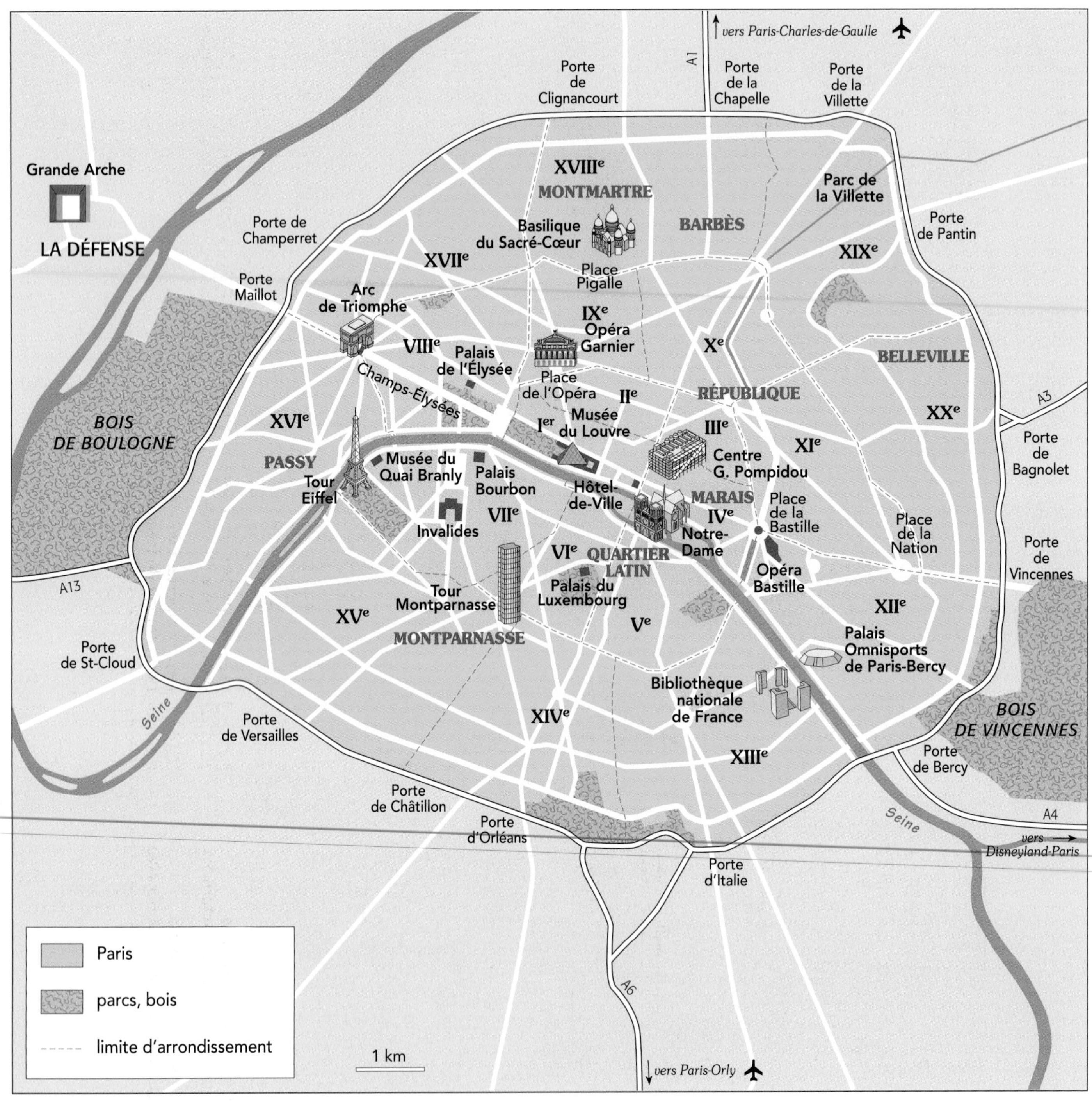

La langue française dans le monde

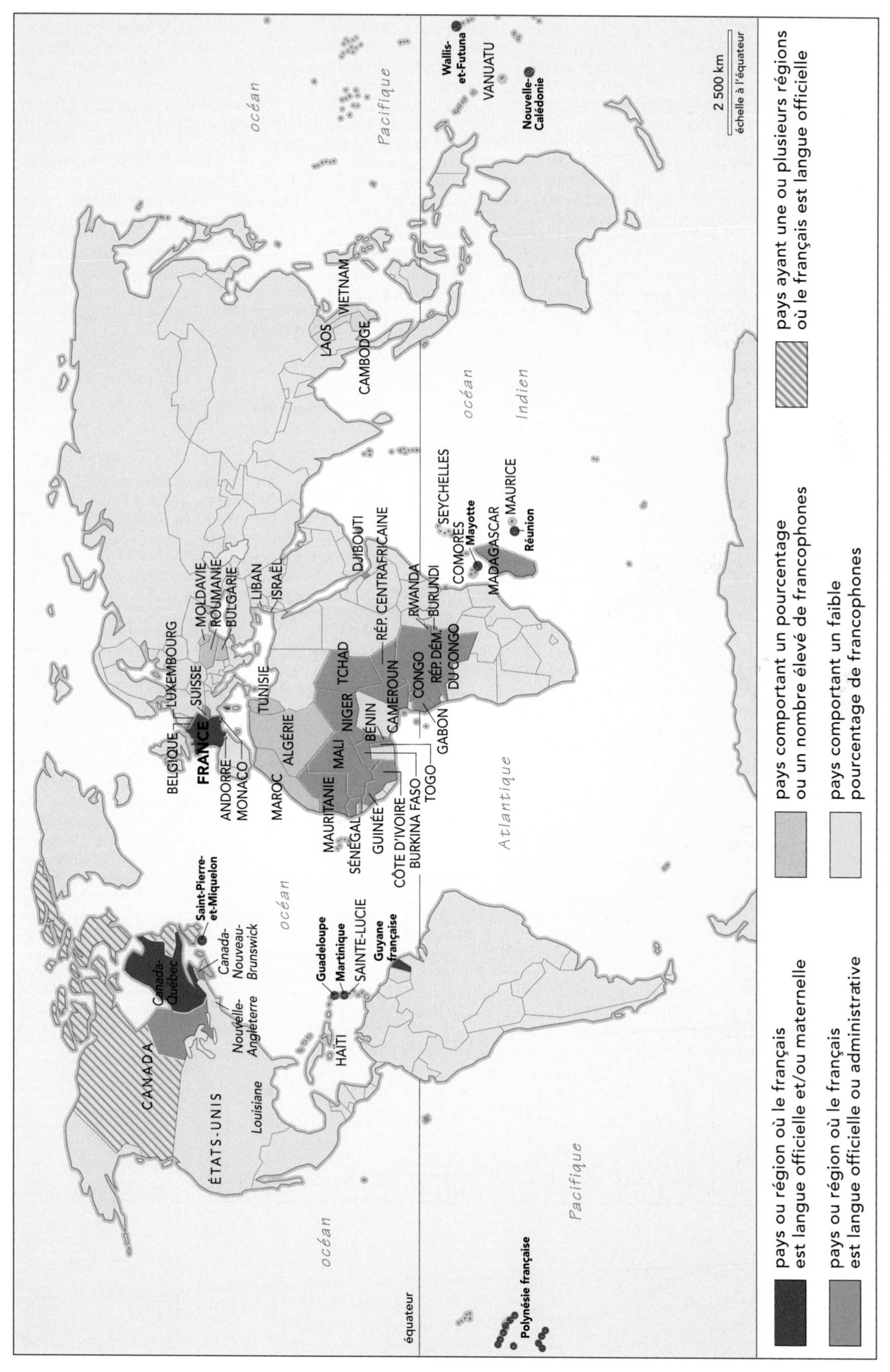

Crédits photographiques

Agences :

Corbis : p. 9 © Tony Kurdzuk/Star Ledger ; p. 19 © Stephen Matera/Aurora Photos ; p. 22 © Daniel Giry/Sygma ; p. 42 © Vallon Fabrice/Sygma ; p. 53 © Michael Haegele/Zefa ; p. 71 © J.Bilic/photocuisine ; p. 80 © JDC/Corbie Edge ; p. 90 © Gregor Schuster ; p. 93 © Horacio Villalobos/epa ; p. 121 © W. Cody/Flirt

Eyedea : p. 28 © Jacques Sierpinski/Top/Eyedea Illustration ; p. 29 © Véronique Durruty/Rapho/Hoa-qui/Eyedea Illustration ; p. 34 © Denantes Alain/Gamma/Eyedea Presse ; p. 43 © Arnaud Robin/HPI/Hoa-qui/Eyedea Illustration ; p. 52 © Roy Philippe/Hoa-qui ; p. 56 © Barea José/Hoa-qui/Eyedea Illustration ; p. 58 © Jarry-Tripelon/Top/Eyedea Illustration ; p. 62 © Jean-Luc Manaud/Rapho/Eyedea Illustration ; p. 63 © S. T. Yiap/Age Fotostock/Hoa-Qui ; p. 72 © Emile Luider/Rapho/Eyedea Presse ; © p. 76 Jalain Francis/Explorer ; p. 77 © Jerry Millevoi/Age Fotostock/Hoa-Qui ; p. 83 © Chantal Casanova/Hoa-qui/Eyedea Illustration ; p. 87 © Nation Wong/Hoa-qui/Eyedea Illustration ; p. 89 © Thomas Fred/Hoa-Qui ; p. 97 © Stéphanie Tetu/Rapho/Eyedea Illustration ; p. 99 © Gemstone Images/Firstlight/Hoa-qui/Eyedea Illustration ; p. 110 © Ben Welsh/Age Fotostock/Hoa-Qui ; p. 111 © Chaplo Paul/Gamma/Eyedea Presse ; p. 114 © Thomas Fred/Hoa-qui/Eyedea Illustration ; p. 125 © Carola Koserowsky/Age Fotostock/Hoa-Qui ; p. 128 © Elisabeth Coelfen/Age Fotostock/Hoa-Qui ; p. 130 © Dufour Sébastien/Gamma/Eyedea Presse ; p. 131 © Andrew Paterson/Age/Hoa-qui ; p. 132 © Pete Oxford/NPL/Jacana/Eyedea Illustration ; p. 134 © Christophe Licoppe/Photonews/Gamma/Eyedea Presse ; p. 142 © Véronique Durruty/Rapho/Eyedea Illustration

Getty : p. 13 © Stuart O'Sullivan/ Stone ; p. 18 © Andrew Paterson/Photographer's Choice ; p. 18 © Holly Harris/Stone ; p. 27 © Michael Dunning/Photographer's Choice ; p. 56 © Kent Mathews/Taxi ; p. 70 © Robert George Young/Photographer's Choice ; p. 70 © Foodie Photography/FoodPix ; p. 70 © Bill Cahill/Photographer's Choice ; p. 74 © Pascal Preti/The Image Bank ; p. 98 © Ryan McVay/Taxi ; p. 128 © Simon Battensby/Photographer's Choice ; p. 129 © Thomas Northcut/Riser ; p. 140 © Fry Design Ltd/Photographer's Choice ; p. 140 © Ian McKinnell/Photographer's Choice

Hemis : p. 66 © Hervé Hughes

Photononstop : p. 34 © Till Jacket ; p. 40 © Marie-Reine Mattera ; p. 76 © Tips ; p. 94 © Mauritius ; p. 108 © Massimo Rossi ; p. 122 © Jacques Loic ; p. 132 © Mauritius ; p. 132 © Eurasia Press ; p. 133 © Sébastien Boisse ; p. 142 © Hillcreek Pictures ; p. 144 © Mauritius

Autres : p. 10 *Je vous trouve très beau*, un film d'Isabelle Mergault © 2005 Gaumont/Film par Film/France 2 Cinéma. Collection Musée Gaumont ; p. 12 © Bons plans coloc, Pierre Lecarme et Edwige G. Bernanoce, Leduc.s Éditions, 2008 ; p. 14 © TOKUP SAS/David Koubbi ; p. 20 © Agence Europe-Éducation-Formation France ; p. 24 © HALDE ; p. 26-27 © InterRail/SNCF ; p. 30 © Fête de la Musique 2009/Aude Perrier/Ministère de la Culture et de la Communication ; p. 31 © 2009 STIF (Syndicat des Transports d'Île-de-France) ; p. 32 © Olivia Ruiz 2009/Polydor, un label Universal Music France ; p. 33 © Thomas Dutronc 2007 Universal Licensing Music/Universal Music France ; p. 36 © Francofolies 2009 ; p. 44 © Van Tame ; p. 46 © Festival International des Jardins de Chaumont sur Loire, Jardins de couleur 2009/C. Nichols ; p. 48 © Photographie Simon Marcus/Veer-Design by Vodka Pomme Veer ; p. 49 © Mairie de Paris ; p. 50 © Atelier Castro Denissof Casi ; p. 51 © Propriété de la RATP - Agence Cartographique - PMI 07-2009 - CC Design : bdcconseil - Reproduction interdite ; p. 54 © Elle n° 3301/avril 2009/photo Satoshi Saikusa/Jed Root Inc. ; p. 54 © Le Nouvel Observateur / François Durand/Getty Images/AFP ; p. 56 © La Française de Jeux ; p. 57 © Bruss ; p. 58 © Éditions Fleurus ; p. 58 © Groupe Studyrama-Vocatis ; p. 60 © Maïenga ; p. 64 © Eugène Collilieux, Normes.../Français dans le Monde, n°315 ; p. 68-69 © Stéphanie Lacombe/myop.fr ; p. 72 © JF Lasserye ; p. 72 © Astrapi, Bayard, illustration de Frédéric Bénaglia ; p. 78 © Extrait de Lapinot/*Les aventures de l'univers, La famille du travail*, Dargaud-Trondheim ; p. 84 © Futuroscope, 2009 ; p. 92 *Le Coût de la vie* © 2002 Films des Tournelles/Pathé Renn Productions/M6 Films/Gimages Films ; p. 96 © Orange ; p. 100 © ADEME/Fondation Nicolas Hulot pour la Nature et l'Homme-Mai 2005 ; p. 102 © Campagne d'information sur l'alimentation - www.eat-better.org - Groupe des Verts/ALE au Parlement européen ; p. 102 © OGM dangers ; p. 104-105 © Nabaztag ; p. 106 © Thomas Dabkowski ; p. 112 © Fédération Nationale des Cinémas Français/Création : Le Cercle Noir pour Alamo ; p. 114 © Jean-Jacques Sempé, 1963, Éditions Denoël ; p. 116 © Ministère de la Culture et de la Communication/Conception : Agence des Pistoleros/Photographie : Philippe Maupetit ; p. 117 © Hachette Tourisme ; p. 118 © Adgap, Paris 2010 ; Kandinsky/Le Petit Léonard n°136, mai 2009 ; p. 120 © Gilles Trillard/Elle Déco/Scoop ; p. 120 © Cuisine et Vins de France, Groupe Marie Claire ; p. 120 © Agrotigne Magazine/ TNS Communication ; p. 120 © Le Nouvel Observateur/Kirchgessner/LAIF/REA - Opale - Eyedea/Gamma - Leoty/ AFP - Bernetti/ImageForum ; p. 122 © avec l'aimable autorisation de l'AFPC (Association française de Prévention des Comportements au volant) www.courtoisie.org ; p. 124 © Bosch/Agence .V. ; p. 127 © Frédéric Deligne ; p. 130 © Bruss ; p. 136 *Un prophète*, un film de Jacques Audiard © 2008 Chic Films/Page 114/Why Not Productions/Collection Christophel ; p. 136 *Mères et Filles*, un film de Julie Lopes-Curval © 2009 Bac Films/Collection Christophel ; p. 138 *Iznogoud*, un film de Patrick Braoudé © 2005 TFM Distribution/Collection Christophel ; p. 138 *Aurore*, un film de Nils Tavernier © 2006 Memento Films International/Collection Christophel ; p. 138 *La Petite Chartreuse*, un film de Jean-Pierre Denis © 2005 Pyramide Distribution/Collection Christophel ; p. 139 *Alice au Pays des Merveilles*, un spectacle de Jean-Philippe Daguerre © Jean-Manuel Bajen/ID Proscénium/Philippe Ledoux et Vincent Mallié

Achevé d'imprimer en Italie par Grafica Veneta
Dépôt légal: 09/2013 - Collection n° 45 - Edition n° 05
15/5558/0